藩屏天下

ROYAL SCREEN OF EMPIRE

Special Exhibition on Cultural Relics
of Ming Dynasty
Imperial Clans from Hubei

湖北明代宗藩
文物特展

深圳博物馆 编

文物出版社

图书在版编目（CIP）数据

藩屏天下 ：湖北明代宗藩文物特展 / 深圳博物馆编.
北京 ：文物出版社，2024. 12. -- ISBN 978-7-5010
-8609-2

Ⅰ. K872.630.2

中国国家版本馆CIP数据核字第20249NY900号

藩屏天下：湖北明代宗藩文物特展

编　　者：深圳博物馆

_____

责任编辑：王　伟

责任印制：王　芳

出版发行：文物出版社

社　　址：北京市东城区东直门内北小街 2 号楼

邮　　编：100007

网　　址：http://www.wenwu.com

邮　　箱：wenwu1957@126.com

经　　销：新华书店

印　　刷：雅昌文化（集团）有限公司

开　　本：889mm × 1194mm　1/16

印　　张：20.25

版　　次：2024 年 12 月第 1 版

印　　次：2024 年 12 月第 1 次印刷

书　　号：ISBN 978-7-5010-8609-2

定　　价：498.00 元

_____

"藩屏天下：湖北明代宗藩文物特展"展览

主办单位：深圳市文化广电旅游体育局　湖北省文物局

承办单位：深圳博物馆　湖北省博物馆　湖北省古建筑保护中心（湖北明清古建筑博物馆）　武汉博物馆

　　　　　武汉市文物考古研究所　荆州博物馆　武汉市江夏区博物馆　武汉东湖新技术开发区明楚王墓文物管理所

　　　　　钟祥市博物馆　蕲春县博物馆　武当山旅游经济特区博物馆

展览时间：2024 年 4 月 26 日～ 2024 年 7 月 28 日

展览地点：深圳博物馆同心路馆（古代艺术）第 1~4 专题展厅

深圳博物馆出版项目编审委员会

主　任：黄　琛

副主任：蔡惠尧　杜　鹃　崔孝松

委　员：郭学雷　付　莹　卢燕玲　黄阳兴　李　飞

本册图录编辑

学术指导：郭学雷

主　　编：黄建彬

编　　委：黄建彬　陈珊婉　周庭熙　胡亚楠　刘　倩　蔡　明

策展团队

项目总监：杜　鹃

学术指导：郭学雷

展览监管：吴翠明

策 展 人：黄建彬

内容创作：黄建彬　陈珊婉　周庭熙　胡亚楠　刘　倩

设 计 师：周艺璇

展务管理：磨玮玮　蔡　明

对外合作：张　傲

教 育 员：胡秀娟

宣 传 员：李佳哲

布展支持：张冬煜　李怀诚　田　雁　洪　斌　罗晶晶　刘绎一　陈　坤

施工统筹：冯艳平

讲 解 员：黄佳妮

致辞

　　得益于优越的地理位置和富庶的经济环境，湖北地区成为明廷的藩封重地，多位亲王到此就藩立府，其中兴王朱厚熜更得以入主朝廷成为赫赫有名的嘉靖皇帝，充分诠释明太祖朱元璋"藩屏天下、卫国安民"的战略思想。这些激荡澎湃的历史，给后人留下丰富的宗藩文物遗存，它们不仅是荆楚文化的鲜活缩影，也是中华传统文化的重要组成部分。

　　在深圳市文化广电旅游体育局和湖北省文物局的鼎力支持与有益指导下，深圳博物馆携手湖北省博物馆、湖北省古建筑保护中心（湖北明清古建筑博物馆）、武汉博物馆、武汉市文物考古研究所、荆州博物馆、武汉市江夏区博物馆、武汉东湖新技术开发区明楚王墓文物管理所、钟祥市博物馆、蕲春县博物馆、武当山旅游经济特区博物馆等兄弟文博单位，隆重推出大型原创历史题材展览"藩屏天下：湖北明代宗藩文物特展"。

　　该展览精心撷选湖北地区出土的 250 件（组）宗藩文物，涵盖藩王墓志、谥宝谥册、金玉首饰、陶瓷器、金银器等各类珍品，通过"一展二览"的叙事方式，重现明代藩王生活面貌，让粤港澳大湾区的观众朋友们领略藩府盛况。与此同时，希望通过此次展览，深化深鄂两地的文博合作与文化交流。

　　新时代，新征程。站在新的历史起点上，我们将以习近平新时代中国特色社会主义思想为指引，以弘扬与传播中华文明为使命，发挥博物馆教育功能，持续推动文物活化利用，办好历史展览、讲好中国故事。

黄琛　深圳博物馆馆长

目录

"藩屏天下：湖北明代宗藩文物特展"的策划记事

黄建彬　深圳博物馆

一、展览缘起

深圳博物馆致力于弘扬中华传统文化，从 2018 年开始，便有意向策划一场明代藩王主题展览。与以往明藩展侧重展示藩王首饰与奢华生活不同，该展览核心主题为宗藩制度及其变迁与影响。遗憾的是，由于各种主客观原因，该展览未能于当年举办，直到 2023 年才得以重启，由笔者接替策展工作。

本次展览选择聚焦湖北藩王，主要出于两点考量：（1）该地区在明代是朝廷藩封重地，先后有 44 位亲王分封于此，给后人留下丰富的文物遗存，楚昭王陵、梁庄王墓、郢靖王墓、荆藩宗室墓等考古发现取得丰硕成果，相关研究也比较深入；（2）我馆与湖北文博单位具有坚实良好的合作基础，先后联合举办过"剑舞楚天——湖北出土楚文物展""礼乐汉东——湖北随州出土周代青铜器精华展""道生万物——楚地道教文物展"等历史文化展览。

二、实地调研

早在 2018 年，我馆便组织了一次实地调研，由时任副馆长的郭学雷研究员带队，前往湖北省博物馆、荆州博物馆、钟祥市博物馆、蕲春县博物馆等单位参观，初步了解藩王首饰与陶瓷器的现存情况。2023 年中，在翻阅大量湖北明藩考古简报和报告后，笔者发现许多与宗藩制度相关的文物线索，但它们的现藏信息不甚明确。有鉴于此，我们决定进行二次调研，查漏补缺。2023 年 7 月，由我馆藏品保护部蔡明主任带队，我们一行三人前往湖北，一路西行，先后抵达蕲春县博物馆、蕲春县李时珍纪念馆、蕲春县昭化寺、湖北省博物馆、武汉博物馆、武汉市文物考古研究所、武汉市江夏区博物馆、武汉东湖新技术开发区明楚王墓文物管理所、荆州博物馆、钟祥市博物馆、武当山旅游经济特区博物馆等单位。

此次调研的意义有三点：（1）扩大调研单位的范围，与更多的单位取得联系，夯实展览基础。（2）在明确已知文物保管现状的同时，也有不少意外收获。如在蕲春县考察时，我们发现一块刻有"僧悟空"的石碑，属于昭化寺最新的考古发现；我们按预定计划准备离开武汉时，武汉市文物考古研究所刘永亮副研究馆员告知我们他之前做过明藩调查，推荐我们前往武汉东湖新技术开发区明楚王墓文物管理所，最终我们在楚王陵园展厅看到"楚昭王朱桢墓志""王化龙题风水石碑"等珍贵展品；在荆州博物馆参观时，我们漫步长廊，意外发现墙壁展示有"观澜张公墓志盖"，释读出墓主

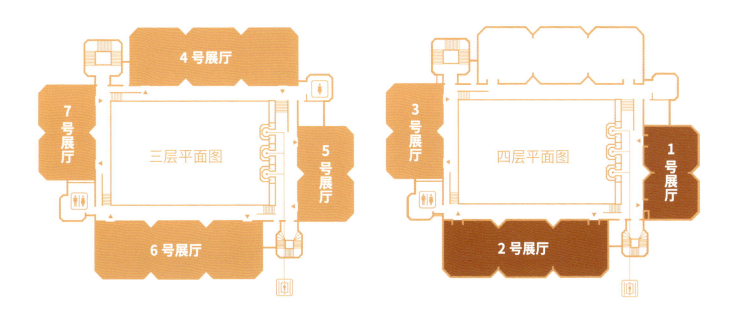

▲图一 同心路馆（古代艺术）展楼 1~4 号展厅平面示意图

为张居正的父亲张文明，与辽王府有千丝万缕的关系……这些展品大多未曾出借过，对本次展览叙事却有着至关重要的作用。值得一提的是，在这些兄弟文博单位的热切支持下，我们借到湖北省博物馆藏"郢靖王墓元青花龙纹梅瓶"、钟祥市博物馆藏"郢靖王冕冠"、武当山旅游经济特区博物馆藏"金龙""玉璧""山简"等国宝级文物。（3）丰富展品类型与数量，使我们对展览的呈现更有把握，对宗藩制度的叙事更加饱满。

在两次调研的基础上，我们敲定了新的借展文物清单。与此同时，我们开始组建策展团队与明确分工，翻阅大量明代相关古籍、传记、论文、专著、考古报告等研究资料，着手编撰展览大纲。至此，展览正式启动。

三、策展思路

在展览策划中，我们面临一个突出的问题，即内容与空间不相协调的潜在风险：首先，占比超过半数的金玉首饰、金银器和陶瓷器等虽然相当精美，但与宗藩制度这个主题的关联性不太强；其次，该展览拟于我馆同心路馆（古代艺术）展楼 1~4 号展厅举办，它们是互相独立的小展厅（图一）。其中 3 号展厅在 2020 年底完成改造提升时已装修成明代文人书房主题互动空间，不适宜陈列文物。如果按照常规的叙事方式展示展品，容易出现内容割裂和知识碎片化的问题。

类似的困难，我馆"征程——从鱼到人的生命之旅"策展团队也面临过，这个展览在我馆金田路馆（历史民俗）举

藩屏天下
湖北明代宗藩文物特展 **1号厅**

尊崇·藩禁
从湖北出土文物管窥明代宗藩制度 **4号厅**

图中标注：

总展（统领，1号厅）
1.历代宗室分封概览
2.藩屏天下
3.湖北宗藩

子展（2号厅）
1.奢华之饰
2.王者嘉器

子展（4号厅）
1.宗藩往事
2.藩府体系
3.仪轨气象
4.王国图景

办，他们最终采用"双线索叙事"的方式，将"九大事件"的线索置于一层大厅作为前言，将"六大篇章"的主线索置于二层展厅，从而解决因展场割裂而引发叙事不完整的风险[1]。受此启发，我们将叙事分开，形成主题不同的两个小展览，安排在不同的小展厅，利用原有参观动线，将它们串联起来，使观众在不走回头路的同时，能够立体、系统获悉展览全貌。这种陈列模式被我们提炼为"一展二览"，两条叙事脉络既统一于湖北地区明代藩封的大背景下，又互相区分而有不同侧重，化空间切割的劣势为优势。

具体而言：1号展厅题名"藩屏天下：湖北明代宗藩文物特展"，定位为总序厅，从历代宗室分封讲到明代分封，再引入到湖北地区楚、湘、辽、郢、荆、梁、兴等各个藩王世系，起到背景介绍的统领作用，并引出两个子展览；2号展厅题名"气度·风尚——湖北明代宗藩的生活与艺术"，定位为子展览，聚焦文物的工艺特征、文化意涵与历史价值，展现宗藩的物质生活、精神追求和艺术品味；4号展厅题名"尊崇·藩禁——从湖北出土文物管窥明代宗藩制度"，同

1. 韩蒙：《博物馆展览双线索叙事的表达——以"征程——从鱼到人的生命之旅"主题展览为例》，《自然科学博物馆研究》2003年第2期，第78~84页。

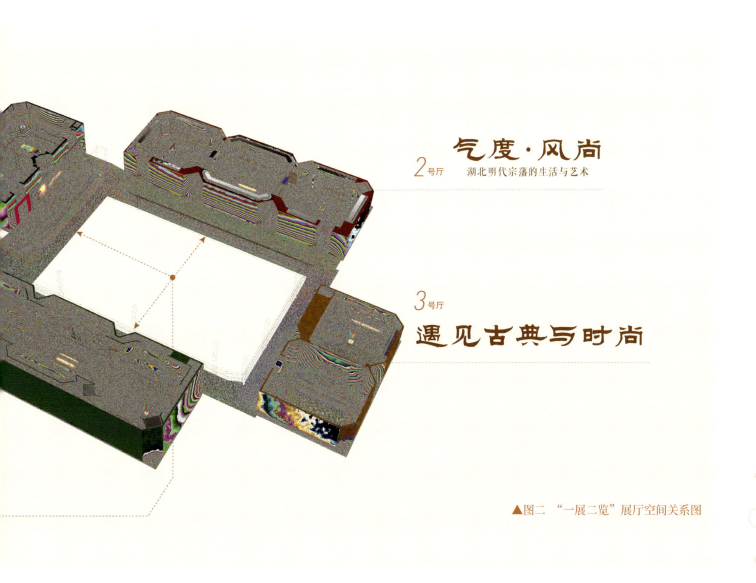

气度·风尚
2号厅　湖北明代宗藩的生活与艺术

3号厅
遇见古典与时尚

▲图二　"一展二览"展厅空间关系图

样定位为子展览，从藩府规制、典章仪礼、地方社会关系等视角，讲述宗藩制度与藩王威仪，以及"藩屏"到"藩禁"政策调整对宗藩的影响。此外，我们还在3号展厅设置题名为"遇见古典与时尚"的展览，展示我馆与蕲春县博物馆合作的"金凤簪纪念币"，以及我馆与吾往基于我馆文物资源联名开发、借鉴明代饰品风格的文创首饰，使观众参观完2号展厅的明代宗藩首饰后能够无缝切入观赏这批文创首饰，实现展览与文创的有机结合（图二）。

四、观众反馈

在古代艺术类展览中，明朝文物与历史是比较热门的话题。乘此春风，该展览吸引了许多观众前来观展，展陈期间馆内参观人数达到 22.8 万。此外，为提升展览宣传效果，我们举办了开幕式主题服饰秀场、策展人讲解导览、知识答题、自主拓印、折纸服饰复原手工坊、寻宝解谜、专家讲座等一系列配套的宣传教育活动，进一步扩大了展览的影响力。

部分观众在观展后，发表了自己对展览的策展理念、图文内容、教育活动、形式设计、参观动线等方面的评价与思考，对于展品的精美程度、"一展二览"的叙事模式、我馆资源调动能力以及策展团队学术研究能力给予较大肯定和认可。这些评价对我们今后策划展览大有裨益，节选如下：

🎁 展览分一个总展厅两个子展厅，两个子展厅不是连着的，中间插了个复刻的明代书房

🔲 总展厅介绍了各藩王的册封、称号谥号相关，大部分都是谥宝（类似玉玺？只不过对象是去世后的藩王，刻的也是谥号之类）、谥册、墓碑、拓印碑文，比较忌讳的不建议去（应该还好？毕竟文物不都是挖出来的

🔵 子展厅从不同角度反映了藩王生活、礼仪习俗等。子展览一展出了金器瓷器等各器皿用具；子展览二围绕婚嫁、丧礼，进而展示了宗藩兴衰，展品主要也是各礼仪服饰、生前用具、殉葬用品，及治下的一些文化产出

今天到#深圳博物馆 的#古代艺术馆 展区看展览。

首先要逛的自然是#藩屏天下湖北明代宗藩文物特展了，之前在武汉博物馆的万历文物展和湖北省博物馆的梁庄王珍藏展上已经见过挺多明代金晃晃华丽丽的珠宝饰物，这次在深圳博物馆看着依然还是挪不开眼睛啊🐾。

非常喜欢深博的布展，文物极其丰富，展览叙述线也清晰，文物信息说明牌文字给也详尽，甚至各种墓志铭、碑刻等涉及古代文字的部分大都给了"扫描二维码"即可得翻译的"自由选项"，不可谓不用心🐚。

人少好逛·深博古代艺术馆-藩屏天下

天下之大，必读藩屏，上卫国家，下安生民。

关于明代的文学作品和影视创作很多，特别是明太祖、明成祖时期。逛展后体会更强烈，一切都是为了维护统治需要。

☑️每去一次都要夸深博古代艺术馆动线设计太完美了，从四楼1号厅开始一个往下走，不会有回头路。胶囊电梯更是永不过时的优雅。

不知道周末人多不多，工作日去逛人真的很少，体验满分。

明朝从"藩屏"到"藩禁"的历史进程，
就像是一场权力的游戏。
一开始，藩王们手握重权，风光无限；
后来，随着皇帝的一系列操作，
藩王们的权力被一步步削弱，
最终变成了"有名无实"的贵族。
■
这个过程，虽然听起来有点沉重，
但其实也是历史发展的必然。

感谢深博，
一次很好的深入了解明代宗藩历史和文化的机会，
让我们更全面地认识到宗藩制度在明代社会中的作用以及它对后世的持续影响。
从不同角度审视这一重要历史时期。

深圳博物馆打卡~
很临时的计划，没想到远超期待
特展《藩屏天下》精美无比，展览设置用心且合理，完整地以楚地的明代藩王的生活，礼器，礼仪，官制等还原明代藩王到藩禁的历史变迁，可见明朝历史兴亡的小小一隅

藩王们是这个朝代特殊的存在，他们不被允许过问朝政，禁止科考/经商/务农，禁止与官员商贾结姻亲。为了防止藩王们相互勾结造反，兄弟们到了藩地之后就要各自留守在藩地且不得共同进京，兄弟此生不得相见。

但好处是他们可以不用干活，由朝廷供养他们的荣华富贵，这经济负担压在了平民百姓身上，也为明朝的灭亡埋下了祸根。

皇帝番操作本来只是为了防止皇权受到威胁，顺便让藩王们在藩地成为帝王的代言人，藩屏天下，但随着削藩，以及实行"藩禁"，藩王们被提防，被圈养成国家的寄生虫，各自安好，朱家子孙卫皇室的景象一去不复返，没想到「藩屏天下」最终却成了「藩贫天下」。

深博特展☑️藩屏天下—湖北明代宗藩文物特展

一如既往，深博所以历史脉络的梳理和宗藩史料的科普做的非常好，非常完善，美中不足的是本次的色彩陈列，绿色陈列比红色陈列做得好看，不过陈列的优质程度甚至远超文物的的丰富程度。

【博物馆】深圳博物馆年度展览"藩屏天下——湖北明代宗藩文物特展"于昨日结束，于是今日发帖回顾一下。在访古的途中，明代的藩王是一个很大的主题，他们构建了我们今日可见磅礴的遗址群、博物馆文物和文献资料。明太祖的儿子们被想象为"藩屏"，他们作为"宗藩"定居各处，可他们不是士大夫，亦非政客，作为宗室成员他们犹如既显又隐的屏风，显赫一时，却被历史遗忘。对于"藩屏"的研究仍有大量空白，其中湖北提供了一个绝好的案例，在这个南方富庶省份，共有七位亲王在此建藩，他们形成了非常有价值的案例，而深圳博物馆这场展览，恰恰好在它集合了湖北境内十家文博单位，将我们平时难得一见的文物集中展示，将这藏在屏风背后的隐秘人群，和盘托出。收起

从深圳博物馆藩屏天下展感受到的人生无常

藩屏天下特展是深圳博物馆老师们费尽心血从湖北各博物馆，包括蕲春县博物馆（这个县博物馆极其不简单，感兴趣的可以关注做功课），汇聚的明代藩王各种精美器物😊

这次我过来是仔细欣赏其中凤冠，挑心，分心等宝藏明代首饰设计🔍在明代女子常服妆面上就是这些组合，让人感受到老祖宗的审美和愉悦的生活方式💐

这些精美的作品对吾往下一个系列设计会很有启发，从文化中来，到生活中去是吾往一直追求的，感受古人的审美不仅仅是传承，也是一种内心的宁静致远🌿

展览中让我感受深刻的还有藩王的故事，明代藩王早期为国成边，随着历史演变逐渐为皇帝忌惮，虽享受世袭繁华但骨肉亲情割裂，最终难得善终😔从藩屏到藩禁，生在帝王家也有苦恼和颠沛流离😔读历史的意义其中一部分让人更加从容淡定，以古为镜可以知兴替🔍

历史是一面镜子，令人深思👀

藩屏天下 | 明代宗藩的森严与奢靡

作为一个被藩王成功夺过权的朝代，明代一方面建立了森严的藩王制度，给予藩王极尽的财富，另一方面，削去了藩王大多数的权力，所以形成了一个藩王寄情诗词歌赋，生活奢靡的现象。

「藩屏天下」

历史是通过文物验证的，从出土的墓碑和谥册，我们可以看到一个个藩王及其亲属的事迹，他们在过去也曾鲜活地存在过，有一些被皇帝讨厌，有一些被怀念，数不清的藩王及其子嗣如同繁星一般，形成了王朝的阶梯和庇护。

「气度风尚」

由于藩禁制度，明王朝的藩王中最终形成了一股奢靡之风，这在他们的女着中体现尤甚，从头到脚皆是穿金戴银，头上簪花不留空隙，腰上到脚上也皆是金银饰品，家中金银瓷器也随着他们一道带入墓中，直到被发掘。

「尊崇藩禁」

明初藩王统兵预政，尽显皇室威严，然而多次叛乱后，逐渐形成"分封而不赐土、列爵而不临民、食禄而不治事"的格局，因而，从藩王的藏物中，约莫可以看到少兵戎，重仪典的迹象。

周末与朋友到深博看展，这次看的是深博与湖北多家文博机构联合展出的"藩屏天下—湖北明代宗藩文物特展"，该展览从4月26日开幕，持续到7月28日。

深博是上午十点开馆，我们开馆后不久就进馆了，十点十分有志愿者讲解，就一路跟着志愿者看这个展，展览总共分三个部分，第一部分是总览，站的角度很高，首先回顾了中国历史上自周代开始中央王朝是如何对宗室进行分封的，接着就讲到明代的分封情况及在湖北地区的各位藩亲。通过这样的一个介绍，让我们参观者能够获得很多信息，既立足明代，又有纵向的对比。在这一部分中，我一直有关疑问，周朝是最早实行分封制的王朝，汉初、西晋也施行过该政策，带来的结果无一不是藩王坐大，割据一方，直接威胁到中央王朝的统治，在有充分的历史典故背景下，老朱家为何还要实行分封，展览的最后，就该问题，我专门请教了志愿者。听完讲解后，我再次回看展览时，第一部分的背景介绍中已经对我的疑问做了说明。

展览的第二部分是本次展出的重点及两点，该部分展出的是湖北地区出土的明代宗藩各类文物，涵盖了衣食住行、典礼、丧葬等各个方面，珠宝首饰、金银器皿、高档瓷器、文房珍玩等等，称得上是琳琅满目、目不暇接，三个展厅中，第二展厅是值得细细观摩、品味的。

展览的第三部分同样是带有总结意味的，通过湖北地区出土文物观察明代宗藩制度，包括藩府规制、典章礼仪、与地方社会的关系等多个方面，宗藩制度从""藩屏"到"藩禁"。这部分同样有我非常感兴趣的一个问题，在我过往的阅读中，多多少少了解到，明代分封的宗亲，随着时间的推移，他们的子嗣是越来越多，但是他们是没有生产力的，完全是靠着赋税供养，也就是说他们相当于是吸血虫，而且数量越来越大，国家财政如何能够供养如此多宗亲，赋税收上来，大头给了老朱家自己人，苦得只有老百姓，最后的结果可想而知。这里就涉及到一个问题，作为大明王朝的创始人，朱元璋设立分封宗亲制度，是想依靠自己人保卫老朱家的统治，出发点是没有问题的，但随着时间的推移，这项制度发生了变味，各分封宗亲之间私底下是不能来往的，子嗣越多，对国家财政的占有也越多，某种程度上，成为了老朱家统治的绊脚石，在这期间有没有调整，又是如何调整的，调整的结果如何，这些都值得好好研究、探讨。

这个展览可以说是我看过的展览中学术性比较明显的一个展览，通过湖北地区出土文物，映射了明代宗藩制度的变迁、得失，文物的观赏性同样不落下风，值得在深博逛上半天。

五、致谢

本次展览的成功举办，离不开深圳市文化广电旅游体育局和湖北省文物局的指导与协调，以及湖北省博物馆、湖北省古建筑保护中心（湖北明清古建筑博物馆）、武汉博物馆、武汉市文物考古研究所、荆州博物馆、武汉市江夏区博物馆、武汉东湖新技术开发区明楚王墓文物管理所、钟祥市博物馆、蕲春县博物馆、武当山旅游经济特区博物馆等合作单位的鼎力支持，在此谨致谢忱！

此次展览策划与图录编订，由我馆杜鹃副馆长负责统筹协调，郭学雷研究馆员和蔡明副研究馆员给予学术指导。黄建彬担任策展人并负责编写1号展厅"藩屏天下"和4号展厅"尊崇·藩禁"的内容文本，藏品保护部陈珊婉、胡亚楠、刘倩和学术研究部周庭熙共同编写2号展厅"气度·风尚"的内容文本，上述成员还参与展览大纲与图录的全文校订。对外合作部张傲负责筹备开幕式和编订3号展厅"遇见古典与时尚"的内容文本。

"大文创"概念下博物馆展览及配套活动的策划
——以"藩屏天下"展览为例

张傲　深圳博物馆

博物馆"大文创"这一概念不仅仅指有形的文创商品，还包括无形的文化增值服务，是一种综合性文创理念，基于馆内藏品和特色资源等，采取独立开发、合作、授权等多种方式，研发设计文创产品以及社会教育、公众研学、特别展览、内容出版、数字文创、文旅演艺、文化活动、科研成果转化等文化增值服务产品，都属于"大文创"的范畴。它是新时代博物馆践行高质量发展、满足人民群众美好生活需要的新理念，也是博物馆"体制机制改革"要求下对运营模式的创新形式。在"藩屏天下：湖北明代宗藩文物特展"（下文简称"'藩屏天下'展"）的举办中，我们以授权合作为基点，以展览展示为抓手，探索出许多"大文创"在展览中的有益尝试。

一、事情缘起

深圳博物馆于 2023 年 3 月进行了内设机构的调整，成立了对外合作部，负责文化产业发展工作、拓展对外合作与交流渠道、组织产品展示和销售服务活动。作为对外合作部的一员，文创开发就成为了笔者的本职工作。同年，深圳博物馆实行策展人制度，策展人根据展览需求，可以在全馆员工中遴选策展团队成员，承担相应工作。

受"藩屏天下"展策展人的邀请，笔者有幸参与了此次展览的策划，主要工作是在"大文创"理念的引导下，通过展览的衍生环节，如文创产品、公众服务与文化活动等，形成一种"聚合效应"，使观众与展览产生链接。在随后的执行过程中，这一工作逐渐聚焦到配套文创产品的开发以及开幕式活动的策划。

二、"展中展"

文创产品作为展览与观众的纽带，承载着观展过程中的纪念功能。如何将展览的印象浓缩为一个图像符号，并选择合适的材质开发纪念品，是工作之初面临的问题。

时逢馆藏资源授权合作相关工作的开展，深圳博物馆与青岛无限星河文化旅游有限公司达成了展览纪念章的授权开发。这种表面呈现出金灿灿光泽的纪念章，恰与陈列于 2 号展厅"气度·风尚——湖北明代宗藩的生活与艺术"子展览（下文简称"'气度·风尚'子展"）中那些金光闪闪的金银首饰相呼应。而此次展出的蕲春县博物馆藏金凤簪，不仅制作工艺精美，也折射出藩王冠服制度，能够代表本次展览的内涵主旨，是展览印象的绝佳载体。于是，借授权合作的新模式，策展团队立即联络蕲春县博物馆沟通获取开发权限。在这里，我们要特别感谢蕲春县博物馆的无偿授权，为我们后面一系列的合作打下坚实的基础。随着纪念章初稿顺利呈现（图一），策展团队开始将目光转向其他领域的纪念品。此时我馆"古韵今风"系列联名文创首饰已经过两年的沉淀，即将面市。

自2022年以来，深圳博物馆与"吾往"首饰研发团队达成了联名文创首饰的合作开发。作为深圳本地的首饰研发团队，"吾往"团队试图传承古人美学、并融入符合现代审美的原创设计，设计出宜古宜今的国风时尚首饰。其研发的首饰，设计风格多借鉴自明代首饰审美，融入了中华优秀传统文化的内涵，工艺精致，在国风首饰这一细分市场领域具有较好的口碑。早在2021年10月举办的第二届宝安文创设计大赛暨"文创赋新 城市记忆"深圳博物馆IP联名设计大赛中，该团队以深圳博物馆馆藏金漆木雕藏品为元素设计的"喜上眉梢"系列首饰斩获金奖（图二），随后双方就逐渐开启了联名文创首饰的合作。

在历时两年的合作中，首饰设计稿已累计创作了257款，形成了"喜上眉梢""梅竹先春""古韵今风""新声"四个文创首饰系列。其中，"古韵今风"系列是打磨时间最久、提取文物元素最多的系列，其设计元素取自深圳博物馆藏的书画、瓷器、青铜器等文物藏品（图三）。根据计划，"古韵今风"系列联名首饰的上市时间正巧与"藩屏天下"展的开幕时间相当。

▲图一　纪念章设计效果图

▲图二　"喜上眉梢"系列联名首饰

▲图三　"古韵今风"系列首饰

▲图四　文创首饰展示现场

▲图五　观众观看文创首饰

恰巧此次"藩屏天下"展的展厅为深圳博物馆同心路馆（古代艺术）展楼的1、2、4号展厅，中间隔了一个设置有明代文人书房互动场景区的3号展厅。经过一系列讨论，策展团队决定在3号展厅设置一个"展中展"，展示本馆原创设计的文创产品（图四）。其中，"古韵今风"系列首饰凭借其明式审美的内核与这次的明代藩王主题展览相呼应，不仅成为展示重点，也为它的发布提供了很好的视觉支撑。同时，我们也希望观众在欣赏完2号厅"气度·风尚"子展中那些华丽的明代金银首饰文物后，步入3号厅时可以感受到"古典与时尚"的古今审美的对比和中华优秀传统文化的创新与传承（图五）。

三、从展览到走秀

一个好的展览，不仅包括精彩丰富的文物展品、具备研究深度的展览内容和具有创意的展陈设计，还应该包括一场别具一格的开幕式活动。与古人的交流，从抵达博物馆开始。为了让观众能够近距离领略明代审美的华美与典雅，感受古典文化与现代时尚的交融之美，也为了使深圳博物馆的文创产品获得更高的关注度，策展团队抓住一切可能的合作资源，试图在极为有限的时间内为展览开幕式举办一场别开生面的配套活动。

这场活动应该是一种怎样的形式呢？早在 2021 年 10 月，为了宣传刚刚完成改造、向公众重新开放的同心路馆，深圳博物馆制作并发布了《遇见》系列宣传视频。视频中的两位男女主人公在参观博物馆时，"遇见"了端庄的汉代女子、丰腴的唐代仕女、点茶的北宋士大夫及夫人、蹴鞠的南宋少女等（图六）。在那次视频的摄制过程中，面对同心路馆展楼极具特色的螺旋式布局和进深宽阔的中庭，深圳博物馆萌生出了举办汉服走秀活动的想法。

鉴于此次"藩屏天下"展的内涵主旨，兼顾发布深圳博物馆文创首饰，结合汉服走秀的想法，策展团队最终决定举办一场名为"遇见古典与时尚"的明代服饰主题活动（图七）。

本次活动包含古琴表演、复原服饰情景展演、明代服饰走秀和联名文创新品发布秀四场节目。

第一场节目是伏羲琴院为公众带来的古琴演奏《平沙落雁》（图八），悠扬的琴声如潺潺流水回荡在展楼中，仿佛将观众带入了那个"天子守国门"的大明王朝，感受"千圣皆过影，良知乃吾师"的明代文人风骨，寄寓了我们对明代文化传承与发展的愿景。

第二场节目由"扬眉剑舞·中国衣冠复原团队"提供藩王九章衮冕、藩王妃大衫霞帔、蟒衣、忠静冠服、袄裙等多套明代复原服饰，

▲图六 《遇见》宣传画面

▲图八 伏羲琴院金润一演奏《平沙落雁》

▲图七 "遇见古典与时尚：明代主题服饰活动"海报

▲图九　明代主题服饰走秀

▲图十　才子佳人情景展演

▲图十一　文创首饰新品发布秀

组成明代主题服饰走秀（图九），具有较高的学术价值，观众在现场能直观感受宗藩冠服的威严与端重。其中，复原的藩王九章衮冕、藩王妃大衫霞帔也是本次展览的展品，弥补了展览中缺乏明代宗藩服饰展示的遗憾。

　　第三场节目是由策展团队与撷芳主人共同编导、广州明华堂提供明代复原服饰和原创音乐的情景展演剧（图十），展示明代才子佳人郊游赏春的情景，并将展览中的金凤簪作为线索贯穿始末，将古人悠然的生活沉淀为古典美学的一部分，在文物中共情古人动容过的那一份美好，呈现出生动、鲜活的明朝世界。

　　第四场节目，也是本次活动的压轴节目，即深圳博物馆文创首饰新品发布秀（图十一）。这场发布秀以文化走进生活的思路，不仅展示了联名首饰的巧妙设计工艺，亦在舞台上生动演绎出馆藏文物的活化利用。以馆藏铜镜为起点，沿时光脉络一路向前，呈现古典文化与现代时尚的碰撞，使观众得以领略古韵今风。观今宜鉴古，无古不成今，这些创意设计不仅是现代审美与实用性的巧妙结合，更是对中华传统文化的传承与创新。

四、关于文创工作的一些思考

随着全球博物馆文创领域的蓬勃发展，博物馆在传承与创新之间的平衡显得尤为关键。而博物馆文创的概念也逐渐由"小商品"向"大文创"升级。"大文创"理念或将成为文创产业的倡导者和文化增值服务的潮流引领者。

如何深挖馆藏文物背后的文化内涵，为文创的开发提供丰富的文化素材？如何突破传统的惯性思维，拓宽对文创文化资源的界定？如何通过对不同物品的解构与重组在文创设计中催生创意？如何整合多种业态，组建"连点成线，织线成面"的独特模式？进入中国博物馆事业发展的新阶段，新理念如何更好地满足人民群众对美好生活的需要？博物馆文创产业功能的转型升级如何助力博物馆事业高质量发展？如何围绕展览将有形的文创商品、无形的文创活动有机整合起来，形成"聚合"效应，发挥出"1+1+1>3"的作用？这些问题需要博物馆人不断进行深入的思考与实践。

在此次"藩屏天下"展的策划中，深圳博物馆利用展楼的小展厅布局，在展览中"嵌入"了一个文创首饰"展中展"，既是对展览中体现的明代审美的传承与创新，又为文创首饰提供了一个静态展示的空间；展览开幕式的"明代主题服饰活动"，既弥补了展品中缺乏明代服饰展示的遗憾，又为展览引来了巨大的流量，同时向公众呈现出一个个佩戴文创首饰的日常氛围。古琴演出、汉服走秀、情景剧复原、文创新品发布会等文化增值活动，是我馆"大文创"理念在展览和配套活动中形成"聚合效应"的有益尝试。观众对开幕式反馈积极，纷纷在自媒体平台宣传和转发；湖北博物馆同行对我们大加赞赏，认为这是对展览的重视和"锦上添花"；广大市民群众纷纷走进博物馆看展览……这是我们持续推进工作的最大鼓励。

在此次践行"大文创"概念的过程中，我们已经可以清晰地认识到它具有多重重要意义，不仅有助于博物馆文化资源的活化利用，增强公众的文化体验，还能推动文化产业的创新与发展，提升博物馆的社会影响力，为博物馆自身的发展注入了新的活力。

本次活动的成功举办，离不开馆领导的支持与引导，更离不开吾往、明华堂、"扬眉剑舞·中国衣冠复原团队"、撷芳主人、伏羲琴院等合作方的鼎力相助。在此，笔者谨代表策展团队感谢上述单位老师对本次展览工作的支持和付出，大家的努力造就了这一惊艳全场的视觉盛宴。

路漫漫其修远兮，虽千万人吾往矣。

藩屏天下

湖北明代宗藩文物特展

序

　　《诗经》云：大邦维屏，大宗维翰。怀德维宁，宗子维城①。西周以来，历代统治者对同姓宗亲大行分封，冀以血缘关系构筑帝国屏障，此谓"藩屏"。然而，势力渐大的宗室却成为威胁君权之隐患，统治者继而转向强干弱枝的削藩策略。有明一代，生动演绎出这一博弈过程。

　　本次展览联合湖北省 10 家文博单位，基于 250 件（组）文物，采用"一展二览"的展陈模式，从生活艺术和典章制度等维度呈现湖北明代藩府文化。

①　程俊英：《诗经译注》，上海古籍出版社，2004 年，第 462 页。

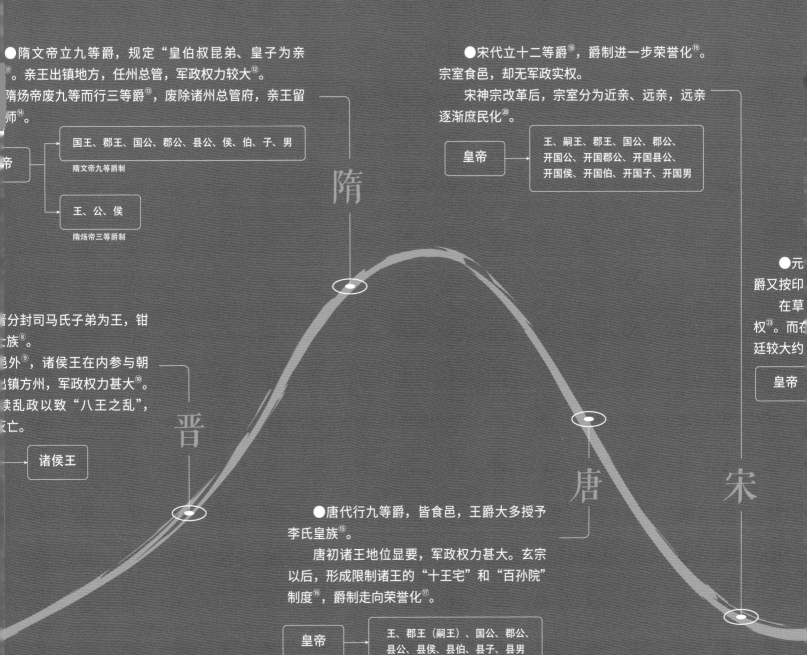

● 隋文帝立九等爵，规定"皇伯叔昆弟、皇子为亲[11]。亲王出镇地方，任州总管，军政权力较大[12]。

隋炀帝废九等而行三等爵[13]，废除诸州总管府，亲王留□[14]。

□帝 →

国王、郡王、国公、郡公、县公、侯、伯、子、男
隋文帝九等爵制

王、公、侯
隋炀帝三等爵制

● 宋代立十二等爵[18]，爵制进一步荣誉化[19]。宗室食邑，却无军政实权。

宋神宗改革后，宗室分为近亲、远亲，远亲逐渐庶民化[20]。

皇帝 →

王、嗣王、郡王、国公、郡公、开国公、开国郡公、开国县公、开国侯、开国伯、开国子、开国男

隋

●元□爵又按印□在草□权[23]。而□廷较大约

皇帝

□分封司马氏子弟为王，钳□族[8]。

□外[9]，诸侯王在内参与朝□出镇方州，军政权力甚大[10]。

□渎乱政以致"八王之乱"，□亡。

诸侯王 →

晋

唐

宋

● 唐代行九等爵，皆食邑，王爵大多授予李氏皇族[15]。

唐初诸王地位显要，军政权力甚大。玄宗以后，形成限制诸王的"十王宅"和"百孙院"制度[16]，爵制走向荣誉化[17]。

皇帝 →

王、郡王（嗣王）、国公、郡公、县公、县侯、县伯、县子、县男

⑪ （唐）魏徵：《隋书》卷二十八《百官志下》，中华书局，1973年，第781页。

⑫ 王萌萌：《隋代亲王出镇探析》，天津师范大学硕士学位论文，2016年。

⑬ （唐）魏徵：《隋书》卷二十八《百官志下》，中华书局，1973年，第801~802页。

⑭ 王萌萌：《隋代亲王出镇探析》，天津师范大学硕士学位论文，2016年。

⑮ （唐）李林甫：《唐六典》卷二《尚书吏部》，中华书局，1992年。

⑯ 谢元鲁：《隋唐的太子亲王与皇位继承制度》，《天府新论》1996年第2期，第72~75页。

⑰ 张丽娜：《唐代宗室封爵及其政治变迁》，兰州大学硕士学位论文，2016年。

⑱ （元）脱脱等：《宋史》卷一百六十九《职官志九》，中华书局，1977年，第4060~4061页。然而，有人梳理史料和前人研究成果后认为，宋代实际使用的爵称应是"王、郡王、国公、开国郡公、开国郡侯、开国县侯、开国伯、开国子、开国男"，详见王微：《宋代爵位制度研究》，郑州大学硕士学位论文，2019年。

⑲ 王微：《宋代爵位制度研究》，郑州大学硕士学位论文，2019年。

⑳ 蒲章臻：《宋代宗室经济状况与宗室政策探析》，《六盘水师范学院学报》2021年第5期，第76~82页。

㉑ （明）宋濂：《元史》卷九十一《百官志七》，中华书局，1976年，第2319页。

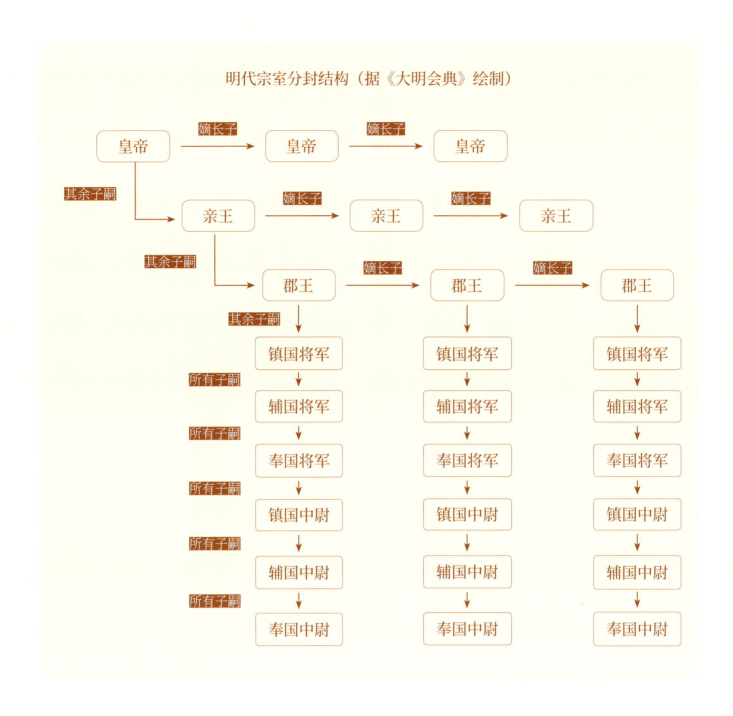

明代宗室分封结构（据《大明会典》绘制）

明代宗室分封具有两个显著特点：其一，"世袭罔替"和"降等袭爵"并存，设有保底爵位；其二，王爵的继承讲究嫡庶之分，仅嫡长子具有世袭权，其余子嗣只能降袭[①]。当然，这种分封模式只是一种理想化结构。在明代历史上，从皇帝到郡王，都存在次嫡子孙、庶子孙甚至旁支子孙继位的情形[②]。

---

① 梁尔铭：《明代宗室分封制述论》，《韶关学院学报（社会科学版）》2004年第2期，第36页。
② 梁尔铭：《明代宗室分封制述论》，《韶关学院学报（社会科学版）》2004年第2期，第36页。

◎ 永新王长子朱龙滨石墓志（拓片）

明（1368～1644 年）
长 49.6、宽 48 厘米
蕲春县博物馆藏

志文：

永新王长子龙滨墓志铭。

进士出身福建漳州府知府前知洛阳县事后迁北京皇陵御史郡人李载阳撰。

进士出身南京大理寺评事前任□□府推官郡人刘如宠书丹。

王讳翊键，号龙滨，蕲宗藩永新安庄王长子也。祖讳厚熿，父讳载壕，键乃家嗣巳封。键赋性敦重，自幼及壮嗜经籍不倦，□□浮萍执利之□，行巳大节而孝友克笃。母妃陈氏，兵马陈谟女，先丧。值溽暑，哀毁赐□，□钦及葵，无不殚心。后十年冬月，父王□薨，□□哀痛晕地。少□逾年，合葬于□东湖庵阳。□尤委曲周旋，悉敛其情，待昆弟□□□合□□不窥不藏之风。夫人王氏，蕲巨□王用□□□□女训长，应恩选适府□□嫡□□□□□□□□严其□□□□□□□□宫闱，是之芳声□□夫人□□□□□多也。王与夫人生子一，曰□□□，□梁氏；女一，曰晏城郡君，选配仪宾宋时陆。夫人享年三十九，于万历癸未年十月内卒。王享年四十岁，进爵于万历乙酉年，十一月内骤薨，届万历十五年丁亥年正月初八，与夫人合葬于托缸□之阳。子渭知阳，与元素□□铭。□予铭曰：丕显乎乾，丕显乎坤，纲常允迪。正位乎内，正位乎外。□德□□才足以济国，用德足□□□先世。齐美一□，同登九极。生前之□，□□□后。□衍□□□，□铭于后，□□□□。

朱翊键（1546~1585 年），字龙滨，永新恭懿王朱载壕嫡一子。祖父厚熿在世时，翊键被封为辅国将军；父亲载壕袭封郡王爵位后，翊键改封为永新长子。万历十三年（1585 年），翊键尚未袭封王爵便骤然逝世，其子常渭继封为永新郡王[1]。

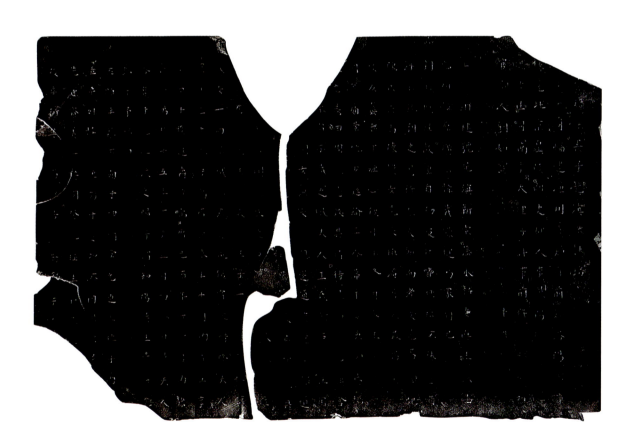

① （清）张廷玉：《明史》卷一百三《诸王世表四》，中华书局，1974 年，第 2881~2882 页。

● 周代行"公、侯、伯、子、男"五等爵[1]，以宗法制构建"周天子—诸侯—卿大夫—士"的统治层级[2]。

周天子为天下共主，向诸侯授土授民，诸侯缴纳贡赋、听从调遣[3]。到了春秋战国时期，天子势弱，礼崩乐坏，群雄纷争。

周

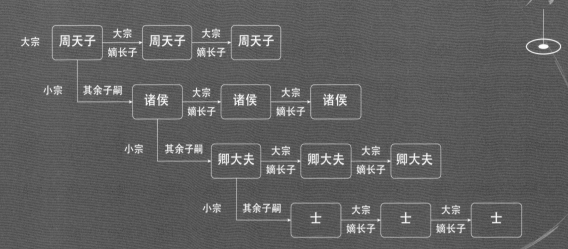

● 汉初为翦除异姓王，大封刘氏子弟为诸侯[4]，立"王、侯"二等爵[5]，行郡国并行制。

诸侯王掌治其国，拥有征兵遣将、置吏治民、赋税徭役、经营盐铁铸钱等权力。诸侯势大，曾致"七国之乱"[6]。历经文、景、武三帝削藩，诸侯转弱，西汉政权得以巩固[7]。

皇帝 ─┬─ 诸侯王
　　　└─ 列侯

汉

① 刘芮方：《周代爵制研究》，东北师范大学博士学位论文，2011 年。
② 参见：1. 钱宗范：《中国宗法制度论》，《广西民族学院学报（哲学社会科学版）》1996 年第 4 期，第 78~79 页；2. 于宝华：《周代宗法制度研究》，《大同高专学报》1997 年第 2 期，第 74 页；3. 张继才、聂蒲生：《论周代的宗法制》，《信阳师范学院学报（哲学社会科学版）》2003 年第 6 期，第 108~110 页。
③ 刘庆涛、左玉莲：《试论汉初封国与西周分封制度》，《黑龙江教育学院学报》2007 年第 1 期，第 90~92 页。
④ 刘庆涛、左玉莲：《试论汉初封国与西周分封制度》，《黑龙江教育学院学报》2007 年第 1 期，第 90~92 页。

⑤ （东汉）班固：《汉书》卷十四《诸侯王表》，中华书局，1962 年，第 393~394 页。
⑥ 唐赞功：《吴楚七国之乱与西汉诸侯王国》，《北京师范大学学报》1989 年第 1 期，第 19~32 页。
⑦ 高晓荣：《汉代宗藩问题研究》，南开大学博士学位论文，2014 年。
⑧ 王浩淼：《论八王之乱中的宗室失衡》，《山西大同大学学报（社会科学版）》2022 年第 2 期，第 25~30 页。
⑨ 罗自强：《西晋内乱和宗室关系分析》，四川大学硕士学位论文，2004 年。
⑩ 杨涛：《浅论西晋宗室王》，《湖北经济学院学报（人文社会科学版）》2010 年第 11 期，第 39~40 页。

●明代立八等爵^㉕，王爵由嫡长子世袭，将军以下皆为降袭，奉国中尉为保底爵位^㉖。

宗室诸王有封国，领取宗禄，衣食租税^㉗。明初，诸王尚有军政权力^㉘；明中后期，藩禁愈严，诸王被剥夺军政、治民、出仕、自由出城等权力^㉙，仅保留经济待遇。

明

```
┌──────┐      ┌────────────────────────────────┐
│ 皇帝 │ ───→ │ 亲王、郡王、镇国将军、辅国将军、   │
└──────┘      │ 奉国将军、镇国中尉、辅国中尉、奉国中尉 │
              └────────────────────────────────┘
```

代立八等爵^㉑，宗室驸马通称诸王，王
章形制分为六等^㉒。
京兀鲁思封国，诸王有独立的军政财
五户丝食邑封地，投下主权力受到朝
束^㉔。

元

```
        ┌────────────────┐
 ───→   │ 王、郡王、国公、郡公、 │
        │ 郡侯、郡伯、县子、县男 │
        └────────────────┘
```

清

●清代为宗室、觉罗定十四等爵^㉚。除"铁帽子王"世袭罔替外，其余均为降袭^㉛，因而高爵不滥。

宗室、觉罗能够领取宗禄、参政议政甚至领兵征战，但须聚居京城^㉜。

```
┌──────┐      ┌────────────────────────────────────┐
│ 皇帝 │ ───→ │ 和硕亲王、世子、多罗郡王、长子、多罗贝勒、  │
└──────┘      │ 固山贝子、镇国公、辅国公、不入八分镇国公、  │
              │ 不入八分辅国公、镇国将军、辅国将军、奉国将军、奉恩将军 │
              └────────────────────────────────────┘
```

㉒ （明）宋濂：《元史》卷一百八《诸王表》，中华书局，1976 年，第 2735~2756 页。

㉓ 李治安：《元代宗王兀鲁思分封考述》，《南开史学》1990 年第 1 期，第 56~78 页。

㉔ 李治安：《元代的分封制度》，《文献》1990 年第 1 期，第 121~132 页。

㉕ （明）朱元璋：《皇明祖训·职制》，北京图书馆藏明洪武礼部刻本。

㉖ 梁尔铭：《明代宗室分封制述论》，《韶关学院学报（社会科学版）》2004 年第 2 期，第 35~39 页。

㉗ 梁尔铭：《明代宗室分封制述论》，《韶关学院学报（社会科学版）》2004 年第 2 期，第 35~39 页。

㉘ 蒋兆成：《明代宗藩制度述评》，《中国社会经济史研究》1988 年第 3 期，第 65~67 页。

㉙ 暴鸿昌：《明代藩禁简论》，《江汉论坛》1989 年第 4 期，第 53~57 页。

㉚ （清）佚名：《钦定大清会典》卷一，乾隆二十九年奉敕编撰。

㉛ 朱洪梅：《浅论清代宗室封爵制度》，载邹爱莲主编、清代宫史研究会编：《清代档案与清宫文化——第九届清宫史研讨会论文集》，中国档案出版社，2008 年，第 41~51 页。

㉜ 杜家骥：《清代宗室分封制述论》，《社会科学辑刊》1991 年第 4 期，第 90~95 页。

　　"天下之大，必建藩屏。上卫国家，下安生民"①。朱元璋建立明朝后，稽古改制，广封诸子为王，镇守要塞、备侮御边，形成拱卫帝室之藩屏，冀以"亲亲之谊"辅弼江山永固安宁。

　　终明一代，累计分封亲王266位②，亲王之下又有郡王、将军、中尉等层级，形成以血缘关系为基石的宗藩体系。为有效管理宗室群体，朱元璋诏令中书省编修《祖训录》③，开设大宗正院④，制定严密的宗藩制度。

俞明　《明太祖朱元璋正形象轴》
清（1644～1911年）
台北故宫博物院藏

[资料来源：台北故宫博物院官网]

---

① 《明太祖实录》卷五一，台北"中央研究院"历史语言研究所，1962年，第999页。
② 刘毅：《明代帝王陵墓制度研究》，人民出版社，2006年，第170页。
③ （洪武二年）乙亥，诏中书编祖训录，定封建诸王国邑及官属之制。详见《明太祖实录》卷四一，台北"中央研究院"历史语言研究所，1962年，第818页。
④ 洪武二十二年（1389年），大宗正院改名为宗人府，设宗人令、左右宗正、左右宗人，掌皇九族之属籍，以时修其玉牒，书宗室子女嫡庶、名封、生卒、婚嫁、谥葬之事。详见：（明）李东阳等奉敕撰、申时行等奉敕重修：《大明会典》卷一，明万历十五年内府刊本。

◎ 镇国将军朱怡仙陶墓志（拓片）

明（1368～1644 年）
长 44.6、宽 39.5 厘米
黄冈市蕲春县西河驿石粉厂樊山郡王府将军墓出土
蕲春县博物馆藏

志文：

明荆国樊山五府镇国将军讳别号怡仙者，我太祖高皇帝六世孙也。距生于成化丙午，薨于嘉靖丙戌，寿春秋四十有一。丁亥岁奉殡于郡郭之右冷水井，镇国夫人李氏以山川风气渐裂，恐体魄弗安，为忧怕，欲迁处。是年己亥冬十月攒发，果罹蚁蚀之患。夫人不胜悲怆，遂易棺改附西河驿广教寺广教坛为奠神之域。首戊趾辰，卜十二月十九日申时之吉，与继爵故冢嗣讳号东滨者联圹焉。呜呼！志石之作无他，盖将为后来告也。洪惟祖宗元气丕鸿，匹休无疆，宜无足虑者。然夫人以镇国艰后，恐序远泽降，则志石之作，夫人之心，其为千万世之心矣乎！其为千万世之心矣乎！又从而铭曰：镇国之爵，帝王之商；遗德伟然，完此正气；奠卜佳城，亿万万世。嘉靖己亥十二月十九日之吉，夫人李氏立石。

　　镇国将军朱怡仙，荆府樊山温懿王朱见濡之子，生于成化二十二年（1486 年），卒于嘉靖五年（1526 年）[1]，次年下殡。嘉靖十八年（1539 年），迁葬于西河驿广教寺，与其子朱东滨合圹。

---

① 蕲春县文物局、蕲春县博物馆：《湖北蕲春荆王府》，湖北科学技术出版社，2014 年，第 113～114 页。

◎ 辅国将军朱东滨陶墓志（拓片）

明（1368～1644 年）
长 44.6、宽 39.9 厘米
黄冈市蕲春县西河驿石粉厂樊山郡王府将军墓出土
蕲春县博物馆藏

志文：

明荆国樊山五府辅国将军讳别号东滨者已薨，镇国将军号怡仙之冢嗣也。距生于正德乙亥，薨于嘉靖丙申，寿廿旬有二。应不利，岁择未举。母夫人李氏以寝暴之，□乃出，命相地卜日以藏。是年己亥十二月十九日申时之吉，奉殡于西河驿广教寺广教坛，附厥考怡仙之次，为千万载奠神之所。首成趾辰，为茔从吉兆也。呜呼！天道其无知矣乎！使东滨出自帝王之后，宜其派演天潢悠容，太平无疆之福。何遽夺厥美而止于斯乎？且致之传。所以志石之作，大抵推原古人告来之意。千古之下，仁人君子，亦未常不同此心也邪？是为作圹志。又从而铭曰：佳城之肇，广教之阳。待欤东滨，永焉斯藏。用告后来，哀哉勿伤。绵绵千古，地老天荒。嘉靖己亥十二月十九日之吉，夫人邓氏立石。

辅国将军朱东滨，镇国将军朱怡仙之子，生于正德十年（1515 年），卒于嘉靖十五年（1536 年）[①]，与父亲朱怡仙合圹葬于西河驿广教寺。

---

① 蕲春县文物局、蕲春县博物馆：《湖北蕲春荆王府》，湖北科学技术出版社，2014 年，第 113～114 页。

宗室女性的封号，与男性爵位一一对应。从亲王至奉国中尉，其正妻封号有"妃、夫人、淑人、恭人、宜人、安人"等层级，女儿封号则有"郡主、县主、郡君、县君、乡君、宗女"之别[1]。

明代宗室女性封号

爵级	正妻	女儿
亲王	亲王妃	郡主
世子（亲王嫡长子）	世子妃	县主
郡王	郡王妃	县主
世孙（世子嫡长子）	世孙夫人	郡君
长子（郡王嫡长子）	长子夫人	郡君
镇国将军	镇国将军夫人	郡君
长孙（长子嫡长子）	长孙夫人	县君
辅国将军	辅国将军夫人	县君
奉国将军	奉国将军淑人	乡君
镇国中尉	镇国中尉恭人	宗女
辅国中尉	辅国中尉宜人	宗女
奉国中尉	奉国中尉安人	宗女

---

① （明）李东阳等奉敕撰、申时行等奉敕重修：《大明会典》卷五十五，明万历十五年内府刊本。原文："亲王女封郡主，郡王女封县主，镇国将军女封郡君，辅国将军女封县君，奉国将军女封乡君，中尉之女俱称宗女。世子女与郡王女同，世孙及郡王长子女与镇国将军女同，长孙女与辅国将军女同"。

◎ 通城王朱英㷿妃徐氏陶墓志

明（1368～1644年）
高70、宽38、厚14.5厘米
武汉市东湖高新经济技术开发区朱鲁湾村通城王朱英㷿家族墓地出土
武汉市文物考古研究所藏

志文：

通城王英㷿妃徐氏，遇太祖高皇帝之𣊬孙妃、庄靖王之来孙妃、荣顺王之玄孙妃、僖穆王之曾孙妃、温惠王之孙妃、怀简王之子妃，系汉阳县知县徐淳次子、散官徐栢之嫡长女，妃母林氏。于弘治六年十二月十六日酉时生于县之公廨，正德八年五月嫔于怀简王之子，生有子女，幼卒。嘉靖元年七月十五日戌时薨逝。王未袭爵，四年，册封为通城王。七年，讣闻于上，恩赐册，追封为通城王妃，遣内官赐祭。择八年十二月二十二日未时，葬于江夏县永丰山之祖原。鸣呼！徐妃生于宦族，长配王公，淑德本乎天赋，懿行原于降衷。天不假寿，三旬而终，生安死顺，万载名丰。谨志。大明嘉靖八年岁次己丑，十二月二十二日置[1]。

墓志左右饰有飞龙纹，边缘为变体云纹。徐氏生于弘治六年（1493年），卒于嘉靖元年（1522年），嘉靖七年（1528年）追封为楚府通城郡王妃[2]。

---

① 此墓志校补，参考罗恰、杜洁：《明通城王朱英㷿家族墓地出土墓志铭文校补》，《江汉考古》2015年第4期，第120页。
② 武汉市文物考古研究所：《武汉市明通城王朱英㷿家族墓地发掘简报》，《江汉考古》2014年第6期，第33页。

◎ 通城王朱英焀夫人邵氏陶墓志

明（1368 ～ 1644 年）
碑身：高 55、宽 33、厚 11 厘米
基座：高 16.5、宽 37、厚 13 厘米
武汉市东湖高新经济技术开发区朱鲁湾村通城王朱英焀家族墓地出土
武汉市文物考古研究所藏

志文：

明通城王继室邵氏墓志铭。邵夫人逝于隆庆辛未季秋廿有壹日之戌时也，停柩于堂，越壬申仲冬，择廿日之戌时扶葬于城东山之原，且请其志与铭也。按状，夫人父讳榆，母邓氏，贯山西定安县。洪武初，扈从昭祖之楚，蔓延迨榆，以正德丁巳年捌月初陆日寅时而夫人生焉。及笄，通城王英焀聘入宫。迨王妃徐氏逝，夫人以淑德正位后宫，与王敌体，实继妃也。自是夫人□善修德，果然益扬励内助，事上礼下，宽猛□并。始王弗得志于宗长，愍王且□焉，夫人治家勤劳，诗所谓或有或无，黾勉求之。愍王薨，朝廷论德望，佥同敕王摄国，□□辜一人，不织一钱□，□□事而举动光明，岂惟宫中、府中知之？抑且行道，□□□之，夫人相与劝勉，□□□多。嘉靖甲子年拾壹月初贰日，王薨，夫人治□闱益严肃，教子训女，不□□之调熊者。惜王喜盛费作佛事，致囊箧潇然，不能为夫人封继妃，以故为□□人者饮恨，然得以正终其天年。当仙逝时，子孙满前，语话了了，不作时人恋生态。呜呼！孰谓天之报之不称其施也？夫人生贰子：曰华玲、曰华封，皆镇国将军；三女：长适马震、次适林舜朝、三适李美，皆县主婿，得封亚中大夫；孙子伍、孙女伍，以冲质忌藏字于墓，姑不息用。如左年月日时，葬于王之墓侧，适铭之曰：东山之阳，郁郁苍苍。是惟邵夫人之窆，封土于通城王之旁。既固既安，永祚胤于未艾，千斯万斯配王冢之堂堂！赐进士朝列大夫副山东按察司事南川魏裳撰，皇明隆庆壬申之岁仲冬月吉日[1]。

墓志边缘饰有变体云纹。邵夫人是通城王朱英焀的继室，卒于隆庆五年（1571 年）[2]。弘治四年（1491 年）规定："亲王庶子受封，其母始封夫人"[3]。邵氏生有二子，皆为镇国将军，因此得封夫人称号，其地位理应在妃之下。但根据志文，徐妃逝世后，邵夫人在郡王府中地位如同王妃，只是通城王朱英焀将钱财耗费在佛事上，已无余力为邵氏请封为继妃。

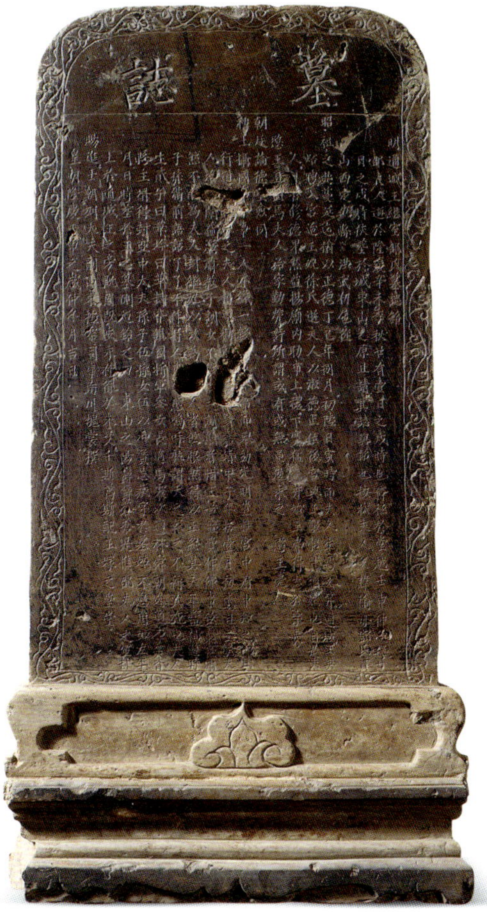

① 此墓志校补，参考罗恰、杜洁：《明通城王朱英焀家族墓地出土墓志铭文校补》，《江汉考古》2015 年第 4 期，第 119~120 页。
② 武汉市文物考古研究所：《武汉市明通城王朱英焀家族墓地发掘简报》，《江汉考古》2014 年第 6 期，第 33 页。
③ "凡请封生母，洪武二十五年（1392 年）议准，王妃以下有所出者称夫人。弘治四年（1491 年）定，亲王庶子受封，其母始封夫人"。详见（明）李东阳等奉敕撰、申时行等奉敕重修：《大明会典》卷五十五，明万历十五年内府刊本。

◎ 江安县主石墓志（拓片）

明（1368～1644 年）
均长 52.5、宽 52 厘米
荆州博物馆藏

志文：

诰封江安县主墓志铭。

县主讳毓桂，辽藩肃宁王之长女，母妃刘氏。正德六年五月初一日诰封，正德十二年三月初三日出阁，配仪宾陈经，乃太常典簿陈宁之孙也，是年四月十九日以疾故，享年二十有一。讣闻，遣中官赐祭，命有司治丧葬如制。慈圣康寿太皇太后、慈寿皇太后各赐祭一坛以故之。明年十二月初七日，安厝于郡江陵郢城之原。呜呼！县主以金玉之支荣膺封命，夫何出阁一月之余，倏然厌世，惜乎！富贵兼备而寿年不足，此因有数也，亦有可哀也，遂为之铭。铭曰：生有坤德，享有天禄。富贵荣显，□顺贞淑。数不可移，情有可哭。维其阒矣，幽光永烛。

朱毓桂，辽府肃宁荣顺王朱宠汕的长女，正德六年（1511 年）诰封为江安县主，正德十二年（1517 年）嫁与太常典簿陈宁之孙陈经，同年病逝。

明制，郡王之女封为县主。辽藩封国在荆州，彼时并无江安县的建制。"江安县主"只是虚封称号，享有俸禄而无封地[①]。

---

① 陈程、彭军、谢春明：《明"诰封江安县主墓志铭"考》，《荆楚学刊》2018 年第 3 期，第 18～21 页。

湖北宗藩

明初革行中书省，改置承宣布政使司，"湖广"成为十三布政使司之一[1]，其辖域囊括今之湖北、湖南。湖广东接南直隶（南京）、南跨闽粤、西南捍蔽云贵、西北簇拥商陕[2]，是藩屏京师西南的显要地带。作为古荆楚地，湖广"鱼粟之利，遍于天下"[3]，经济富庶可见一斑。"山川献秀，王气独钟于潜邸"[4]的湖广地区，成为明代封藩重地，亲王数量居各布政使司之首[5]。

从洪武到天启年间，陆续有亲王就藩湖广。其中，湖北境内亲王累计44位[6]，除死后追封的蕲献王朱瞻垠和岳怀王朱厚熙外，先后有12位亲王在湖北建藩立府，形成楚、湘、辽、郢、襄、荆、梁、兴、岐、寿、景、惠等藩系，对当地社会产生重要影响。

① （清）张廷玉：《明史》卷四十《地理志一》，中华书局，1974年，第881~883页。
② （明）章潢：《图书编》卷三十九《湖广图叙》，《钦定四库全书》本。
③ （明）张瀚：《松窗梦语》卷四《商贾纪》，中华书局，1997年。
④ （明）章潢：《图书编》卷三十九《湖广图叙》，《钦定四库全书》本。
⑤ 张大海：《明代湖广宗藩浅述》，《理论月刊》2008年第3期，第65页。
⑥ 浙江省博物馆：《金玉默守：湖北蕲春明荆藩王墓珍宝》，中国书店，2016年，第1页。

明太祖
朱元璋

懿文太子
朱标
太祖第一子

明惠宗
朱允炆
朱标第二子

明成祖
朱棣
太祖第四子

明仁宗
朱高炽
成祖第一子

楚昭王
朱桢
太祖第六子
封地：武昌

湘献王
朱柏
太祖第十二子
封地：荆州

辽简王
朱植
太祖第十五子
封地：荆州

郢靖王
朱栋
太祖第二十四子
封地：安陆

高火

① 详见（清）张廷玉：《明史》卷一百至一百四《诸王世表》，中华书局，1974 年，第 2503~2997 页。
② 永乐二十二年（1424 年），明仁宗追封第四子静乐庄献王朱瞻垠为蕲王，改谥为"献"。详见《明仁宗实录》卷三下，台北"中央研究院"历史语言研究所，1962 年，第 120 页。
③ 关于武宗名讳之尾字：1.《明史》写作"照"，详见（清）张廷玉：《明史》卷十六《武宗本纪》，中华书局，1974 年，第 199 页；2.《明武宗实录》则写作"𤏳"，详见《明武宗实录》卷一，台北"中央研究院"历史语言研究所，1962 年，第 1 页；3.《康熙字典》解释"照"时，引《说文解字》"本作炤"，详见（清）张玉书：《康熙字典》巳集中·火部，康熙五十五年内府刊本；4.《说文解字》载"炤，明也，从火昭声。之少切"，详见（清）段玉裁：《说文解字注》第十卷·火部，清嘉庆二十年刊本。由此可见，𤏳、炤、照实指同一字意，皆属火部。
④ 嘉靖四年（1525 年），明世宗追封长兄为岳怀王。嘉靖三十九年（1560 年），追赐岳怀王名为"厚熙"。详见《明世宗实录》卷五三、卷四八三，台北"中央研究院"历史语言研究所，1962 年，第 1322、8070 页。
⑤ 穆宗名讳有两种说法：1.《明世宗实录》有"上命皇第三子名载坖"之记载，详见《明世宗实录》卷二百，台北"中央研究院"历史语言研究所，1962 年，第 4193 页；2.《明史》载穆宗"讳载垕，世宗第三子也"，详见（清）张廷玉：《明史》卷十九《穆宗本纪》，中华书局，1974 年，第 253 页。《明世宗实录》为明代官修史书，此处以之为准，采用"坖"的说法。
⑥ （明）李东阳等奉敕撰、申时行等奉敕重修：《大明会典》卷一，明万历十五年内府刊本。

楚藩

洪武三年（1370 年），太祖朱元璋封庶六子朱桢为楚王。洪武十四年（1381 年），朱桢就藩武昌府，永乐二十二年（1424 年）薨，谥号"昭"，是为楚昭王。自朱桢建立楚府始，楚藩历经八代九王，雄踞武昌达 263 年。崇祯十六年（1643 年），张献忠攻破武昌，将末代楚王朱华奎沉溺于江[1]，楚亡。

楚府一脉，累计封有巴陵、永安、寿昌、崇阳、通山、通城、景陵、岳阳、江夏、武陵、东安、大冶、黔阳、缙云、长乐、保康、武冈、宣化等郡王[2]，郡王下按制分封各级将军和中尉，形成庞大的楚藩支系。

① （清）张廷玉：《明史》卷一百一《诸王世表二》，中华书局，1974 年，第 2607~2608 页。

② （1）楚府郡王的梳理，主要参考（清）张廷玉：《明史》卷一百一《诸王世表二》，中华书局，1974 年，第 2607~2619 页。此版据《明太宗实录》卷二八和《弇山堂别集》卷三，校勘"荥阳"为"崇阳"，详见第 2713 页校勘记。（2）通城郡王世系《明史·诸王世表》缺载，其梳理源自：1.《明实录》（《太宗实录》卷六一、卷一六九，《英宗实录》卷一五四、二六零、三二二，《宪宗实录》卷二四一，《世宗实录》卷二九，《神宗实录》卷四九、卷四零八）；2.（明）何乔远《名山藏》卷三十六；3.（明）张岱《石匮书》卷第十八；4.（明）王世贞《弇山堂别集》卷七十三、七十四。

③

④

⑤

明穆宗
朱载坖
世宗第三子

明神宗
朱翊钧
穆宗第三子

明光宗
朱常洛
神宗第二子

明熹宗
朱由校
光宗第一子

景恭王
朱载圳
世宗第四子
封地：德安

惠王
朱常润
神宗第六子
封地：荆州

明思宗
朱由检
光宗第五子

载土　　　　　　　　翊金　　　　　　　　常水　　　　　　　　由木

明宣宗
朱瞻基
宗第一子

明英宗
朱祁镇
宣宗第一子

明孝宗
朱祐樘
宪宗第三子

明武宗
朱厚照
孝宗第一子

蕲献王
朱瞻垠
宗第四子
追封

明代宗
朱祁钰
宣宗第二子

兴献王
朱祐杬
宪宗第四子
封地: 安陆

岳怀王
朱厚熙
兴献王第一子
追封

明世宗
朱厚熜
兴献王第二子

襄宪王
朱瞻墡
宗第五子
地: 襄阳

荆宪王
朱瞻堈
宗第六子
地: 蕲州

岐惠王
朱祐棆
宪宗第五子
封地: 德安

梁庄王
朱瞻垍
宗第九子
地: 安陆

寿定王
朱祐榰
宪宗第九子
封地: 德安

瞻土　　　　　　祁金　　　　　　见水　　　　　　祐木　　　　　　厚火

明代楚藩世系结构图

太祖所赐楚系字辈为："孟季均荣显，英华蕴盛容，宏才升博衍，茂士立全功"[1]，从第二代楚王庄王朱孟烷到末代楚王朱华奎，一共轮了七代字辈。

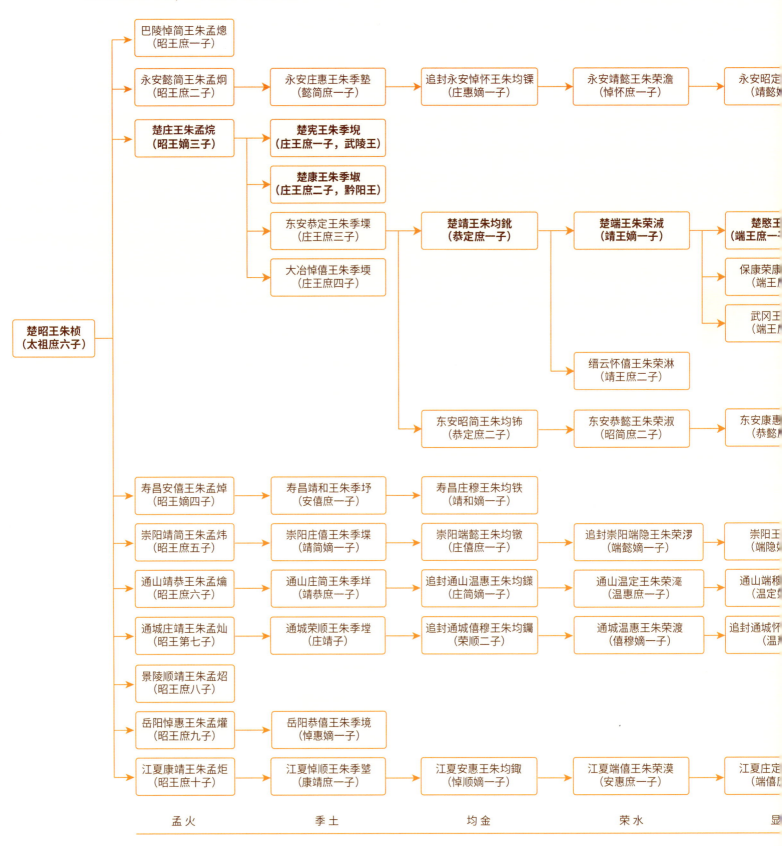

① （明）朱元璋：《皇明祖训·礼仪》，北京图书馆藏明洪武礼部刻本。

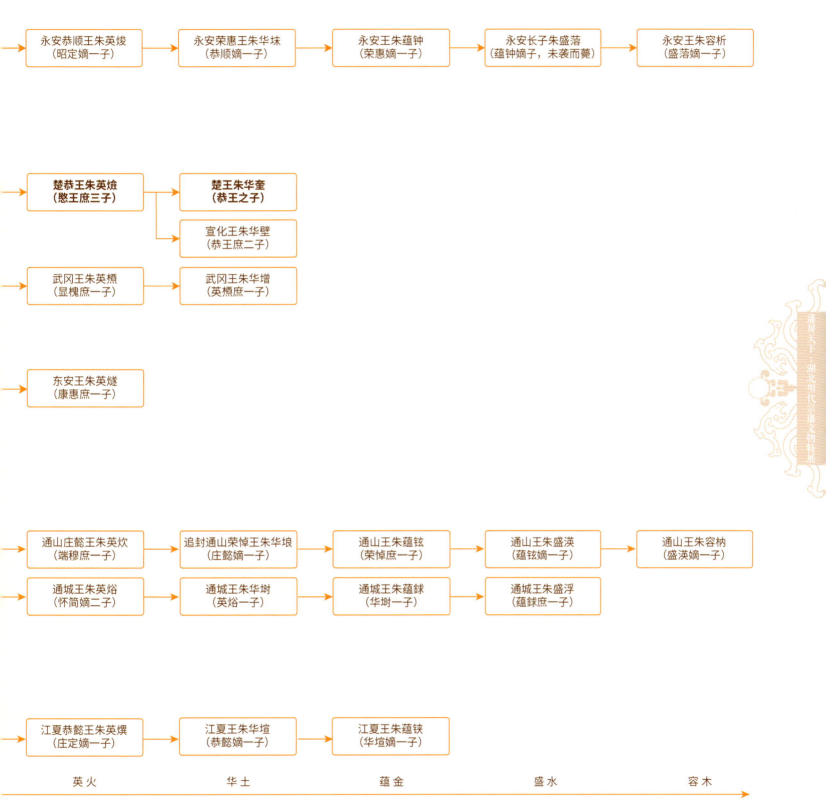

永安恭顺王朱英焌
（昭定嫡一子）
→ 永安荣惠王朱华㻳
（恭顺嫡一子）
→ 永安王朱蕴钟
（荣惠嫡一子）
→ 永安长子朱盛落
（蕴钟嫡子，未袭而薨）
→ 永安王朱容析
（盛落嫡一子）

楚恭王朱英㷿
（愍王庶三子）
→ 楚王朱华奎
（恭王之子）
宣化王朱华壁
（恭王庶二子）

武冈王朱英㯚
（显槐庶一子）
→ 武冈王朱华增
（英㯚庶一子）

东安王朱英㷡
（康惠庶一子）

通山庄懿王朱英炊
（端穆庶一子）
→ 追封通山荣悼王朱华埌
（庄懿嫡一子）
→ 通山王朱蕴铉
（荣悼庶一子）
→ 通山王朱盛浃
（蕴铉嫡一子）
→ 通山王朱容柄
（盛浃嫡一子）

通城王朱英焲
（怀简嫡二子）
→ 通城王朱华堼
（英焲一子）
→ 通城王朱蕴�
（华堼一子）
→ 通城王朱盛浮
（蕴鈇庶一子）

江夏恭懿王朱英㵆
（庄定嫡一子）
→ 江夏王朱华埥
（恭懿嫡一子）
→ 江夏王朱蕴铗
（华埥嫡一子）

英火　　　华土　　　蕴金　　　盛水　　　容木

041

◎ 楚昭王朱桢石墓志

明（1368～1644 年）

碑身：高 75、宽 51.5、厚 10.2 厘米

基座：高 26.6、宽 74.6、厚 33 厘米

通高 101.6 厘米

武汉市江夏区龙泉山楚昭王朱桢墓出土

武汉东湖新技术开发区明楚王墓文物管理所藏

志文：

王讳桢，太祖高皇帝第六子也，母昭敬太充妃胡氏。生于甲辰年三月之三日，洪武三年庚戌四月初七日册封为楚王，十四年辛酉四月二十二日始受命之国，永乐二十二年二月二十二日以疾薨，享年六十有一。妃王氏，定远侯弼之女，先二十有八年薨。子男十人：长世子孟烷；次巴陵王孟熄，先薨；次永安王孟炯、寿昌王孟焯、崇阳王孟炜、通山王孟燫、通城王孟灿[1]、景陵王孟炤、岳阳王孟爌；第十子未封。女九人，俱封郡主；孙男十五人，女七人。讣音来闻，皇上念王以骨肉至亲，不胜哀悼，辍视朝七日，命有司治丧葬，赐谥曰昭，遣使驰祭，以本年五月二十八日葬于国之东南灵泉山之原。呜呼！王以宗室之亲受封大国，安荣贵富，莫与为比，政期享兹寿祉，永作藩屏，以乐太平无穷之庆。胡一旦婴疾，遽罹大故，良可悼也。夫爰述其槩，志诸幽堂，用垂不朽焉。谨志。

　　墓志篆书刻写"大明楚王圹志"，原置于棺床石供桌前，由座与碑榫接而成，正面和周边阴刻云纹和五爪龙纹，通体填涂朱砂，记载墓主生卒年月、配偶子女等信息。

　　楚昭王朱桢，生于元至正二十四年（1364 年），卒于明永乐二十二年（1424 年）。朱桢尚武，曾多次领军征伐西南，起到藩卫帝室的作用[2]。

---

①　（景泰六年）楚府通城王薨。王，楚昭王第七子，母华氏。洪武二十二年生，永乐二年册封，至是薨，享年六十七。讣闻，辍视朝一日，谥庄靖，遣赐楚，命有司营葬。详见《明英宗实录》卷二百六十，台北"中央研究院"历史语言研究所，1962 年，第 5575 页。

②　（明）何乔远：《名山藏》卷三十六《分藩记一》，北京大学出版社，1993 年。

◎ 楚定王朱华奎继妃张氏石墓志

明（1368～1644年）
碑身：高62、宽39.4、厚15.2厘米
基座：高24.3、宽42.2、厚16.8厘米
通高86.3厘米，重143.65千克
武汉东湖新技术开发区明楚王墓文物管理所藏

志文：

　　楚藩八代国君继妃张氏墓志。夫母仪一国者，必化浃诸宫，名垂后世。故脱簪服练迄今，脍炙人口。而委和委顺，归诸宅窀者，是生寄之说，无足论轻重也。予继妃敕封张氏，出自名门，端庄淑慎，正位宫闱，鸡鸣交儆，象服是宜。凡苹藻、筐筥、刘濩、絺绤，又非节焉可举者。予方期与偕老，而忽有坠瓦之悲，今且钦赐祭葬而归九京，则生顺没宁矣。还想偕予在宫五十一载，表仪内壸，化行俗美，脍炙人口，岂亚于脱簪服练者哉？予固美妃之名不朽也，铭其石于□，并悼死生契阔之意云。妃生于隆庆六年十月十六日，薨于崇祯五年九月二十三日，奉诏葬于崇祯十年十二月初八日，合圹于灵泉之长寿山。铭曰：颀颀硕人，秩秩德音，葛蕌樛木，永享令名。

　　墓主为楚王继妃张氏，生于隆庆六年（1572年），卒于崇祯五年（1632年）。从志文分析，张氏的夫君应为末代楚王朱华奎。朱华奎，楚恭王朱英㷿之子，万历八年（1580年）袭封楚王，崇祯十六年（1643年）被张献忠沉溺于江[1]，宗人觅尸归葬陵园。

① （清）张廷玉：《明史》卷一百一《诸王世表二》，中华书局，1974年，第2607～2609页。

明代规定，亲王授金册、金宝（妃止授金册，不用宝）。亲王嫡长子年及十岁，朝廷授金册、金宝，立为王世子。亲王次嫡子及庶子年至十岁，皆封郡王，授镀金银册、银印[1]。

◎ 楚昭王朱桢鎏金铜封册

明（1368～1644年）
每版：长24.7、宽10.3、厚0.5厘米，共重2.345千克
武汉市江夏区龙泉山楚昭王朱桢墓出土
湖北省博物馆藏

册文：

维洪武三年，岁次庚戌，四月己未朔越七日乙丑，皇帝若曰："君天下者，禄及有德，贵子必王，此人事耳。然居位受福国于一方，尤简在帝心。小子桢，今命尔为楚王，分茅胙土，岂易事哉？朕起自农民，与群雄并驱十有八年，艰苦百端，志在奉天地、享神祇，张皇师旅，伐罪救民，时刻弗息，以成帝业！今尔固其国者，当敬天地在心，不可蹂礼。以祀其宗社、山川，依时享之，谨兵卫、恤下民，必尽其道。于戏！奉天勤民，藩辅帝室，能修厥德，则永膺多福。体朕训言，尚其慎之"。

明代亲王授金册，册制与皇后、皇太子相同，即用金二片：依周尺算，每片长一尺二寸、阔五寸、厚二分五厘，以红绦联贯，配蟠龙纹木质册盝[2]。

此鎏金铜封册应为原金册的复制品，专门用于随葬[3]。册文记载朱元璋对楚王朱桢的训言，希望他能够修德恤民，成为国之藩屏。

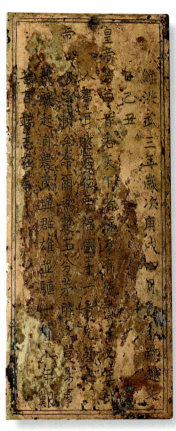

---

① （明）朱元璋：《皇明祖训·职制》，北京图书馆藏明洪武礼部刻本。
② （明）李东阳等奉敕撰、申时行等奉敕重修：《大明会典》卷六十，明万历十五年内府刊本。
③ 高大伦、李飞：《从江口出水金册看明代封册制度》，《文物》2018年第10期，第71页。

湘藩

洪武十一年（1378年），太祖朱元璋封庶十二子朱柏为湘王。洪武十八年（1385年），朱柏就藩荆州府。建文元年（1399年），朱柏被举报谋反，惧而自焚，谥号"戾"，无子国除。朱棣登基后，将朱柏谥号改为"献"①。

湘献王朱柏嗜好读书，有经国之志，又臂力过人，擅长骑马射弓，曾与其兄楚昭王朱桢一同讨伐古州蛮，堪称一代儒将。此外，朱柏还热衷道家之言，曾自号"紫虚子"②。

◎ 湘献王朱柏贴金木谥册

明（1368～1644年）
每版：长24.2、宽10、厚0.4厘米
荆州市荆州古城西门外湘献王朱柏墓出土
荆州博物馆藏

册文：

维洪武三十五年③，岁次壬午，十二月庚戌朔越二十一日庚午，皇帝制曰："惟王聪明孝友，钟爱于父皇，比封湘藩，拱卫宗社。建文不君，弃皇考祖训，屠戮骨肉。王以慈亲遭毁于谗，竟至焚死，复加恶谥。朕躬罹于祸，不得已起兵自救。赖天地祖宗之灵，克清内难，缵承大统。念王同气，负抑幽冥，哀痛之意，其何可言！欲雪前冤以慰沦谢，宜赐谥曰献"。

建文帝朱允炆削藩，引发湘王朱柏阖宫自焚。明成祖朱棣夺位后，为朱柏修建衣冠冢，改其谥为"献"④。两副谥册皆为朱棣所赐，从其立场讲述了起兵缘由。

朱元璋使用的洪武年号仅31年，册文所提"洪武三十五年"实为朱棣登基后，废除建文年号、代之以洪武的结果，是明初政治斗争的反映。

① （清）张廷玉：《明史》卷一百一《诸王世表二》，中华书局，1974年，第2659~2660页。
② （清）张廷玉：《明史》卷一百十七《诸王列传二》，中华书局，1974年，第3581页。
③ 1.明成祖朱棣登基后，改建文四年（1402年）为洪武三十五年，次年为永乐元年，详见《明太宗实录》卷十上，台北"中央研究院"历史语言研究所，1962年，第145页；2.万历二十三年（1595年），明神宗朱翊钧诏令恢复建文年号，详见（清）张廷玉：《明史》卷二十《神宗本纪》，中华书局，1974年，第277页。
④ 《明太宗实录》卷十上，台北"中央研究院"历史语言研究所，1962年，第155~156页。

◎ 湘献王朱柏妃吴氏贴金木谥册

明（1368～1644 年）
每版：长 24.2、宽 10、厚 0.5 厘米
荆州市荆州古城西门外湘献王朱柏墓出土
荆州博物馆藏

册文：

维洪武三十五年，岁次壬午，十二月庚戌朔越二十一日庚午，皇帝制曰："湘献王妃吴氏，懿顺柔恭，克遵妇道。囊者建文不君，屠戮骨肉。而王暨妃偕死，存没相从，礼至义尽，载申邮典，笃于亲亲。用昭德于九泉，□□于千载，□赐谥曰献妃"。

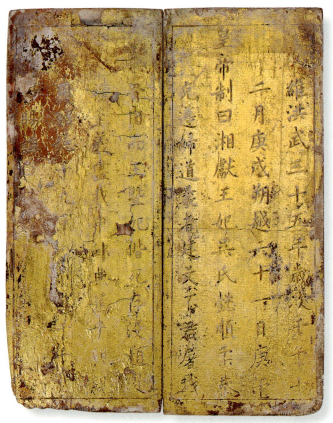

谥，指在人逝世后，依据其生前事迹评定褒贬而给予的称号[1]。明代规定，亲王使用一字谥，郡王则为二字[2]。

核勘藩王离世后，由礼部请旨，行翰林院拟谥字，经内阁评议与皇帝亲选后，朝廷遣使赶赴地方宣读册文，谥宝置于墓园，谥字载入圹志[3]。明代谥字主要源自《谥法解》，明中期以后逐渐美谥化和趋同化[4]。

◎ 湘献王朱柏贴金木谥宝

明（1368～1644年）
通高 7、边长 10.4 厘米
荆州市荆州古城西门外湘献王朱柏墓出土
荆州博物馆藏

明制，亲王使用龟钮金宝玺，参照周尺，方五寸二分、厚一寸五分，文曰"某王之宝"，配蟠螭纹宝盝[5]。

此谥宝以梨木制成，通体贴金箔，刻文"湘献王宝"[6]，与生前实用宝玺有所区分。明代藩王的谥宝、谥册，均由朝廷造办，专门用于随葬[7]。

△刻文

① 王泉根：《中国谥号的文化解析》，《文化学刊》2015 年第 10 期，第 29 页。
② （明）李东阳等奉敕撰、申时行等奉敕重修：《大明会典》卷一百零一，明万历十五年内府刊本。
③ 王浩森、徐梓又：《试析明代藩王赐谥制度》，《武陵学刊》2022 年第 4 期，第 113~118 页。
④ 王浩森、徐梓又：《明代藩王谥号的特点》，《六盘水师范学院学报》2022 年第 1 期，第 52~62 页。
⑤ （明）李东阳等奉敕撰、申时行等奉敕重修：《大明会典》卷六十，明万历十五年内府刊本。
⑥ 荆州博物馆：《湖北荆州明湘献王墓发掘简报》，《文物》2009 年第 4 期，第 57~58 页。
⑦ 刘毅：《帝王陵墓之册、宝、志探析》，《东南文化》2012 年第 5 期，第 81 页。

洪武十一年（1378 年），太祖朱元璋封庶十五子朱植为卫王，洪武二十六年（1393 年）改封辽王，就藩广宁州。永乐二年（1404 年），朱植移藩荆州府，永乐二十二年（1424 年）薨，谥号"简"，是为辽简王。自朱植迁至荆州建立辽府始，辽藩历经七代八王，盘踞荆州达 165 年。隆庆二年（1568 年），末代辽王朱宪㸅因罪降为庶人，发配到凤阳高墙（宗室监狱），辽封除[1]。

辽府一脉，累计封有长阳、远安、巴东、潜江、宣都、松滋、益阳、湘阴、衡阳、应山、宜城、枝江、沅陵、麻阳、衡山、蕲水、兴山、肃宁、长垣、光泽、广元、句容等郡王[2]。郡王以下，又分封将军、中尉，形成庞大的辽藩支系。

◎ 辽简王朱植石墓志（拓片）

明（1368 ～ 1644 年）
志盖：长 79.6、宽 78.8 厘米
志底：长 80、宽 78 厘米
武汉市文物考古研究所提供

志盖铭文：

故辽简王之墓。

志底铭文：

……圹志□……高皇帝第十四子……第……母□妃韩氏。王生洪武十年二月十五日……□月初□封为辽王。二十六年正月癸……州。永乐二十二年五月八日……妃郭氏，武定侯英之女，子男……贵焝封长阳王。岁乙巳正月……王。□□，远安王；贵㷲，兴山王；贵煾，巴……王；贵□王；贵烨，宣都王；贵烆，松滋王；贵烀，益……王；贵□□王；贵㷆，衡阳王。其幼而未封□，贵爐……□、贵□、第十七男、第十八男，远安、巴东……人长女封江陵郡主，第□女□……第六女、第七女。讣闻……□命有司□葬。其以洪熙元年三……八岭山之原。呜呼！王以宗室至亲作……女荣贵富，而一旦止此。爰述王之□大槩，纳……以垂不朽。谨志。

辽简王朱植，生于洪武十年（1377 年），卒于永乐二十二年（1424 年），妃为武定侯郭英之女。朱植在洪武时期颇受重用，初封卫王，后改封辽王，镇守边地、屡树军功。因为忠于建文帝，朱植在靖难之役后受到明成祖朱棣排挤，不仅迁藩到荆州，还被削夺护卫，墓志亦无载其功绩[3]。

志文提到朱植为太祖第十四子，与《明史》所载第十五子不符。由于太祖第九子赵王朱杞早卒，因此湘、辽、郢等后续藩王的齿序相应排前一位[4]。

---

① （清）张廷玉：《明史》卷一百一《诸王世表二》，中华书局，1974 年，第 2694~2696 页。
② （清）张廷玉：《明史》卷一百一《诸王世表二》，中华书局，1974 年，第 2694~2712 页。此版据《明太宗实录》卷二八和《弇山堂别集》卷三五，校勘"宣都"为"宜都"，详见第 2713 页校勘记。
③ 荆州地区博物馆、江陵县文物局：《江陵八岭山明代辽简王墓发掘简报》，《考古》1995 年第 8 期，第 710~712 页。
④ 按《明史》记载，辽简王朱植为太祖第十五子，而其墓志却铭为第十四子，其齿序排前一位的原因在于，太祖第九子赵王朱杞于洪武四年（1371年）早卒。同样的情形亦见于湘献王朱柏、宁献王朱权、郢靖王朱栋等亲王墓志中，此当为明故制，而《明史》为清人作品。参见湖北省文物考古研究所、荆州市博物馆、钟祥市博物馆：《郢靖王墓》，文物出版社，2016 年，第 205~208 页。

郢藩

洪武二十四年（1391年），太祖朱元璋封庶二十四子朱栋为郢王。永乐六年（1408年），朱栋就藩安陆州，永乐十二年（1414年）薨，谥号"靖"，是为"郢靖王"，无子而国除[1]。

◎ 郢靖王朱栋石墓志

明（1368～1644年）
志盖：高93、宽64、厚12厘米
志底：高93、宽64、厚12厘米
钟祥市九里回族乡郢靖王朱栋墓出土
钟祥市博物馆藏

志文：

王讳栋，太祖高皇帝第二十三子也，母惠妃刘氏，生于洪武戊辰五月十七日，辛未四月十三日册封为郢王，永乐六年五月特命之国，十二年冬十二月王以疾薨，享年二十有七。皇帝念骨肉之亲，不胜痛悼，辍视朝十有五日，诏有司治丧葬如礼，赐谥曰靖。妃郭氏，乃故营国威襄公郭英之女，资生贤淑，永乐三年十一月二日册为郢王妃。王薨未几，妃以十二月二十九日亦薨逝，得年二十有四。遣使驰祭，以永乐十三年四月初六日合葬于宝鹤山之原。呜呼！王以宗室至亲，享有禄位，作藩作屏。胡天啬其年，而相继遽至大故，深可惜哉！爰述其概，用垂不朽焉。谨志。

志盖正面篆刻"郢靖王墓"，周边刻饰龙凤、祥云、波涛等纹样。志底图案与盖类似，只是顶边为二龙戏珠纹。

郢靖王朱栋，生于洪武二十一年（1388年），卒于永乐十二年（1414年），妃为追封营国威襄公郭英之女。朱栋逝世不久，王妃为之殉情[2]，二者合葬于宝鹤山之原。

① （清）张廷玉：《明史》卷一百二《诸王世表三》，中华书局，1974年，第2821～2822页。
② 《兴都志》记载：王薨之逾月，妃郭氏痛曰："贤王舍我以去，我寡而无子，尚谁侍邪？念自幼嫔贤王待如宾友，今安忍独生乎！"乃整妆对镜，自写其容，付谨密宫人掌之。云："俟诸女长成识母之遗容也"，遂自尽。

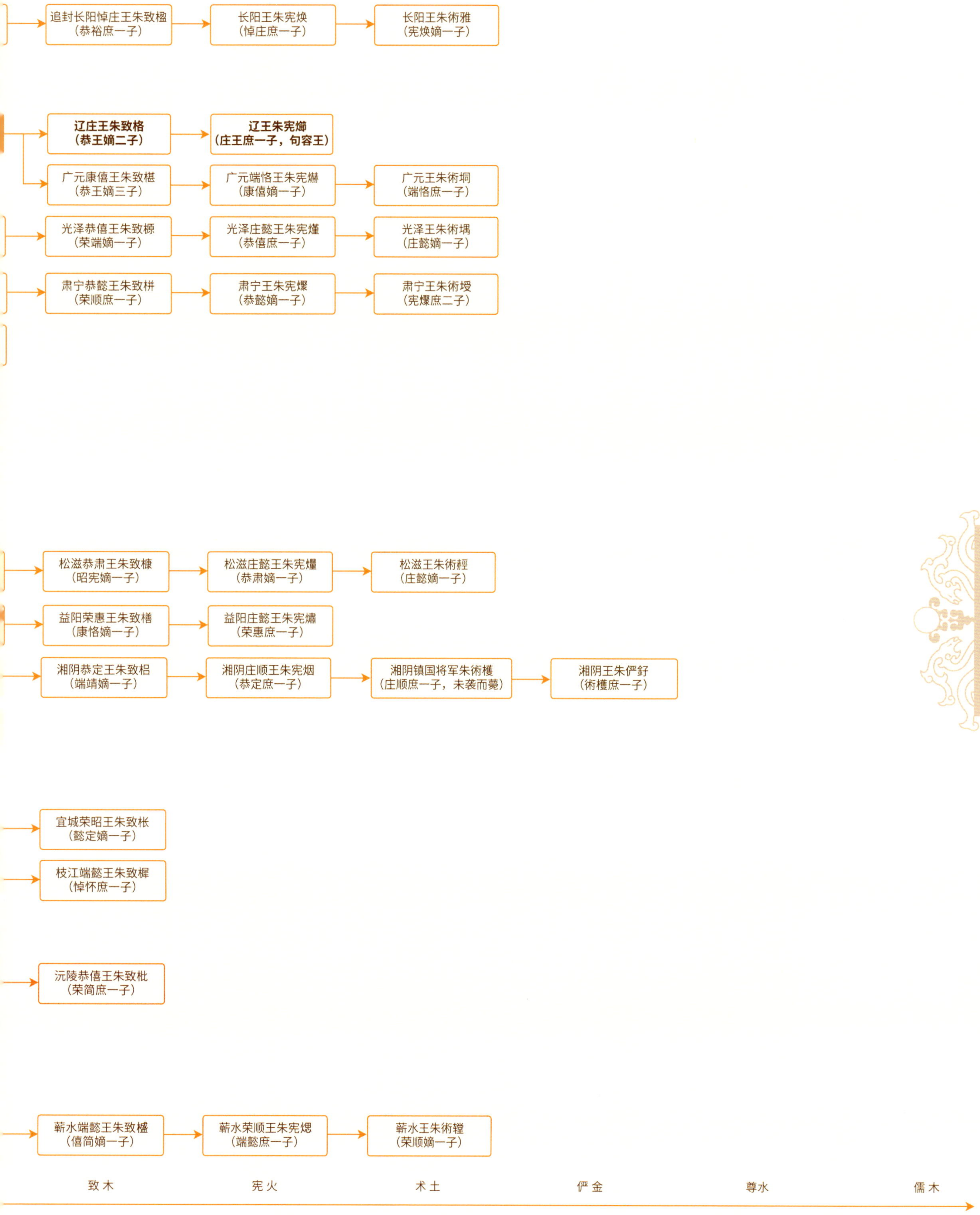

追封长阳悼庄王朱致榓（恭裕庶一子）
长阳王朱宪焕（悼庄庶一子）
长阳王朱術雅（宪焕嫡一子）
辽庄王朱致格（恭王嫡二子）
辽王朱宪㸅（庄王庶一子，句容王）
广元康僖王朱致椹（恭王嫡三子）
广元端恪王朱宪㸌（康僖嫡一子）
广元王朱術垌（端恪庶一子）
光泽恭僖王朱致槺（荣端嫡一子）
光泽庄懿王朱宪熣（恭僖庶一子）
光泽王朱術堣（庄懿嫡一子）
肃宁恭懿王朱致栟（荣顺庶一子）
肃宁王朱宪爆（恭懿嫡一子）
肃宁王朱術埐（宪爆庶二子）
松滋恭肃王朱致榱（昭宪嫡一子）
松滋庄懿王朱宪熿（恭肃嫡一子）
松滋王朱術桱（庄懿嫡一子）
益阳荣惠王朱致橏（康恪嫡一子）
益阳庄懿王朱宪熽（荣惠庶一子）
湘阴恭定王朱致榀（端靖嫡一子）
湘阴庄顺王朱宪烟（恭定庶一子）
湘阴镇国将军朱術檴（庄顺庶一子，未袭而薨）
湘阴王朱俨釪（術檴庶一子）
宜城荣昭王朱致柭（懿定嫡一子）
枝江端懿王朱致樨（悼怀庶一子）
沅陵恭僖王朱致枇（荣简庶一子）
蕲水端懿王朱致槛（僖简嫡一子）
蕲水荣顺王朱宪熄（端懿庶一子）
蕲水王朱術鐙（荣顺嫡一子）
致木
宪火
術土
俨金
尊水
儒木

明代辽藩世系结构图

太祖所赐辽系字辈为："贵豪恩宠致，宪术俨尊儒，云仍祺保合，操翰丽龙舆"①，从第二代辽王朱贵烚到末代辽王朱宪㸅，一共轮了六代字辈。

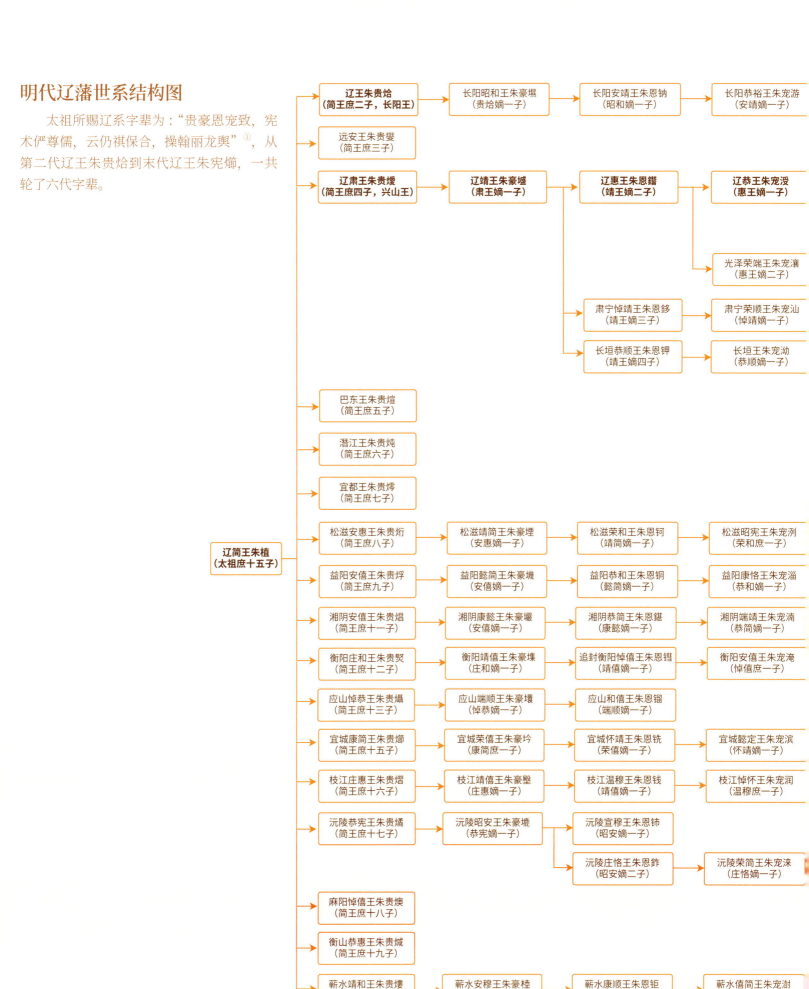

① （明）朱元璋：《皇明祖训·礼仪》，北京图书馆藏明洪武礼部刻本。

荆藩

　　永乐二十二年（1424 年），仁宗朱高炽庶六子朱瞻堈被封为荆王，宣德四年（1429 年）就藩建昌府，正统十年（1445 年）移封蕲州，景泰四年（1453 年）薨，谥号"宪"，是为"荆宪王"[1]。自朱瞻堈建立荆府始，荆藩历经九代十王，雄踞蕲州达 198 年，末代荆王朱慈煃于崇祯十五年（1642 年）薨逝，次年正月张献忠攻破蕲州，火烧荆王府，荆亡[2]。

　　荆府一脉，累计封有都昌、都梁、樊山、岷青、虞城、洛安、桐城、广济、富顺、永新、永定、德安、泰宁、安城等郡王[3]，郡王下又分封各级将军和中尉，构成荆藩支系。

①　（清）张廷玉：《明史》卷一百三《诸王世表四》，中华书局，1974 年，第 2876~2878 页。
②　（清）张廷玉：《明史》卷一百三《诸王世表四》，中华书局，1974 年，第 2876~2882 页。此版据《明史》卷一一九《荆王瞻堈传》，补校荆王朱由樊谥号为"定"，补校荆王朱慈煃薨于崇祯十五年，详见第 2901 页校勘记。
③　1. 荆府郡王的梳理，主要参考（清）张廷玉：《明史》卷一百三《诸王世表四》，中华书局，1974 年，第 2876~2882 页；2. 虞城、洛安、广济三王的记载详见《明孝宗实录》卷八六，台北"中央研究院"历史语言研究所，1962 年，第 1604~1605 页；3. 岷青、桐城二王的考证详见蕲春县文物局、蕲春县博物馆：《湖北蕲春荆王府》，湖北科学技术出版社，2014 年，第 21~23 页。

梁藩

永乐二十二年（1424 年），仁宗朱高炽庶九子朱瞻垍被封为梁王，宣德四年（1429 年）就藩安陆州，正统六年（1441 年）薨，谥号"庄"，是为"梁庄王"，无子国除[1]。

◎ 梁庄王朱瞻垍石墓志（复制件）

明（1368 ～ 1644 年）
长 73、宽 72.6 厘米
钟祥市长滩镇梁庄王朱瞻垍墓出土
湖北省博物馆供图

志文：

王讳瞻垍，仁宗昭皇帝第九子，母恭肃贵妃郭氏，生于永乐九年六月十七日，二十二年十月十一日册为梁王，宣德四年八月之国湖广之安陆州，正统六年正月十二日以疾薨。讣闻，上哀悼之，辍视朝三日，命有司致祭营葬如制。谥曰庄。妃纪氏，安庆卫指挥詹之女；继妃魏氏，南城兵马指挥亨之女。女二人。王以是年八月二十六日葬封内瑜坪山之原。呜呼！王赋性明达，资度英伟，好学乐善，孝友谦恭，宜臻高寿以享荣贵，甫壮而逝，岂非命耶？爰述其繄，纳之幽圹，用垂永久云。

梁庄王朱瞻垍，生于永乐九年（1411 年），卒于正统六年（1441 年），娶有妃纪氏和继妃魏氏，均为普通官民之女。朱瞻垍生前受到宣宗朱瞻基厚爱，死后无子袭爵，大量精美奢华的器物被带入墓中。

此时，志文已不见洪武诸王墓志中"藩辅帝室""作藩作屏"等寄语，可能与朝廷转向藩禁政策有关。

---

① （清）张廷玉：《明史》卷一百三《诸王世表四》，中华书局，1974 年，第 2899～2900 页。

明代荆藩世系结构图

　　从渊源看，荆藩属于燕王支系，因此字辈沿用太祖所赐燕系派语，即"高瞻祁见祐，厚载翊常由，慈和怡伯仲，简靖迪先猷"[①]，从第一代荆王宪王朱瞻堈到末代荆王朱慈烟，一共轮了十代字辈。

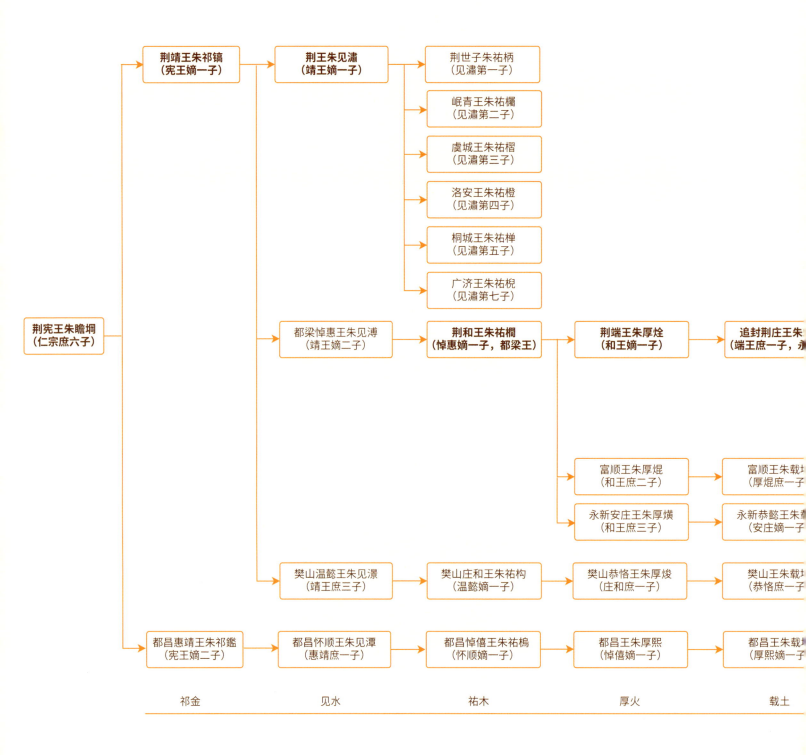

| 祁金 | 见水 | 祐木 | 厚火 | 载土 |

---

① （明）朱元璋：《皇明祖训·礼仪》，北京图书馆藏明洪武礼部刻本。

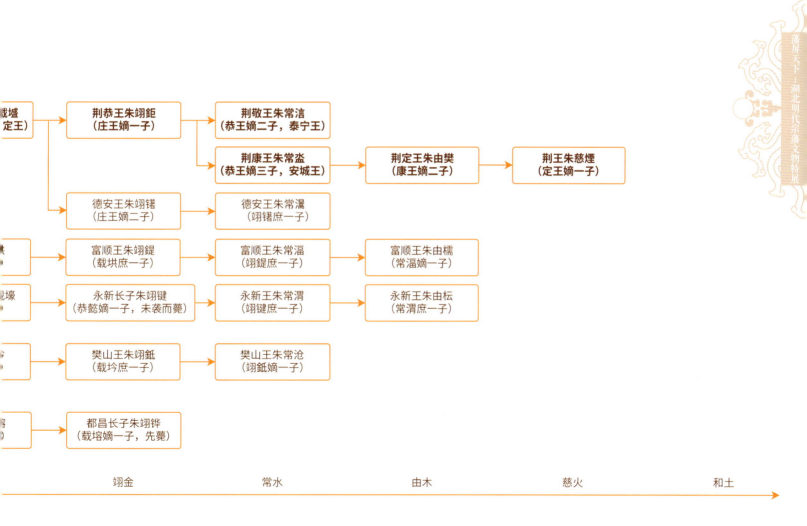

荆恭王朱翊鉅
（庄王嫡一子）

荆敬王朱常泬
（恭王嫡二子，泰宁王）

荆康王朱常湋
（恭王嫡三子，安城王）

荆定王朱由樊
（康王嫡二子）

荆王朱慈煙
（定王嫡一子）

德安王朱翊𬭚
（庄王嫡二子）

德安王朱常㵸
（翊𬭚庶一子）

富顺王朱翊𬭊
（载坍庶一子）

富顺王朱常湢
（翊𬭊庶一子）

富顺王朱由㰉
（常湢嫡一子）

永新长子朱翊键
（恭懿嫡一子，未袭而薨）

永新王朱常渭
（翊键庶一子）

永新王朱由柭
（常渭庶一子）

樊山王朱翊𬭤
（载坽庶一子）

樊山王朱常沧
（翊𬭤嫡一子）

都昌长子朱翊铧
（载塆嫡一子，先薨）

翊金　　　　　　常水　　　　　　由木　　　　　　慈火　　　　　　和土

◎ 荆恭王朱翊鉅妃胡氏石地契碑

明（1368～1644 年）
长 60、宽 60、厚 10 厘米
黄冈市蕲春县横车镇荆恭王朱翊鉅妃胡氏墓出土
蕲春县博物馆藏

碑文：

维大明嘉靖四十四年岁次乙丑，十二月二十日癸未，孝男荆世子朱常泠伏录：母妣册封荆王妃胡氏，原命生于嘉靖丙申年三月十四日申时，薨于嘉靖甲子年五月初五日戌时。自从奄逝，未卜佳城，夙夜忧思，不遑宁处。卜此高原，朝迎护卫，穴占袭吉，地属湖广黄州府蕲州安平下乡文顿里守义坊，地名汤家山之原。宜作癸山丁向，兼地支三分，堪为宅兆，自备净钱九九数兼五彩信帛，于皇天后土处买到龙子岗阴地一方，左至青龙、右至白虎、前至朱雀、后至玄武，上指青天、下指黄泉中穴，系荆王妃胡氏永为阴宅。内方勾陈，分掌四域，丘陈墓伯，封步界畔，道路将军，齐整阡陌。千秋万岁，永无殃咎，若有干犯，并令将军缚付河伯。今备珠宝、牲牢、酒脯、百味、香新，共为信契，财地各相交讫。已付工匠修茔，安厝已后，永保全吉。知见人：岁主乙丑大吉，月主人丁亥登明；代保人：日值符癸未小吉，时值符乙卯太冲。左邻人东□公，右邻人西王母，验地人白鹤仙，书契人青衣童子。故炁邪精，不得千□，先有居者，永避万里。若违此约，地府主吏自当其祸。助理□已后，存亡皆安吉，急急如五帝使者女青律令。券立二本：一本奉上后土地祇；一本刻石付墓中薨过荆王妃胡氏，付身执照，永为备用。合同永远为照券，后故炁伏尸，永不侵争。

胡氏乃荆恭王朱翊鉅之妃，生于嘉靖十五年（1536 年），卒于嘉靖四十三年（1564 年）[1]。此碑是荆世子朱常泠为母妃胡氏所立，边缘刻饰双凤朝阳纹，填涂朱砂。碑文反映出荆王府也存在向阴间买地下葬的风俗信仰，与买地券性质类似。

① 蕲春县文物局、蕲春县博物馆：《湖北蕲春荆王府》，湖北科学技术出版社，2014 年，第 69 页。

成化二十三年（1487年），宪宗朱见深封庶四子朱祐杬为兴王。弘治七年（1494年），朱祐杬就藩安陆州，正德十四年（1519年）薨，谥号"献"[1]。正德十六年（1521年），明武宗朱厚照驾崩，无子，遗诏堂弟兴王朱厚熜入继大统，是为明世宗。

嘉靖十年（1531年），世宗诏令改安陆州为承天府，设附郭县为钟祥[2]。嘉靖十八年（1539年），比照凤阳中都，升承天府为兴都[3]。此后，这块龙兴之地不再分封藩王[4]。

◎（明）顾璘《兴都志》（复制件）

中华民国二十六年（1937年）重刊本
钟祥市博物馆藏

《兴都志》刊印于嘉靖二十一年（1542年），由工部尚书顾璘总理，方远宜、魏良辅等纂修。全书共24卷，讲述兴献王肇封和嘉靖帝龙飞的事迹，也记录都邑建设和风俗民情，是研究明代藩封制度的重要志书。

① （清）张廷玉：《明史》卷一百四《诸王世表五》，中华书局，1974年，第2942~2943页。
② 《明世宗实录》卷一二九，台北"中央研究院"历史语言研究所，1962年，第3074页
③ 邓涛：《被遗忘的陪都——明代兴都湖广承天府的名与实》，《理论月刊》2020年第1期，第155页。作者进一步认为，兴都具有"陪都"的属性，与北京、南京、中都形成"两京""两都"的格局。兴都承天府的升格过程，是嘉靖帝强化皇权的体现。
④ 周红梅：《明朝封藩钟祥刍议》，载中国明史学会：《第十四届明史国际学术研讨会论文集》，2011年，第41页。

承

　　明朝封建诸王以藩屏天下，确立八等爵制的宗藩体系，湖广因地理显要、经济富庶而成为藩封重地。透过"一展二览"，本次展览试图从两条脉络勾勒藩府面貌：

　　子展"尊崇·藩禁——从湖北出土文物管窥明代宗藩制度"，从藩府规制、典章仪礼、地方社会关系等视角，讲述宗藩制度与藩王威仪，以及"藩屏"到"藩禁"政策调整对宗藩的影响。

　　子展"气度·风尚——湖北明代宗藩的生活与艺术"，聚焦文物的工艺特征、文化意涵与历史价值，展现宗藩的物质生活、精神追求和艺术品味。

"一展二览" 示意图

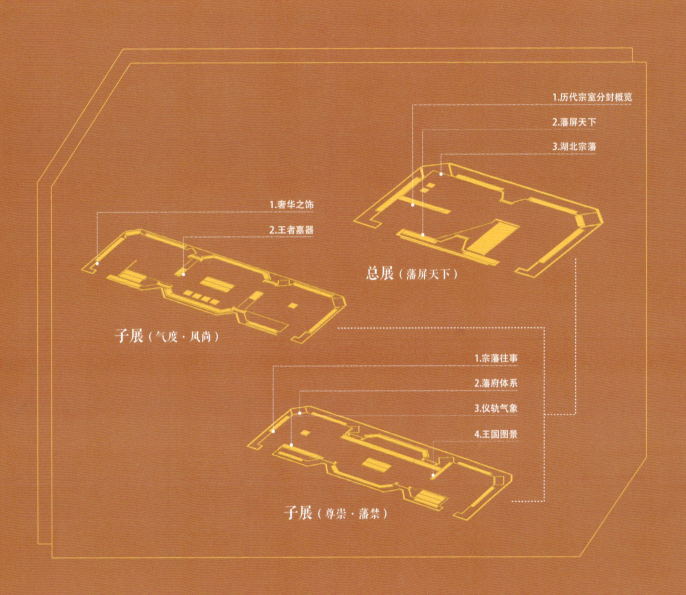

1.历代宗室分封概览

2.藩屏天下

3.湖北宗藩

1.奢华之饰

2.王者嘉器

总展（藩屏天下）

子展（气度·风尚）

1.宗藩往事

2.藩府体系

3.仪轨气象

4.王国图景

子展（尊崇·藩禁）

尊崇·藩禁

从湖北出土文物管窥明代宗藩制度

前言

"藩，屏也。屏蔽也"①。

"屏，蔽也。小雅：万邦之屏"②。

藩屏意为屏障，宗藩则指充当藩屏的同姓宗族③。明初众建藩王以拱卫帝室，他们统兵预政、节制公侯，尽显王者威仪，堪称皇帝的地方代言人。然而，自建文至正德时期，历经多次藩王叛乱，削弱藩权以巩固皇权的藩禁政策日渐成型④。诸藩"分封而不锡土、列爵而不临民、食禄而不治事"⑤，权柄既移、藩屏日弱⑥。

宗藩世代食禄，却无统兵预政、置吏治民、致仕为官、自由出城等权利。他们被禁锢于封地⑦，命名、婚姻乃至丧葬均由朝廷安排⑧，成为依赖财政供养、不从"四民之业"的寄生阶层。明中后期，宗藩人口快速繁衍，沦为大明王朝的沉重包袱⑨。

① （清）段玉裁：《说文解字注》，清嘉庆二十年刊本，第一卷：艸部。原文为"藩，屏也。屏蔽也"。
② （清）段玉裁：《说文解字注》，清嘉庆二十年刊本，第八卷：尸部。原文为"屏，此复举字之未删者。蔽也。《小雅》：万邦之屏；《传》曰：屏，蔽也，引申为屏除"。
③ 正如《诗经》所云："价人维藩，大师维垣，大邦维屏，大宗维翰。怀德维宁，宗子维城。无俾城坏，无独斯畏"。在古人认知中，同姓宗族犹如城墙，城墙破坏了君王便容易被孤立。详见程俊英：《诗经译注》，上海古籍出版社，2004年，第462页。
④ 暴鸿昌：《明代藩禁简论》，《江汉论坛》1989年第4期，第53~57页。实际上，也有学者认为洪武时期已出现对藩王的钳制措施，参见吴德义、陈昊：《明太祖对藩王的钳制措施及其成效探析》，《廊坊师范学院学报（社会科学版）》2021年第2期，第86~96页。
⑤ （清）张廷玉：《明史》卷一百二十《诸王列传五》，中华书局，1974年，第3659页。
⑥ （明）张岱著，栾保群校点：《石匮书》卷第十八《同姓诸王世表·叙》，故宫出版社，2017年，第398页。原文为"嗣后天潢宗室，上者乐善好书，其次者饮醇渔色，便为贤王。权柄既移，藩屏日弱矣"。
⑦ 暴鸿昌：《明代藩禁简论》，《江汉论坛》1989年第4期，第53~57页。
⑧ 明代宗藩"其生也请名，其长也请婚，禄之终身，丧葬予费"，详见（清）张廷玉：《明史》卷一百十六《诸王列传》，中华书局，1974年，第3557页。
⑨ 暴鸿昌：《明代藩禁简论》，《江汉论坛》1989年第4期，第53~57页。

故事一：叔侄相煎何太急

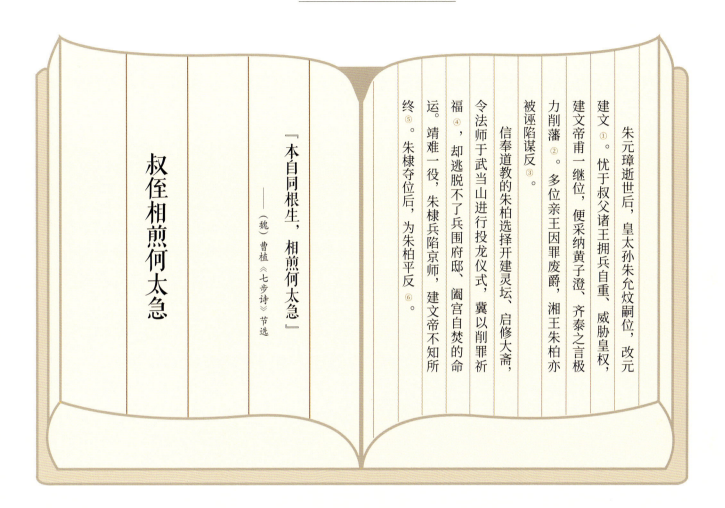

叔侄相煎何太急

『本自同根生，相煎何太急』
——（魏）曹植《七步诗》节选

朱元璋逝世后，皇太孙朱允炆嗣位，改元建文①。忧于叔父诸王拥兵自重、威胁皇权，建文帝甫一继位，便采纳黄子澄、齐泰之言极力削藩②。多位亲王因罪废爵，湘王朱柏亦被诬陷谋反③。

信奉道教的朱柏选择开建灵坛、启修大斋，令法师于武当山进行投龙仪式，冀以削罪祈福④，却逃脱不了兵围府邸、阖宫自焚的命运。靖难一役，朱棣兵陷京师，建文帝不知所终⑤。朱棣夺位后，为朱柏平反⑥。

① 《明太宗实录》卷一，台北"中央研究院"历史语言研究所，1962 年，第 5 页。
② 宋永志：《明代宗藩制度的调适与演变：以藩王移国为例》，《历史教学问题》2018 年第 4 期，第 45 页。
③ （清）张廷玉：《明史》卷四《恭闵帝本纪》，中华书局，1974 年，第 59~62 页。
④ 王育成：《明武当山金龙玉简与道教投龙》，《社会科学战线》1994 年第 3 期，第 148~154 页。
⑤ （清）张廷玉：《明史》卷四《恭闵帝本纪》，中华书局，1974 年，第 66 页。
⑥ 荆州博物馆：《湖北荆州明湘献王墓发掘简报》，《文物》2009 年第 4 期，第 58~60 页。

◎ 青石山简

明（1368～1644年）
高 28.5、宽 7.2、厚 0.7 厘米，重 501.5 克
丹江口市武当山紫霄宫赐剑台出土
武当山旅游经济特区博物馆藏

简文：

今谨有上清大洞玄都三景弟子湘王。以今上元令节开建太晖观太晖三景灵坛，启修无上洞玄灵宝崇真演教福国裕民济生度死普天大斋，计一千二伯分，通五昼宵。今则行道事竟，投简灵山。愿神愿仙，长生度世，飞行上清。五岳真人，至圣至灵，乞削罪录，上名九天，请诣灵山，金龙驿传。建文元年岁次己卯正月壬申朔十五日丙戌，上清大洞经箓法师臣周思礼于武当山福地告闻。

山简、金龙、玉璧，组成一套完整的道教投龙法物。简文揭示，湘献王朱柏在自焚前，曾派法师前往武当山进行投龙仪式，将告文刻在简中，通过金龙传达上天，达到削罪避祸的目的。

有学者研究，该简背面的符篆可释读为：三清接受投送的山简，天人皆昌盛，降玉福于天下，此为太上救命[1]。

△正面　　　　　　　△背面

---

[1] 王育成：《明武当山金龙玉简与道教投龙》，《社会科学战线》1994 年第 3 期，第 153 页。作者认为，此符篆从上到下分为三个部分：第一部分意指"三清"，第二部分指"山简"，第三部分释为"天人昌，降玉福，太上敕"。

◎ 金龙

明（1368～1644年）
高4.5、长11.32厘米，重15克
丹江口市武当山紫霄宫赐剑台出土
武当山旅游经济特区博物馆藏

◎ 玉璧

明（1368～1644年）
外径8.62、内径1.02、厚0.3厘米，重58克
丹江口市武当山紫霄宫赐剑台出土
武当山旅游经济特区博物馆藏

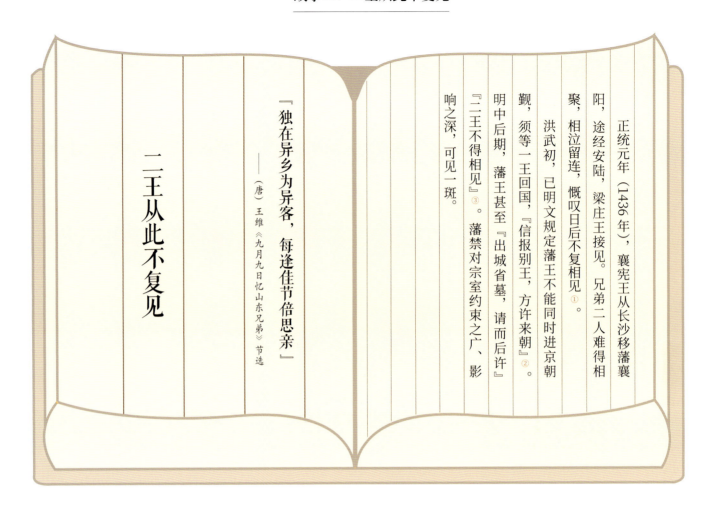

二王从此不复见

「独在异乡为异客，每逢佳节倍思亲」

——（唐）王维《九月九日忆山东兄弟》节选

正统元年（1436 年），襄宪王从长沙移藩襄阳，途经安陆，梁庄王接见。兄弟二人难得相聚，相泣留连，慨叹日后不复相见①。

洪武初，已明文规定藩王不能同时进京朝觐，须等一王回国，『信报别王，方许来朝』②。明中后期，藩王甚至『出城省墓，请而后许』『二王不得相见』③。藩禁对宗室约束之广、影响之深，可见一斑。

◎ 梁庄王朱瞻垍石墓志盖（复制件）

明（1368 ～ 1644 年）
长 73、宽 72.6 厘米
钟祥市长滩镇梁庄王朱瞻垍墓出土
湖北省博物馆供图

① （清）张廷玉：《明史》卷一百十九《诸王列传四》，中华书局，1974 年，第 3634 页。
② （明）朱元璋：《皇明祖训·礼仪》，北京图书馆藏明洪武礼部刻本。
③ （清）张廷玉：《明史》卷一百二十《诸王列传五》，中华书局，1974 年，第 3659 页。

第一单元

藩府体系

　　洪武二年（1369 年），明太祖谕定藩王国邑及官属之制[1]，此后历朝沿袭修正。

　　明代统治者虽支持宗藩内部实行"大宗管理小宗"的宗人自理模式，却规定以勋戚大臣和礼部管理、监察宗府事务[2]，并对标中央职官为藩王设置"忠君辅王"的王府职官[3]，形成皇帝、臣僚、宗室多方参与的藩府管理机制。

---

① 《明太祖实录》卷四一，台北"中央研究院"历史语言研究所，1962 年，第 818 页。
② 王浩淼：《明代宗室"摄府事"制度研究》，江西师范大学硕士学位论文，2021 年，第 98 页。
③ 田宗莹：《明代王府文官制度研究》，延安大学硕士学位论文，2021 年。

宗室内治

　　作为藩府宗长，亲王负责管理郡王以下成员名封、婚丧、宗禄拨支等事宜[1]。在亲王爵位空置的服阕期，则由朝廷另委"摄府事宗室"临时代理府事[2]。郡王大多没有实际封地，与将军、中尉等在亲王封地设府，受亲王管制。

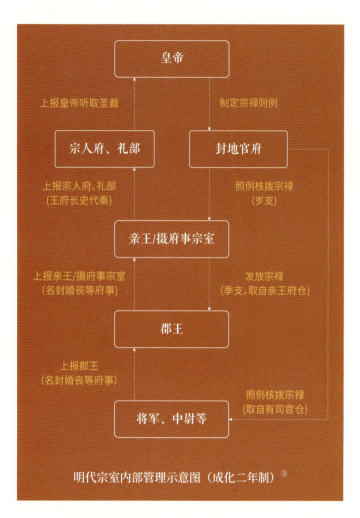

明代宗室内部管理示意图（成化二年制）[3]

图中文字：

皇帝

上报皇帝听取圣裁　　制定宗禄则例

宗人府、礼部　　封地官府

上报宗人府、礼部
（王府长史代奏）　　照例核拨宗禄
（岁支）

亲王/摄府事宗室

上报亲王/摄府事宗室
（名封婚丧等府事）　　发放宗禄
（季支,取自亲王府仓）

郡王

上报郡王
（名封婚丧等府事）　　照例核拨宗禄
（取自有司官仓）

将军、中尉等

"昭代贤宗"匾额（拓片）
明·万历四十年（1612 年）
河南开封周藩永宁郡王府遗址出土

　　此匾额的发现，说明"摄府事"制度不仅在亲王府得到运用，在郡王府也曾实行过。
[资料来源：王庚《河南开封明代周藩永宁王府遗址》，《大众考古》2018 年第 7 期，第 17 页]

①　程皓：《试论明代宗室请名制度》，《理论界》2012 年第 9 期，第 100~102 页。
②　王浩淼：《明代宗室"摄府事"制度研究》，江西师范大学硕士学位论文，2021 年，第 98 页。
③　此图内容参考自多位学者研究成果，详见：1. 程皓：《试论明代宗室请名制度》，《理论界》2012 年第 9 期；2. 王浩淼：《明代宗室"摄府事"制度研究》，江西师范大学硕士学位论文，2021 年；3. 孟凡胜：《明代宗室禄饷制度影响之探究》，《中国发展》2013 年第 2 期；4. 赵全鹏：《明代宗藩对社会经济的影响》，《河南师范大学学报（哲学社会科学版）》1994 年第 5 期；5. 贺祥明：《明代田赋存留制度研究——以万历时期湖广地区为例》，陕西师范大学硕士学位论文，2016 年。

◎ 富顺王朱厚焜石墓志盖（拓片）

明（1368～1644 年）
长 48.5、宽 48.5 厘米
蕲春县博物馆藏

志文：

明薨册封富顺王东蕲墓志铭。

朱厚焜，别号"东蕲"，荆和王朱祐橚庶二子，正德九年（1514 年）被册封为富顺郡王。因兄长荆端王朱厚烇有疾，朱厚焜曾代管过王府事务一段时间，等端王庶长子永定王朱载墭长大后，即辞去摄府事。与端王一样，朱厚焜也以贤闻名，且精通诗画[1]。

① 蕲春县文物局、蕲春县博物馆：《湖北蕲春荆王府》，湖北科学技术出版社，2014 年，第 17 页。

　　明代王府官制由文官、武官、内官三个体系构成[1]，官员任免取决于朝廷，藩王仅有奏保之权[2]。在限制藩权的导向下，王府官制经历了从相傅之制到长史为首、由重武轻文到重文抑武的转变。不仅王府护卫多遭革除，长史等文官亦兼负起监察之责[3]。

　　此外，英宗天顺朝以前，王府官尚能与朝廷官更互除授，仕途通达。天顺以后，王府官终身不得迁转出府，地位急转直下，以致士人不愿出任[4]。

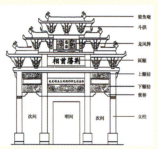

"荆藩首相"牌坊

明·万历六年（1578年）

　　安徽省黟县西递村乡亲为歌颂胡文光而修建的功德牌坊，胡文光曾任荆王府长史。

[资料来源：项晓桐、廖曦《图像学视域下的明清徽州荆藩首相坊研究》，《美术教育研究》2022年第17期，第51页]

"方脉名家"牌匾

明·万历三十二年（1604年）

　　匾文：方脉名家。万历甲辰孟秋月为本府医官李承誉立。樊山王书赐。

　　钤印：樊山王章

　　此木匾应为樊山王朱翊鈏亲笔手书，赏赐给荆王府医官李承誉，以表彰其医术之高超。

[资料来源：章舒铭《王爷赐匾 今留余香》，《收藏界》2007年第5期，第117页]

①　周文琦：《明代王府护卫研究》，陕西师范大学硕士学位论文，2016年。
②　田宗莹：《明代王府文官制度研究》，延安大学硕士学位论文，2021年。
③　田宗莹：《明代王府文官制度研究》，延安大学硕士学位论文，2021年。
④　田宗莹：《明代王府文官制度研究》，延安大学硕士学位论文，2021年，第73~74页。

明初，朱元璋为藩王府设相、傅二府，统领王府职官，并规定武相地位高于文相[1]。从洪武七年（1374年）改相府参军为长史始[2]，至洪武二十八年（1395年），经过多番调整，终废去相傅之制，形成以长史为首、文官为主的王府官制，并载入《皇明祖训》，此后历朝基本沿此祖制。直到嘉靖年间，为解决宗禄困境而施行《宗藩条例》，裁减王府冗官[3]。

明代王府职官体系表（洪武二十八年制）[4]

文官系统

机构	职官	品秩	职责
长史司	左长史	正五品	掌王府政令，总其庶务
长史司	右长史	正五品	掌王府政令，总其庶务
长史司	典簿	正九品	掌王府政令，总其庶务
审理所	审理正	正六品	掌推按刑狱
审理所	审理副	正七品	掌推按刑狱
典膳所[5]	典膳正	正八品	掌祭祀、宾客膳羞
典膳所[5]	典膳副	从八品	掌祭祀、宾客膳羞
奉祠所	奉祠正	正八品	掌祭祀乐舞
奉祠所	奉祠副	从八品	掌祭祀乐舞
奉祠所	典乐	正九品	掌祭祀乐舞
典宝所	典宝正	正八品	掌王宝符牌
典宝所	典宝副	从八品	掌王宝符牌
纪善所	纪善	正八品	掌讽导礼法，开谕古谊，以绍王善
良医所	良医正	正八品	以其辨食用而谨调和
良医所	良医副	从八品	以其辨食用而谨调和
典仪所	典仪正	正九品	掌陈仪式，接对宾客
典仪所	典仪副	从九品	掌陈仪式，接对宾客
典仪所	引礼舍人	未入流	掌陈仪式，接对宾客
工正所	工正	正八品	掌缮造修葺
工正所	工副	从八品	掌缮造修葺
	伴读	从九品	掌侍从起居、陈设经史
	教授	从九品	掌校勘经籍、德义迪王
库	大使	未入流	
库	副使	未入流	

内官系统

机构	职官	品秩	职责
承奉司	承奉正	正六品	掌王府一应杂事
承奉司	承奉副	从六品	掌王府一应杂事
典宝所	典宝正	正六品	掌王之宝
典宝所	典宝副	从六品	掌王之宝
典膳所	典膳正	正六品	掌饮膳之事
典膳所	典膳副	从六品	掌饮膳之事
典服所	典服正	正六品	掌冠冕袍服诸事
典服所	典服副	从六品	掌冠冕袍服诸事
内使	司冠		
内使	司衣		
内使	司佩		
内使	司履		
内使	司药		
内使	司矢		
门官	门正	正六品	掌王城宫殿门启闭关防出入
门官	门副	从六品	掌王城宫殿门启闭关防出入

武官系统

机构	职官	品秩	职责
护卫指挥使司	指挥使	正三品	掌防御非常、护卫王邸（品秩、俸禄与京卫相同）
护卫指挥使司	同知	从三品	掌防御非常、护卫王邸（品秩、俸禄与京卫相同）
护卫指挥使司	佥事	正四品	掌防御非常、护卫王邸（品秩、俸禄与京卫相同）
卫镇抚司	镇抚	从五品	掌防御非常、护卫王邸（品秩、俸禄与京卫相同）
经历司	经历	从七品	掌防御非常、护卫王邸（品秩、俸禄与京卫相同）
经历司	知事	正八品	掌防御非常、护卫王邸（品秩、俸禄与京卫相同）
千户所	正千户	正五品	掌防御非常、护卫王邸（品秩、俸禄与京卫相同）
千户所	副千户	从五品	掌防御非常、护卫王邸（品秩、俸禄与京卫相同）
所镇抚	镇抚	正六品	掌防御非常、护卫王邸（品秩、俸禄与京卫相同）
百户所	百户	正六品	掌防御非常、护卫王邸（品秩、俸禄与京卫相同）
仪卫司	仪卫正	正五品	掌侍卫仪仗
仪卫司	仪卫副	从五品	掌侍卫仪仗
仪卫司	典仗	正六品	掌侍卫仪仗

① 《明太祖实录》卷五一，台北"中央研究院"历史语言研究所，1962年，第1007~1008页。
② 《明太祖实录》卷九三，台北"中央研究院"历史语言研究所，1962年，第1624页。
③ 田宗莹：《明代王府文官制度研究》，延安大学硕士学位论文，2021年。
④ 此表据如下资料整理：1.《明太祖实录》卷二四零、卷二四一，台北"中央研究院"历史语言研究所，1962年；2.（明）朱元璋：《皇明祖训·内官》、《皇明祖训·职制》，北京图书馆藏明洪武礼部刻本；3.（清）张廷玉：《明史》卷七十六《职官志五》，中华书局，1974年，第1855~1876页；4.周文琦：《明代王府护卫研究》，陕西师范大学硕士学位论文，2016年，第10~13页；5.田宗莹：《明代王府文官制度研究》，延安大学硕士学位论文，2021年，第17~19页。
⑤ 关于《皇明祖训》典膳、典宝二所同时隶属长史司和承奉司且品秩不同的原因，有两种观点：1.周文琦据《明太祖实录》洪武九年二月丁亥条，认为典膳、典宝二所既有中官、又有流官，因此既隶属承奉司、又隶属长史司，详见其文《明代王府护卫研究》，陕西师范大学硕士学位论文，2016年，第12~13页；2.田宗莹据《明太祖实录》洪武二十八年九月辛酉条，认为典膳、典宝二所归入内官承奉司，其属官品秩从八品提升至六品，详见其文《明代王府文官制度研究》，延安大学硕士学位论文，2021年，第18页。此表采纳《皇明祖训》的记载和周文琦的观点。

◎ **金粉盒**

明·永乐九年（1411年）
通高 6.4、口径 9.9、底径 6.9 厘米，重 186.05 克
钟祥市九里回族乡郢靖王朱栋墓出土
钟祥市博物馆藏

铭文：

承奉司永乐九年十二月内成造粉盒一个，盖全，九成色金五两重。

扁圆形，由盖、身扣合而成，器底外刻铭。承奉司为王府内设机构，与朝廷内官衙门不相统摄，负责掌管府内一应杂事，设承奉正、副二员，对应官秩正、从六品[1]。

◎ **银厢花碗**

明·正统九年（1444年）
高 6.5、口径 15.3 厘米，重 158 克
黄冈市蕲春县蕲州镇都昌王朱载塎墓出土
蕲春县博物馆藏

铭文：

承奉司正统九年九月内成造厢花银碗一简，二两六钱一分重。

明代藩王所用的金银器皿和冠服饰品，有一部分源自朝廷赏赐，也有一部分属于王府自制。一般而言，署名"银作局""内官监"等为朝廷内府机构制作[2]，而刻铭"承奉司"等则为王府机构制作。

△底部铭文

---

① （明）朱元璋：《皇明祖训·内官》，北京图书馆藏明洪武礼部刻本。
② 张燕芬：《明代内府金银器的制作机构与作品风貌》，《故宫博物院院刊》2018年第3期，第114~162页。

◎ 马公石墓碑（拓片）

明（1368～1644 年）
高 98.5、宽 85 厘米
黄冈市蕲春县蕲州镇红石头村缺齿山
蕲春县博物馆藏

马公曾任荆王府典服正。典服所是承奉司下属机构，掌管冠冕袍服诸事，设典服正、副二员，官秩分别为正、从六品[1]。

◎"典膳所造"款青花瓷片

明（1368～1644 年）
残长 10 厘米
黄冈市蕲春县蕲州镇荆王府遗址征集
蕲春县博物馆提供

这块瓷片是荆王府遗物，类似款的瓷器在晋王府、秦王府、淮王府等遗址中亦有发现。

典膳、典宝二所在明代王府官制中比较特殊，有观点认为此二所沿用"正副兼以中官、流官为之"的做法[2]，这或许是它们在《皇明祖训》中同时列属于承奉、长史二司，但职能与品秩不同的原因。

① （明）朱元璋：《皇明祖训·内官》，北京图书馆藏明洪武礼部刻本
② 周文琦：《明代王府护卫研究》，陕西师范大学硕士学位论文，2016 年，第 12～13 页。

洪武五年（1372年），明太祖设亲王护卫指挥使司，规定每王府配置三护卫，卫设左、右、前、后、中五所，所千户二人，百户十人。又设围子手二所，每所千户一人[1]。护卫司署，多设于王府附近。他们随侍藩王、守御王城，成为藩王重要的军事力量。

永宣以降，明廷实行削藩政策，王府护卫多遭裁革。洪熙以后，新封藩王基本不再设置护卫[2]，对皇权的威胁大为弱化。

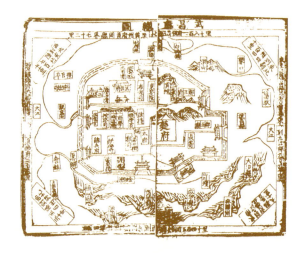

明代武昌府总图

[资料来源：（明）薛刚纂修，（明）吴廷举续修《[嘉靖]湖广图经志书》卷二，书目文献出版社，1991年，第107页]

◎ 承天卫后千户所管军铜印

明·嘉靖十八年（1539年）
高8.8、直径7.8厘米
钟祥市郢中镇征集
钟祥市博物馆藏

印面铭文：承天卫后千户所管军印。
印侧铭文：嘉字二千一百七十五号。
印背铭文：承天卫后千户所管军印，礼部造，嘉靖十八年九月。

安陆原为兴国藩封之地，随着嘉靖帝入继大统，安陆也升格为承天府，成为比拟凤阳中都的"兴都"。明代在军事上实行卫所制度，嘉靖十八年（1539年），显陵卫改为承天卫，负责守御城门，由兴都留守司管辖[3]。

印侧

印面

印背

① 《明太祖实录》卷七一，台北"中央研究院"历史语言研究所，1962年，第1313页。
② 周文琦：《明代王府护卫研究》，陕西师范大学硕士学位论文，2016年。
③ 梁志胜、方超：《明代显陵卫建置沿革考》，《学习与探索》2019年第1期，第165~169页。

仪轨气象 第二单元

作为帝国贵胄，藩王"冕服车旗邸第，下天子一等"[1]。虽然藩禁剥除藩王的军政权力，但他们从生至死仍享有普通官民乃至中下层宗室都难以企及的荣华富贵。

蔚为壮观的府邸陵寝，体面讲究的冠服装饰，盛大繁缛的婚亲典礼，庄严肃穆的丧葬仪俗，充分彰显皇室威仪与王朝气象。

① （清）张廷玉：《明史》卷一百十六《诸王列传》，中华书局，1974年，第3557页。

府邸

亲王成年后，需离京就藩建府，通过谕定亲王宫殿与城门之名，明太祖期望诸王能睹名思义、藩屏帝室①。作为藩屏战略的延伸载体，巍峨壮丽的王府建筑向各地官民直观展示出皇家威仪与权势②。

然而，明中后期严苛的藩禁政策，使宗藩不仅被剥除军事护卫，还失去自由出城的权利③。在某种程度上，王府已从帝王权威的缩影沦为禁锢宗藩的工具。

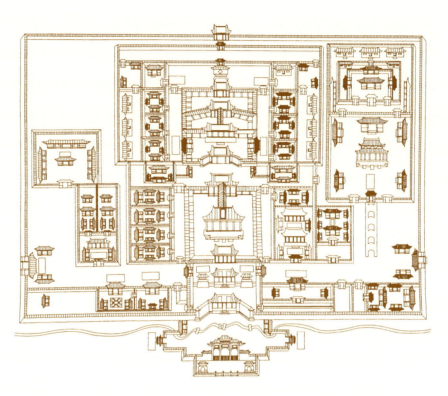

兴王府平面示意图（改绘自明《兴都志》中的《旧邸新图》）

藩府大多"择中立宫"，位于城市中轴线上，由女墙与王城二重城垣构成，其布局体现出前朝后寝、左祖右社的礼制规定。世子府、官署、护卫、宗庙祭坛等分布于王城内外，郡王、将军各邸则坐落于府城之中，宗藩建筑占据地方府城大片面积④。

① 洪武七年（1374年），明太祖定亲王国中所居："前殿曰承运，中曰圜殿，后曰存心；四城门，南曰端礼，北曰广智，东曰体仁，西曰遵义"。详见（明）徐学聚：《国朝典汇》卷十三《宗藩上》，中国科学院图书馆藏明天启四年徐与参刻本。
② 胡开全：《壮丽以示威仪——明蜀王府建筑群的文化内涵》，《文史杂志》2018年第2期，第85~86页。
③ 暴鸿昌：《明代藩禁简论》，《江汉论坛》1989年第4期，第53~57页。
④ 详见1. 陈潇：《明代开封周王府研究》，河南大学硕士学位论文，2021年；2. 白颖：《襄阳明代王府建筑初探》，《华中建筑》2008年第4期，第27~30页；3. 吴薇、刘红红：《明代武昌城市空间形态探析》，《华中建筑》2013年第3期，第148~152页。

◎ 荆王府牌坊照片

边长 5 厘米
蕲春县博物馆提供

1950 年，中国人民志愿军某部队在蕲州疗养时期，于荆王府遗址前的六脚牌坊合影留念，牌坊现已不存。

荆王府坐北朝南，背靠麒麟山，是在蕲州卫所的基础上修建而成的。王府大门前原有三座牌坊，呈品字形排列。六脚牌坊位置最前，为六柱五间的规格，坊柱浮雕精湛、祥云盘龙，横额原有"屏藩帝室"四字[1]。

△正面

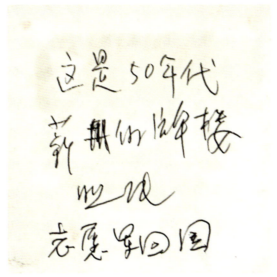

△背面

荆王府模型
蕲春县博物馆藏
（策展团队摄于 2023 年）

① 蕲春县文物局、蕲春县博物馆：《湖北蕲春荆王府》，湖北科学技术出版社，2014 年，第 25~29 页。

◎ 荆王府石雕龙形建筑残件

明（1368～1644年）
长 95、宽 46、厚 19 厘米
黄冈市蕲春县蕲州镇荆王府遗址征集
蕲春县博物馆藏

　　此构件雕刻精美，龙形细节可见，从中可以一窥荆王府的气势。

淮王府龙纹丹陛石

［资料来源：江西省文物考古研究院《明代淮王府遗址出土瓷器》前言页图四，科学出版社，2020 年］

陵寝

藩王陵墓多营建于府城附近的风水宝地，同支藩系大多聚集而葬[1]。以楚、荆二藩为例，亲王墓集中分布在主山脉，郡王以下的宗室墓葬则散布于主脉或邻近支脉[2]，呈拱卫亲王之势。

与府邸类似，藩王陵寝规格亦仅次于天子[3]。其陵园营造仿拟帝陵，亦遵循"前朝后寝"的布局理念，由神道、陵宫、享堂、坟冢等主要建筑构成，以绿色琉璃瓦覆顶[4]。然而，随着时代迁移，藩王陵呈现出规模缩小、陵制下降的迹象[5]。

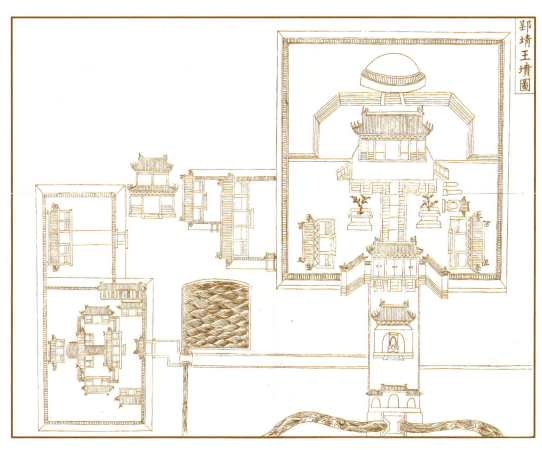

郢靖王朱栋陵园（载于《兴都志》）

① 明代藩王陵墓有同兆域和异兆域之分，而湖北藩王同兆域的聚葬特征比较突出，如楚王墓分布于武昌城附近的龙泉山脉、辽王墓分布于荆州城附近的八岭山脉、荆王墓分布于蕲州城附近的大泉山脉。参见 1. 刘毅：《明代帝王陵墓制度研究》，人民出版社，2006 年，第 242~243 页；2. 罗玲：《明代湖广地区藩王墓探究》，山东大学硕士学位论文，2021 年，第 16~20 页。

② 1. 楚藩亲王墓位于龙泉山脉，而郡王以下墓葬位于附近的流芳区域，详见武汉市文物考古研究所：《湖北武汉二妃山明代楚藩家族墓群一号茔园发掘简报》，《文物》2021 年第 12 期，第 28 页；2. 荆藩亲王墓位于大泉山脉，郡王以下墓葬散布于大泉山脉和附近乡镇，详见蕲春县文物局、蕲春县博物馆：《湖北蕲春荆王府》，湖北科学技术出版社，2014 年，第 2 页。

③ 孟凡人：《明代藩王坟的形制布局》，《故宫学刊》总第 5 辑，紫禁城出版社，2009 年，第 238 页。

④ 从考古资料看，诸王陵园规制模拟帝陵但又有明显的等级差异，且各亲王之间的陵园规制亦不尽相同，与朝廷有关的等级规定并不完全吻合。此外，各藩王陵虽然有类似的主要建筑，但诸如碑亭、石像生、享堂、明楼、封土等制度并不划一。详见刘毅：《明代帝王陵墓制度研究》，人民出版社，2006 年，第 242~280 页。

⑤ 刘毅：《明代帝王陵墓制度研究》，人民出版社，2006 年，第 242~280 页。

洪武九年（1376年），明太祖诏令礼部："亲王宫殿、门庑及城门楼，皆覆以青色琉璃瓦，如东宫之制"①。同年，又命中书省臣："惟作亲王宫，得饰朱红、大青绿，余居室止饰丹碧"②。虽然建筑物可饰以龙纹，但青、黄二色琉璃，已体现出藩王与皇帝的身份之别。

兴献帝朱祐杬显陵的建筑物檐角（策展团队摄于2023年）

兴王府凤翔宫（策展团队摄于2018年）

① 《明太祖实录》卷一零三，台北"中央研究院"历史语言研究所，1962年，第1732页。
② 《明太祖实录》卷一零六，台北"中央研究院"历史语言研究所，1962年，第1766页。

◎ 黄釉龙纹瓦当

明（1368～1644年）
长34、宽15.5厘米
钟祥市纯德山显陵征集
钟祥市博物馆藏

瓦当又称勾头，是建筑屋檐筒瓦的顶端部分，起到美化装饰和蔽护的作用。

嘉靖三年（1524年），诏定安陆州松林山兴献王茔园为显陵，其殿、墙改用黄色琉璃瓦覆盖[1]，此瓦当源自显陵内罗城。

◎ 绿釉龙纹瓦当

明（1368～1644年）
通长34、宽15.5厘米
钟祥市九里回族乡郢靖王朱栋墓出土
钟祥市博物馆藏

此瓦当刻印的五爪龙纹立体生动、姿态雄健，尽显藩王权威。

在明代，龙纹琉璃瓦当主要用于帝王宫殿、园林、陵墓等高规格建筑。黄色琉璃瓦为皇帝使用，藩王一般只能使用绿色琉璃瓦。

绿釉龙纹瓦当
明（1368～1644年）
桂林市靖江昭和王朱规裕墓出土

[资料来源：广西文物保护与考古研究所、桂林市靖江王陵文物管理处、桂林市文物工作队《桂林靖江昭和王陵考古发掘清理报告》图版四六，科学出版社，2014年]

① 《明世宗实录》卷三七、卷四二，台北"中央研究院"历史语言研究所，1962年，第924、1095～1096页。

◎ 黄釉龙纹如意形滴水

明（1368～1644 年）
长 36、宽 24 厘米
钟祥市纯德山显陵征集
钟祥市博物馆藏

　　滴水俗称滴子，是在瓦当与瓦当之间设置的倒三角形瓦片，引导雨水往下滴落。瓦当和滴水共同使用，减轻雨雪对建筑木构件的侵蚀，延长使用寿命。
　　此滴水出自显陵神厨遗址，中间饰有一条腾云飞龙。其质地为黄色琉璃，符合帝陵规格。

◎ 绿釉龙纹滴水

明（1368～1644 年）
长 32、宽 23 厘米
钟祥市九里回族乡郢靖王朱栋墓出土
钟祥市博物馆藏

　　这件滴水端面作如意云形，浅浮雕出腾云龙纹。采用绿色琉璃质地，符合藩王身份。

绿釉龙纹滴水
明（1368～1644 年）
桂林市靖江昭和王朱规裕墓出土

[资料来源：广西文物保护与考古研究所、桂林市靖江王陵文物管理处、桂林市文物工作队《桂林靖江昭和王陵考古发掘清理报告》图版四八，科学出版社，2014 年]

◎ 元佑宫敕御碑（拓片）

明（1368～1644年）
装裱：通高 4.7、宽 1.6 米
画心：高 3.5、宽 1.4 米
钟祥市元佑宫征集
钟祥市博物馆藏

碑文：

敕谕。

皇帝敕谕官员、军民、诸色人等：朕惟玄元之教，其来尚矣。肆我祖宗以来，所在崇奉，有隆无替。朕近于承天府启建元佑宫，以为焚修祝釐之所。先，该清微奉教高士兼本宫住持杨永芳等具奏工完，已经颁降护敕禁约外。今本官覆奏，乞要更换敕谕，将道田、庙户等项通行添载，以便遵奉。该部议覆，前来相应依拟，兹再行降敕。其所给田地八十七顷者，令取讨祖课以为赡道之资；庙户二十户，俱免杂泛差役。修斋芦苇，照例移文，该衙门量行给予。其焚修处所，并前后护宫、濠池、树林等项禁治，一应官员、诸色人等，不许肆行亵渎、侵扰作践。敢有故违敕旨者，必罪不宥，故谕。

嘉靖三十一年九月十七日。

元佑宫为嘉靖皇帝朱厚熜敕谕所建，是一座保存较好的皇家宫观，在皇帝返乡和皇亲、官员朝奉显陵时，供祭祀名山大川、土地城隍等神所用。

据《御制承天府元佑宫纪成碑》和《兴都志》的记载，嘉靖四年（1525年）开始修缮玄妙观，十八年（1539年）按照皇家宫观的标准扩建主体建筑并更名为元佑宫，三十七年（1558年）建成。

◎ 黄釉琉璃套兽

明（1368 ～ 1644 年）
高 20.5、长 25.5、宽 21 厘米
钟祥市元佑宫征集
钟祥市博物馆藏

套兽是古建筑的一种防水构件，中部掏空，外形常塑为异兽状，主要安装在房屋的翼角或窝角梁的梁头上。

此黄色琉璃套兽出自元佑宫，置于钟楼或者鼓楼屋面戗脊下的仔角梁末端。

绿釉望兽头
明（1368 ～ 1644 年）
桂林市靖江昭和王朱规裕墓出土

［资料来源：广西文物保护与考古研究所、桂林市靖江王陵文物管理处、桂林市文物工作队《桂林靖江昭和王陵考古发掘清理报告》图版五一，科学出版社，2014 年］

◎ 显陵外罗城铭文砖

明·嘉靖十八年（1539 年）
长 51.5、宽 28、厚 15.5 厘米
钟祥市纯德山显陵征集
钟祥市博物馆藏

铭文：

江西南康府提调官同知赵时吉、监工官知事高邦哲、吏熊栻、窑户彭绽等，嘉靖十八年六月吉日成造。

显陵由藩王墓升格而来，安葬着嘉靖皇帝朱厚熜的父母，睿宗献皇帝朱祐杬和章圣皇太后蒋氏。显陵的兴建属于国家工程，所耗砖材来自各地府州县的窑址。

砖铭提及提调官、监工官、窑户等角色，表明当时存在类似于“物勒工名”的问责机制。

◎ "楚府官造"款陶砖（2件）

明（1368～1644 年）
长 35.5～36.9、宽 16.5、厚 10.1～10.5 厘米，重 9.35～9.45 千克
武汉东湖新技术开发区明楚王墓文物管理所藏

　　藩王王府及陵园的建造，属于地方公共工程，耗费大量陶砖，它们多数产自官方窑址，在砖面标记"官"字款，甚至物勒工名。

　　如武汉江夏区发现的庙山明代官置砖窑，其产品澄泥大青砖便专门供给南京城、武昌城和楚王府以及龙泉山楚王陵园的建设[1]。

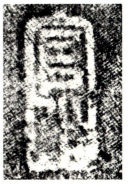

"官""官造"款墓砖
明（1368～1644 年）
武汉市江夏区景陵顺靖王朱孟炫王妃贡氏
墓出土

[资料来源：武汉市文物考古研究所、武汉市江夏区博物馆《武汉江夏二妃山明景陵王朱孟炫夫妻墓发掘简报》图五，《江汉考古》2010 年第 2 期，第 49 页]

① 武汉市文物考古研究所、武汉市江夏区博物馆：《武汉江夏庙山明代官置砖窑调查发掘简报》，《江汉考古》2016 年第 6 期，第 29～33 页。

冠服

从亲王冕服仅次于皇帝，到中尉冠服堪比六品朝官，冠服制度彰显出宗藩地位之崇高。宗藩冠服在整体形式与配置构件保持一致的同时，又在材质、冠制、服式、纹样、用色、圭笏等细节方面，体现出明显的宗法等级差距，这与藩封结构相适应。

明代宗藩冠服等级差异

[资料来源：(明) 李东阳《大明会典》卷六十,万历十五年内府刊本]

身份	服制差异
亲王	衮冕服：戴九旒冕，着九章衮服，云龙纹玉佩，玉圭长九寸二分五厘 皮弁服：戴九缝皮弁，素面玉佩，玉圭长九寸二分五厘
世子	衮冕服：戴八旒冕，着七章衮服，云龙纹玉佩，玉圭长九寸 皮弁服：戴八缝皮弁，素面玉佩，玉圭长九寸
郡王	衮冕服：戴七旒冕，着五章衮服，云龙纹玉佩，玉圭长九寸 皮弁服：戴七缝皮弁，素面玉佩，玉圭长九寸
长子、镇国将军以下	礼服使用梁冠服和笏，冠的梁数依级别递减
亲王妃	戴九翟冠（金凤一对），衣绣凤纹，霞帔用凤纹金坠，云凤纹玉革带，云凤纹玉佩
世子妃	服制与亲王妃相同，但冠为七翟
郡王妃	戴七翟冠（金翟一对），衣绣翟纹，霞帔用翟纹金坠，云翟纹玉佩
长子夫人、镇国将军夫人以下	仍沿用翟冠服，但冠的翟数递减，霞帔坠子依级别使用金质、抹金银质、银质的材质

明代藩王冠服图示①

玉圭
九旒冕
大带
中单
蔽膝、佩绶
九章衮服-上衣（正面）
韈舄
九章衮服-下裳
大绶
九章衮服-上衣（背面）

亲王衮冕服
使用场景：受册、纳妃、助祭、谒庙、节日庆贺等

玉圭
九缝皮弁
大带
中单
蔽膝、佩绶
绛纱袍
韈舄
红裳
大绶

亲王皮弁服
使用场景：朔望朝、降诏、降香、进表、四夷朝贡、朝觐等

翼善冠
龙纹袍
玉革带
韈靴

亲王常服

花簪、耳环
九翟冠
大带
四揆袄子
玉谷圭、玉革带
鞠衣
玉佩绶
大衫霞帔-正面
大衫霞帔-背面
韈舄

亲王妃九翟冠服
使用场景：受册、助祭、朝会等

① 此图示参考文献包括：1. 北京市文物局图书资料中心：《明宫冠服仪仗图》，北京燕山出版社，2015 年；2.（明）李东阳等奉敕撰、申时行等奉敕重修：《大明会典》卷六十《冠服一》，明万历十五年内府刊本；3. 撷芳主人（董进）：《Q 版大明衣冠图志》，北京邮电大学出版社，2011 年。

◎ 冕冠

明（1368～1644 年）
高 17、长 36.6、宽 24.7、帽径 20.1 厘米
钟祥市九里回族乡郢靖王朱栋墓出土
钟祥市博物馆藏

　　此冠由金冠箍圈、金方环、金花钮、贯冕金簪、玉珩、玉瑱、玉珠等构件复原而成。

　　冕冠与衮服组合而成的衮冕，是明代帝王参加册封、纳妃、祭祀、谒庙等所穿戴的高等级礼服。冕冠的旒数象征等级：皇帝十二旒、亲王九旒、世子八旒、郡王七旒[1]。

李贞冕服像
明（1368～1644 年）
中国国家博物馆藏

　　李贞（1303～1378 年），明太祖朱元璋的二姐夫，追封陇西恭献王。在此图像中，李贞头戴九旒冠，身穿九章冕服，接近亲王的级别[2]。

[资料来源：中国国家博物馆官网]

---

① （明）李东阳等奉敕撰、申时行等奉敕重修：《大明会典》卷六十《冠服一》，明万历十五年内府刊本。
② 徐文跃：《明清时期冕服在东亚、东南亚的流布——从李贞冕服像说起》，《紫禁城》2022 年第 8 期，第 129～133 页。

◎ 银鎏金帽顶

明（1368～1644年）
高5.5、底径3.1厘米，重32克
黄冈市蕲春县黄土岭村明代荆藩墓出土
蕲春县博物馆藏

　　帽顶底座为三层覆莲，莲瓣由金片打出轮廓，再以金丝镶嵌成形。覆莲座上接仰莲，仰莲上托素面金珠，珠顶再伸出一枝单瓣莲花，造型极为精巧。

　　明易元俗，但大帽和曳撒作为王公贵族燕居之服在明代依然流行，帽顶和帽珠则是冠帽上的装饰物[①]。

元文宗半身像
台北故宫博物院藏

[资料来源：董进《明代的帽顶、帽珠与帽缨》图六，《文物天地》2020年第8期，第64页]

◎ 金镶宝玉镂空龙纹帽顶

明（1368～1644年）
通高7、底座长径7.8厘米，重114.6克
钟祥市长滩镇梁庄王朱瞻垍墓出土
湖北省博物馆藏

　　金质底座制成八片花瓣形，上面镶嵌各式宝石。顶饰白玉质，多层镂空，透雕出龙形和如意云纹。梁庄王墓出土多件金座镶宝玉帽顶，造型精巧、工艺精湛，彰显皇室身份之高。

《明宪宗元宵行乐图》（局部）
明（1368～1644年）
中国国家博物馆藏

[资料来源：王春法《江口沉银：四川彭山江口古战场遗址考古成果》，北京时代华文书局，2019年，第205页]

① 陆锡兴：《明梁庄王墓帽顶之研究——兼论元明时代大帽和帽顶》，《南方文物》2012年第4期，第96～97页。

◎ 双龙戏珠纹金冠

明（1368～1644 年）
高 4、直径 6.4 厘米，重 57.7 克
黄冈市蕲春县彭思镇都昌惠靖王朱祁鑑妃袁氏墓出土
蕲春县博物馆藏

  墓主为郡王妃。金冠表面捶揲出双龙戏珠纹、海水纹和花叶纹。冠顶上下两片冠綖，以金丝捆绑相连，錾刻各式花草。冠沿有数处穿孔，左右穿插花簪，后部插入方头短簪以支撑冠綖。这种形制的金冠，应为束发冠。

镶宝石金冠（复制品）
明·万历十八年（1590 年）
江西省南城县益庄王继妃万氏棺出土

[资料来源：北京艺术博物馆、江西省博物馆《气度与风范：明代江西藩王墓出土玉器》，北京美术摄影出版社，2014 年，第 102 页]

△正面

△背面

◎ 金凤簪

明（1368～1644年）
长27.5厘米，共重157.35克
黄冈市蕲春县蕲州镇荆端王朱厚烇次妃刘氏墓出土
湖北省博物馆藏

永乐三年（1405年）定，亲王妃冠服："九翟冠二顶……
金凤一对，口衔珠结"[1]。这种凤簪为王妃礼冠之标配，在郢藩、
梁藩、益藩等王妃墓中均有发现，除首部为金片捶揲外，其余均
累丝制成，大多做成扬尾振翅、足踏祥云的凤凰形态。

程式化的造型，以及部分簪脚上刻铭"银作局"，表明它们
是朝廷统一制作与赏赐给藩府的。

木棺东侧板描金彩绘飞凤图
明（1368～1644年）
陕西省西安市秦藩辅国将军朱秉橘家族墓M24出土

[资料来源：陕西省考古研究所、西北大学文博学院
《西安明代秦藩辅国将军朱秉橘家族墓》图二十，《文
物》2007年第2期，第32页]

① （明）李东阳等奉敕撰、申时行等奉敕重修：《大明会典》卷六十《冠服一》，明万历十五年内府刊本。

◎ 金帔坠

明·弘治九年（1496 年）
长 9.5 厘米，重 82 克
黄冈市蕲春县蕲州镇都昌王朱载塎墓出土
湖北省博物馆藏

铭文：

银作局弘治九年二月造，合一两九钱。

除翟冠外，永乐年制的藩王妃冠服还包括大衫、霞帔等。帔坠是在霞帔底端用作压脚的装饰物，上端孔穿有金系，悬挂于金钩，再钩住霞帔。皇室使用的帔坠，多由银作局统一制作，其造型与图案也已程式化。

帔坠的材质与纹饰可区分等级：皇后为龙纹玉坠，皇妃凤纹玉坠，亲王妃凤纹金坠，郡王妃翟纹金坠，将军夫人以下则使用抹金银乃至银质坠[1]。

曹国长公主朱佛女礼服像
清（1644 ～ 1911 年）
中国国家博物馆藏

朱佛女（1317 ～ 1352 年），明太祖朱元璋的二姐，陇西恭献王李贞之妻。在此图像中，能清晰看到朱佛女霞帔底端悬挂的帔坠。
[资料来源：中国国家博物馆官网]

---

① （明）李东阳等奉敕撰、申时行等奉敕重修：《大明会典》卷六十《冠服一》，明万历十五年内府刊本。

◎ 螭纹玉革带

明（1368～1644 年）
黄冈市蕲春县蕲州镇永新安庄王朱厚熿墓出土
蕲春县博物馆藏

　　革带多系于袍服上，由皮质带鞓及钉缀在鞓上的带銙组成。明代革带一般包含三台、六桃、两辅弼、双铊尾、七排方等共计二十块构件[1]。

　　按明制，革带为身份等级的象征。帝后王妃至镇国将军等贵族和一品官员皆用玉带，辅国将军以下宗室与二品以下官员则用犀、金、银等质地[2]。

戴进《太平乐事册》（局部）
明（1368～1644 年）
台北故宫博物院藏

[资料来源：台北故宫博物院官网]

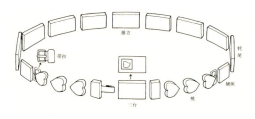

郢靖王朱栋玉腰带复原示意图

[资料来源：湖北省文物考古研究所、荆门市博物馆、钟祥市博物馆《郢靖王墓》，文物出版社，2016 年，第 89 页]

---

① 湖北省文物考古研究所、钟祥市博物馆：《梁庄王墓》，文物出版社，2007 年，第 150 页。
② 革带，皇帝至镇国将军皆用玉、辅国将军用犀、奉国将军用金钑花、镇国中尉用素金、辅国中尉用银钑花、奉国中尉用素银。对于朝廷官员而言，一品用玉带、二品用犀、三品四品俱为金、五品银钑花、六品七品俱为银、八品九品俱为乌角。详见（明）李东阳等奉敕撰、申时行等奉敕重修：《大明会典》卷六十、六十一，明万历十五年内府刊本。

◎ 素面玉佩

明（1368～1644 年）
长 72.6 厘米
钟祥市九里回族乡郢靖王朱栋墓出土
钟祥市博物馆藏

　　玉佩一副两挂，此件为其中一挂，由钩、珩、瑀、琚、花、璜、冲牙、滴、珠等配件构成，其造型和尺寸与同墓出土的云龙纹玉佩相同。

　　明代沿袭先秦以来佩挂组玉佩的礼俗，但形式已大不相同[1]。这种玉佩属于藩王礼服的标配，其中衮冕服使用描金云龙纹玉佩，而皮弁服则使用素面玉佩[2]。

《宝宁寺水陆画》（局部）
明（1368～1644 年）
山西博物院藏

[资料来源：北京艺术博物馆、江西省博物馆《气度与风范：明代江西藩王墓出土玉器》，北京美术摄影出版社，2014 年，第 147 页]

---

① 谢宏雯：《佩玉缤纷——三国至明代组玉佩源流考》，《文物春秋》2012 年第 1 期，第 15~24 页。
② （明）李东阳等奉敕撰、申时行等奉敕重修：《大明会典》卷六十《冠服一》，明万历十五年内府刊本。

◎ 素面佩

明（1368～1644 年）
长 39.5 厘米
钟祥市九里回族乡郢靖王朱栋墓出土
钟祥市博物馆藏

造型与实用玉佩相似，但小巧许多，应是专用于随葬的明器。

◎ 素面青玉圭

明（1368～1644 年）
长 22.1、宽 5.8、厚 0.9 厘米
黄冈市蕲春县蕲州镇郡昌王朱载塨墓出土
蕲春县博物馆藏

玉圭是古代祭祀的"六玉"之一，《周礼》载："以玉作六器……以青圭礼东方"[1]。明代追崇古礼，玉圭也成为皇帝、藩王等皇族必不可少的器物。如藩王的衮冕服、皮弁服和藩王妃的翟冠服，皆配玉圭[2]。

万历皇帝执圭像

[资料来源：陆锡兴《论明代玉圭制度》，《南方文物》2017 年第 3 期，第 214 页]

---

① 徐正英、常佩雨译注：《周礼·春官宗伯》，中华书局，2017 年。
② （明）李东阳等奉敕撰、申时行等奉敕重修：《大明会典》卷六十《冠服一》，明万历十五年内府刊本。

婚礼

宣德以后，宗藩婚娶由朝廷统一管理变为王府自行选择适婚对象，但仍需向朝廷奏请，获批准后才能成婚和赐封号，是谓"请婚"。擅婚、滥婚、私婚者，均视作违制[1]。

藩王婚礼沿袭"六礼"的传统[2]，包含纳征、册封、铺房、醮戒、亲迎、庙见、合卺、朝见、盥馈、谒见东宫、回门等流程[3]，但纳采、问名等环节有所弱化[4]。其礼仪极为繁缛，场面盛大隆重。

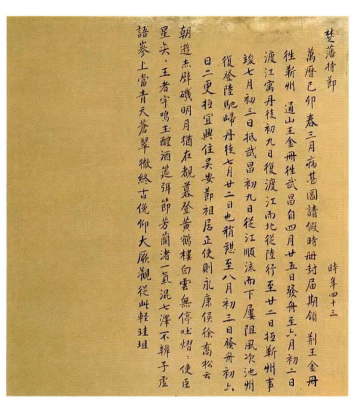

《徐显卿宦迹图》之"楚藩持节图"

明（1368～1644年）

故宫博物院藏

[资料来源：杨丽丽《一位明代翰林官员的工作履历——＜徐显卿宦迹图＞图像简析》图十三，《故宫博物院院刊》2005年第4期，第50页]

"（万历七年四月）庚子，上御皇极殿，传制遣永康侯徐乔松等、右通政朱南雍等为正使，光禄寺丞周弘祖、侍读徐显卿等为副使，持节册封荆府世子常㳺等为荆王等王，及封封丘王妃陈氏等妃"。

——《明神宗实录》卷八十六，台北"中央研究院"历史语言研究所，1962年，第1804～1805页

---

① 李康：《明代宗室婚娶研究》，湘潭大学硕士学位论文，2011年，第3～6页。
② 明代婚娶"六礼"主要包括纳采、问名、纳吉、纳征、请期、亲迎，详见彭勇：《明代皇室婚礼仪制述论》，《故宫学刊》2009年第1期，第172页。
③ （明）李东阳等奉敕撰、申时行等奉敕重修：《大明会典》卷六十九《婚礼三·亲王婚礼》，明万历十五年内府刊本。
④ 彭勇：《明代皇室婚礼仪制述论》，《故宫学刊》2009年第1期，第184～186页。

洪武年制亲王婚礼流程[1]

①纳征

皇帝遣使至王妃家，宣旨为王行纳征礼，另派内官送定亲、纳征礼物。王妃家设幕次、香案、受玉帛案受礼，从西华门入宫回仪

◉定亲礼物：金五十两，珍珠一十两，花银四百两，各色纻丝四十疋，大红罗二疋，生纱二疋，裹绢四十疋，绵臙脂一百个，金花臙脂二两，铅粉二十袋计一十两重，北羊四牵，猪二口，鹅二十只，酒八十瓶，圆饼八十个，末茶一十袋，果六合，白熟米二石，面四十袋

◉纳征礼物：玉谷圭一枝，玄纁纻丝五疋，珠翠燕居冠一顶，燕居服四套，大带四条，玉革带一副，玉花采结绥一副，白玉钩碾凤文佩一副，红罗销金夹袄大小五条，珠面花四副，珠花四枝，金脚四珠环一双，梅花环一双，金钑花钏一双，金光素钏一双，金龙头连珠镯一双，金八宝镯一双，金四百两，花银一千六百两，珍珠二十四两，宝钞五千贯，乘马四匹，各色纻丝六十疋，各色绫六十疋，各色纱六十疋，各色罗六十疋，各色锦六十疋，大红罗四疋，生纱四疋，各色绢三百疋，白绵二十斤，臙脂二合二两重，铅粉二十袋一十两重，北羊三十二只，猪一十六口，鹅三十二只，酒二百瓶，末茶三十二袋，果二十合，圆饼六百个，白面一百二十袋，红纱罩盏大小一十二个

②册封

皇帝遣使至王妃家，行册封礼，另派内官送发册、催妆礼物。王妃家设幕次、香案、册案、拜位，王妃于拜位跪受礼

◉发册礼物：金册一副，九翚四凤冠一项，翟衣三套，青红线罗销金大带一条，五色线锦绥一副，白玉钩碾凤文佩一副，白玉革带一副，青纻丝舄一双，青罗韈一双，红罗销金夹袄大小五条，凤轿一乘

◉催妆礼物：北羊二只，酒二十瓶，果二合

③铺房

亲迎前，王妃家择日将房奁床帐等物送至王府铺房

④醮戒

王穿衮冕服，在宫中听受皇帝、皇后训诫；王妃穿燕居冠服，与父母祭奠祖先，并听受父母训诫

⑤亲迎

王穿皮弁服，从午门出，至王妃家行亲迎礼，迎接王妃至承天门

⑥庙见

王穿衮冕服，与王妃至奉先殿。王在东，王妃在西，祭拜皇祖

⑦合卺

王穿皮弁服，与王妃饮酒、食菜三番，女官以金爵、卺盏酌酒。礼毕，王侍从吃掉王妃剩菜，王妃侍从吃掉王剩菜

⑧朝见

王穿衮冕服立于东，王妃穿翟衣立于西，一同朝见皇帝、皇后。当日，赐王与王妃宴

⑨盥馈

王妃穿翟衣，入宫拜见皇帝、皇后，受膳

⑩见东宫

王穿皮弁服，王妃穿翟衣，拜见皇太子、太子妃

⑪回门

内官先送回门礼物至王妃家，其后王与王妃对王妃父母行拜礼

◉回门礼物：花银三百两，杂色纻丝三十二疋，北羊四只，酒四十瓶，果四合

① 洪武二十六年（1393年）定亲王婚礼流程，洪武二十七年、弘治年间略作调整。详见（明）李东阳等奉敕撰、申时行等奉敕重修：《大明会典》卷六十九《婚礼三·亲王婚礼》，明万历十五年内府刊本。

◎ 大银锭

明·永乐十八年（1420 年）
长 15.6 厘米，重 1.869 千克
钟祥市长滩镇梁庄王朱瞻垍墓出土
湖北省博物馆藏

铭文：

随驾银作局销镕花银五十两重，监销银锭官秉魁、匠人计保保、作头徐添保等，永乐十八年四月□日。

该墓共出土 4 枚大银锭，其功用与金锭类似，为皇帝赏赐给梁庄王的纳妃礼物"花银"。

金锭（2 件）
明（1368 ～ 1644 年）
湖北省钟祥市长滩镇梁庄王朱瞻垍墓出土
湖北省博物馆藏

铭文：

①永乐十七年四月□日，西洋等处买到八成色金一锭，五十两重。

②随驾银作局销镕八成色金五十两重，作头季鼎等、匠人黄闵弟，永乐十四年八月□日。

这两枚金锭，一枚从西洋购得、一枚来自内府，均非市场流通品，而是皇帝赏赐给藩王的定亲之物。史料载，亲王纳妃的定亲礼物包括"金五十两"①，或指这类金锭。

"西洋"铭的金锭，可能是郑和下西洋期间购买的贡金②，而"随驾银作局"应与明早期迁都北京的机构设置有关③。

[资料来源：宁波博物馆《金玉大明——郑和时代的瑰宝》，宁波博物馆，2018 年，第 16 页]

---

① （明）李东阳等奉敕撰、申时行等奉敕重修：《大明会典》卷六十九《婚礼三·亲王婚礼》，明万历十五年内府刊本。
② 湖北省文物考古研究所、钟祥市博物馆：《梁庄王墓》，文物出版社，2007 年，第 38 页。
③ 柳彤：《明初"随驾监局"机构研究——兼论明初北京官署和行在机构的演变》，《北京文博文丛》2020 年第 2 期。

◎ 金双龙戏珠镯（一对）

明（1368～1644年）
直径 7、厚 0.6 厘米，重 229.3 克
黄冈市蕲春县彭思镇都昌惠靖王朱祁鑑妃袁氏墓出土
蕲春县博物馆藏

　　镯身素面，镯头处錾刻龙首，龙张口拱珠，双目圆睁。手镯
接头处可以开合，为二龙首戏金珠造型。《大明会典·亲王婚礼》
中纳征礼物提到"金龙头连珠镯一双"[①]，或指这种金镯。

◎ 谷纹玉圭

明（1368～1644年）
长 16、宽 4.8、厚 0.72 厘米
钟祥市九里回族乡郢靖王朱栋墓出土
钟祥市博物馆藏

　　玉圭扁平，尖首长方体，双面雕刻蒲谷纹，纹饰圆润，器表
局部可见鎏金，出自王妃棺椁处。玉谷圭既是亲王纳妃的"纳征
礼物"，也是亲王妃参与朝会、祭祀等重要活动的必备礼器[②]。

随葬玉谷圭情形
江西省南昌市宁靖王朱奠培夫人吴氏墓

[资料来源：徐长青、樊昌生《南昌明代宁
靖王夫人吴氏墓发掘简报》图六，《文物》
2003 年第 2 期，第 21 页]

---

① （明）李东阳等奉敕撰、申时行等奉敕重修：《大明会典》卷六十九《婚礼三·亲王婚礼》，明万历十五年内府刊本。
② 湖北省文物考古研究所、钟祥市博物馆：《梁庄王墓》，文物出版社，2007 年，第 53 页。

◎ 玉禁步（一对）

明（1368 ～ 1644 年）
黄冈市蕲春县蕲州镇都昌王朱载塎墓出土
蕲春县博物馆藏

出自王妃之棺，由青白玉质的玉叶片，配以白玉、玛瑙质地的桃形玉冲牙组成，其构件富含寓意。

玉禁步，多为贵族女性佩戴，属于婚配喜庆之物，出现在皇帝纳后的"纳吉纳征告期礼物"栏，而不见于皇太子和亲王纳妃的礼物中。藩王妃墓出土的玉禁步，可能源自皇帝赏赐[1]。

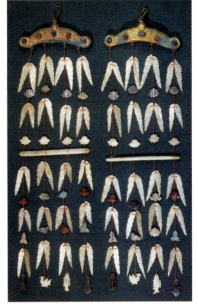

玉禁步
明（1368 ～ 1644 年）
北京市明神宗朱翊钧定陵出土

[资料来源：中国社会科学院考古研究所、定陵博物馆、北京市文物工作队《定陵》彩版一三一，文物出版社，1990 年]

① 湖北省文物考古研究所、钟祥市博物馆：《梁庄王墓》，文物出版社，2007 年，第 64~66 页。

《入跸图》（局部）
明（1368～1644年）
台北故宫博物院藏

[资料来源：台北故宫博物院官网]

丧仪

　　永乐三年（1405 年），确立亲王至郡主的仪仗制度，用器类别与数量等级分明[1]。在藩王陵墓中，发现各种样式的俑类和模型明器[2]，体现出"事死如事生"的丧葬传统，试图在地下世界重现其生前所享有的仪仗排场。

彩釉陶仪仗俑
明（1368 ～ 1644 年）
上海博物馆藏

[资料来源：李峰《仪象万千——上海博物馆藏明代彩色釉陶仪仗俑相关问题研究》，《文物天地》2022 年第 12 期，第 19 页]

---

① 参见：1.（明）李东阳等奉敕撰、申时行等奉敕重修：《大明会典》卷一百四十一《仪仗》，明万历十五年内府刊本；2.（清）张廷玉：《明史》卷六十四《仪卫志》，中华书局，1974 年，第 1587~1596 页。
② 刘毅：《明代帝王陵墓制度研究》，人民出版社，2006 年，第 423~435 页。

明代宗藩仪仗（永乐三年制）^①

宗室	仪仗用器
亲王、世子	令旗一对、清道二对，幰弩一张、刀盾十对、弓箭二十副，白泽旗一对、金鼓旗一对，画角十二枝、花匡鼓二十四面、仗鼓二面、金钲二面、锣二面、捆鼓二面、板一串、笛二管、小铜角一对、大铜角一对、戏竹一对、大鼓一面、板一串、仗鼓十二面、笛四管、头管四管，绛引幡一对、传教幡一对、告止幡一对、信幡一对，仪镗氅一对、戈氅一对、戟氅一对、吾杖一对、仪刀二对、班剑一对、立瓜一对、卧瓜一对、骨朵一对、金钺一对、金镫一对、殳义一对、戟十对、稍十对、夹稍一对、麾一把、幢一把、节一把、响节四对，紫方伞二把、红方伞二把、红销金伞一把、红绣圆伞一把、红曲柄伞二把、红油绢销金雨伞一把，青绣圆扇四把、红绣圆扇四把、红绣方扇四把，诞马八匹、鞍笼一个、金马杌一个，拂子二把，间抹金银交椅一把、间抹金银脚踏一个，间抹金银水盆一个、间抹金银水罐一个、浑抹金银香炉一个、浑抹金银香合一个、间抹金银唾盂一个、间抹金银唾壶一个，红绉丝拜褥一条、红纱灯笼二对、红油纸灯笼二对、鱿灯一对，象辂一乘，帐房一对
郡王	令旗一对、清道二对，幰弩一张、刀盾八对、弓箭十八副，金鼓旗一对，画角十枝、花匡鼓二十面、金钲一面、锣二面、捆鼓一面、板一串、笛二管、戏竹一对、大鼓一面、板一串、仗鼓八面、笛四管、头管四管，绛引幡一对、传教幡一对、告止幡一对、信幡一对，吾杖一对、仪刀二对、立瓜一对、骨朵一对，斧一对、戟八对、稍八对、麾一把、幢一把、节一把、响节三对，红方伞二把、红销金圆伞一把、红圆伞一把、红曲柄伞二把、青圆扇四把、红圆扇四把，诞马四匹、鞍笼一个、间抹金银马杌一个，拂子二把，间抹金银交椅一把（脚踏全）、间抹金银水盆一个、间抹金银水罐一个、浑抹金银香炉一个、浑抹金银香合一个，红绉丝拜褥一条、红纱灯笼二对、鱿灯一对，帐房一座
亲王妃、公主、世子妃	红杖一对、清道旗一对，绛引幡一对、戟氅一对，吾杖一对、仪刀一对、班剑一对、立瓜一对、卧瓜一对、骨朵一对、镫杖一对、响节二对，青方伞二把、红彩画云凤伞一把，青孔雀圆扇四把、红花圆扇四把，间抹金银交椅一把、间抹金银脚踏一个，间抹金银水盆一个、间抹金银水罐一个，红纱灯笼二对，拂子二把，凤轿一乘、小轿一乘、行障二叶、坐障一叶
郡王妃	红杖一对、清道旗一对，绛引幡一对、戟氅一对，吾杖一对、班剑一对、立瓜一对、骨朵一对，响节一对，青方伞二把、红圆伞一把，青圆扇二把、红圆扇二把，间抹金银交椅一把、间抹金银脚踏一个，间抹金银水盆一个、间抹金银水罐一个，红纱灯笼一对，拂子二把，翟轿一乘、行障二叶、坐障一叶
郡主	红杖一对、清道旗一对，吾杖一对、班剑一对、立瓜一对、骨朵一对，响节一对，青方伞一把、红圆伞一把，青圆扇二把、红圆扇二把，间抹金银交椅一把、间抹金银脚踏一个，间抹金银水盆一个、间抹金银水罐一个，拂子二把，翟轿一乘、行障二叶、坐障一叶

---

① 详见（明）李东阳等奉敕撰、申时行等奉敕重修：《大明会典》卷一百四十一《仪仗》，明万历十五年内府刊本。

◎ 木俑（4 件）

明（1368 ～ 1644 年）
通高 29 ～ 30 厘米
荆州市荆州古城西门外湘献王朱柏墓出土
荆州博物馆藏

　　俑是人或动物殉葬的替代品，秦汉至隋唐时期曾极为盛行。
元明以后，在普通墓葬中甚少见，但帝王陵墓仍普遍出土[①]。
　　明神宗定陵和鲁、蜀、益等藩王墓便出土大量俑类，以彩
绘木质和陶质为主，涵盖将军、文官、武吏、仪仗、乐人、侍
从、轿夫等类别。铺张奢靡的供应役使，在帝王贵胄身上体现
得淋漓尽致。

秦王墓彩绘仪仗俑（部分）
明（1368 ～ 1644 年）
陕西历史博物馆藏

[资料来源：陈冰《西安明秦王墓墓园》，《大众考古》
2021 年第 3 期，第 81 页]

① 刘毅：《明代帝王陵墓制度研究》，人民出版社，2006 年，第 426 页。

105

◎ 陶俑（3件）

明（1368～1644 年）
通高 19～21 厘米
黄冈市蕲春县蕲州镇永新安庄王朱厚熿墓出土
蕲春县博物馆藏

人物均塑造成宽衣大袖、低眉顺目的造型。

◎ 铜辂顶珠

明（1368～1644 年）
高 9.2、底径 5.2 厘米
荆州市荆州古城西门外湘献王朱柏墓出土
荆州博物馆藏

辂顶珠是木辂顶端的饰件，上部为空心圆珠体，下部为覆碗形座。珠身和底座分开制成，珠身可以转动，表面焊接六条火焰状条带，造型奇特。

在永乐年制的藩王仪仗中，亲王、世子使用"象辂一乘"，郡王则不用[1]，表明这是一种高规格仪仗器物。

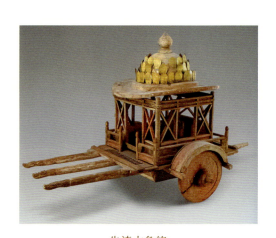

朱漆木象辂
明（1368～1644 年）
山东省邹城市鲁荒王朱檀墓出土

[资料来源：山东博物馆、山东省文物考古研究所《鲁荒王墓》图版二四四，文物出版社，2014 年]

---

① （明）李东阳等奉敕撰、申时行等奉敕重修：《大明会典》卷一百四十一《仪仗》，明万历十五年内府刊本。

◎ 铜戟

明（1368～1644 年）
长 9.6 厘米
荆州市荆州古城西门外湘献王朱柏墓出土
荆州博物馆藏

◎ 龙首铜刀（2 件）

明（1368～1644 年）
均长 6.4 厘米
荆州市荆州古城西门外湘献王朱柏墓出土
荆州博物馆藏

◎ 铜钺形器

明（1368～1644 年）
长 10.4 厘米
荆州市荆州古城西门外湘献王朱柏墓出土
荆州博物馆藏

◎ 铜枪（5 件）

明（1368～1644 年）
长 10.7~14.5 厘米
荆州市荆州古城西门外湘献王朱柏墓出土
荆州博物馆藏

　　这些铜质兵器体型很小，銎部空心且有木杆残痕，均属仪仗明器，原来应为随葬俑手中所执之物。

　　陕西省西安市明代秦王墓曾出土一批彩绘陶仪仗俑，底部墨书"刀""戟"等字样[1]，与史料所载亲王仪仗兵器对应，是仪仗明器化的表现。

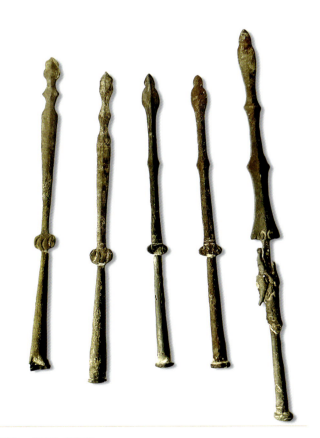

---

① 韩诣深：《明秦简王墓仪仗俑与明代亲王仪仗制度》，《考古与文物》2020 年第 5 期，第 115~122 页。

明初薄葬

朱元璋登基后倡行节俭，这种观念影响到丧葬领域。为了推行薄葬，朝廷对明器规格、制造和使用进行统一管理。洪武二十六年（1393年），诏令由宝源局制作铜铁明器、军器局制作锡质器皿、营缮所制作木质仪仗用物。

因此，明初藩王无论身份地位，其墓葬随葬品与明中后期藩王墓相比，普遍显得俭约，是遵从祖制的体现[①]。

郢靖王朱栋墓随葬铜锡明器情形

[资料来源：湖北省文物考古研究所、荆门市博物馆、钟祥市博物馆《郢靖王墓》彩版一一八，文物出版社，2016年]

◎ 铜炭炉

明（1368～1644年）
高 7.2、口径 9.6、底径 12.4 厘米
荆州市荆州古城西门外湘献王朱柏墓出土
荆州博物馆藏

① 王纪潮：《明初亲王葬制的几个问题》，《文物》2003年第2期，第64页。

◎ 铜火盆、铜箸

明（1368～1644 年）
铜盆：高 2.2、口径 15.5、底径 10 厘米
铜箸：长 14.8、直径 0.18 厘米
荆州市荆州古城西门外湘献王朱柏墓出土
荆州博物馆藏

◎ 铜灯台

明（1368～1644 年）
高 13.2、口径 4.3、底径 5.8 厘米
荆州市荆州古城西门外湘献王朱柏墓出土
荆州博物馆藏

◎ 铜熨斗

明（1368～1644 年）
高 2.3、口径 6.4、底径 4.6、柄长 6.8 厘米
荆州市荆州古城西门外湘献王朱柏墓出土
荆州博物馆藏

◎ 铜提梁炉

明（1368 ～ 1644 年）
通高 22.2 厘米
钟祥市九里回族乡郢靖王朱栋墓出土
钟祥市博物馆藏

　　从形制看，此炉是非常难得的明代茶炉明器，其
用途在《杏园雅集图》中清晰可见。

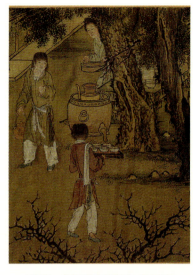

谢环 《杏园雅集图》（局部）
明（1368~1644 年）
美国大都会艺术博物馆藏

［资料来源：美国大都会艺术博物馆官
网］

◎ 铜火盆、铜箸

明（1368 ～ 1644 年）
火盆：通高 6.6、直径 10.2 厘米
箸：长 10.8、直径 0.2 厘米
钟祥市九里回族乡郢靖王朱栋墓出土
钟祥市博物馆藏

楚昭王朱桢、湘献王朱柏、郢靖王朱栋等明代早期藩王墓出土了大量锡质明器，包括饮器、食器、陈设器、香炉灯具等类别，大多表面涂金，是"事死如事生"和倡行薄葬的体现。然而，这种崇尚俭朴的丧葬规定到明中后期已形如空文。

◎ 锡执壶

明（1368～1644年）
高 8.8、口径 2.8、底径 3.2 厘米
武汉市江夏区龙泉山楚昭王朱桢墓出土
武汉博物馆藏

◎ 锡坛

明（1368～1644年）
高 6.6、口径 5.5、底径 1.7 厘米
武汉市江夏区龙泉山楚昭王朱桢墓出土
武汉博物馆藏

◎ 锡酒注

明（1368～1644 年）
高 11.7、口径 2.9、底径 3.2 厘米
荆州市荆州古城西门外湘献王朱柏墓出土
荆州博物馆藏

◎ 锡盏托

明（1368～1644 年）
高 2.75、口径 2.7、底径 2.9 厘米
荆州市荆州古城西门外湘献王朱柏墓出土
荆州博物馆藏

◎ 锡高足杯

明（1368～1644 年）
高 3.6、口径 3.8、底径 2 厘米
荆州市荆州古城西门外湘献王朱柏墓出土
荆州博物馆藏

◎ 锡盖罐

明（1368～1644 年）
通高 5.5、口径 2.6、底径 2.6 厘米
荆州市荆州古城西门外湘献王朱柏墓出土
荆州博物馆藏

◎ 锡玉壶春瓶

明（1368～1644 年）
高 10.1、口径 3、底径 3.1 厘米
荆州市荆州古城西门外湘献王朱柏墓出土
荆州博物馆藏

◎ 锡碟（2 件）

明（1368～1644 年）
高 0.8、口径 4.8、底径 2.4 厘米
荆州市荆州古城西门外湘献王朱柏墓出土
荆州博物馆藏

◎ 锡碗

明（1368～1644 年）
高 2.5、口径 4.3、底径 1.9 厘米
荆州市荆州古城西门外湘献王朱柏墓出土
荆州博物馆藏

◎ 锡碗

明（1368～1644 年）
高 2.5、口径 4.6、底径 2.1 厘米
荆州市荆州古城西门外湘献王朱柏墓出土
荆州博物馆藏

◎ 锡五供器

明（1368～1644年）

炉：通高8.7，直径8.6厘米
瓶：高14，口径2.4，腹径6.8厘米
烛台：残高13.7，盘径10.08厘米
钟祥市九里回族乡郢靖王朱栋墓出土
钟祥市博物馆藏

陵祭

自东汉出现"上陵礼"后，经历代王朝沿革，陵祭礼仪愈发隆重。明代十分重视陵祭，不仅在宫内营造供奉祖先的奉先殿，还在帝王陵墓中设置享堂和石几筵台[1]，以便祭祀。

兴献帝朱祐杬显陵的方城明楼与石几筵（策展团队摄于 2023 年）

---

① 刘毅：《明代帝王陵墓制度研究》，人民出版社，2006 年，第 483～497 页。

◎ 石灵牌（2件）

明（1368～1644 年）
均通高 33.9、碑宽 11.2、厚 4.8 厘米
武汉市江夏区龙泉山楚昭王朱桢墓出土
武汉博物馆藏

　　灵牌共有 5 件，由弧顶砖碑与盝顶石座榫卯相接而成，形如神主。砖碑背面阴刻云龙纹，正面阴刻涂朱符篆。方位讲究，分别置于中门与墓志之间、供桌与棺床之间，以及东、西、北三个壁龛，或为镇墓符之类[1]。

---

①　刘毅：《明代帝王陵墓制度研究》，人民出版社，2006 年，第 467 页。

◎ 玉璧（2件）

明（1368～1644年）
大：直径8.1、孔径2.7、厚0.6厘米
小：直径1.7、孔径0.2、厚0.2厘米
武汉市江夏区龙泉山楚昭王朱桢墓出土
武汉博物馆藏

　　玉璧是古代"六玉"之一，用以祭天。此大玉璧和小石璧同出于木胎漆盒中，漆盒与封册、谥册被装入一个浮雕龙纹的涂金木册盒中，木册盒又置于云龙纹盝顶石匣内，石匣再摆放在石供桌中央，尤为讲究。

玉璧出土情形

[资料来源：梁柱《武昌龙泉山明代楚昭王墓发掘简报》图二〇，《文物》2003年第2期，第14页]

◎ 青白釉瓷盖罐

明（1368～1644年）
通高33.2、口径14.8、腹径22.7、底径15.8厘米
武汉市江夏区二妃山景陵顺靖王朱孟炋王妃贲氏墓出土
武汉市江夏区博物馆藏

此盖罐放置于墓主棺床前，内装果核等品，应当用于祭供。

白釉瓷盖罐
明（1368～1644年）
武汉市江夏区龙泉山楚昭王朱桢墓出土

　　此罐置于墓主棺床前的石供桌下东侧，紧挨墓志。出土时，坛内积满液体，并出有瓷碗、木匕、木箸、果品，是装载供品之器。

[资料来源：梁柱《武昌龙泉山明代楚昭王墓发掘简报》图一八，《文物》2003年第2期，第13页]

◎ 青花瓷簋式炉

明·弘治（1488～1505年）
高13.5、口径16、底径12厘米
武汉市江夏区流芳街二妃山明代楚藩墓出土
武汉博物馆藏

　　此炉两侧饰有对称的象形耳，腹部外壁描绘了高士弈棋的场景，造型仿自古之铜簋，为祭祀礼器。

　　宋代以来，社会兴起崇古之风，作为周代礼制重器的青铜器被当朝皇帝与文人士大夫极力推崇，其造型亦应用于瓷器制作[1]。

戴进 《仙人弈棋图》（局部）
明（1368～1644年）
芝加哥艺术学院藏

　　棋是中国古代"琴棋书画"四艺之一，常以人物对弈图像的形式出现在墓葬壁画、绘画及瓷器装饰上，寄托了归山隐逸的高雅情怀[2]。

[资料来源：芝加哥艺术学院官网]

①　叶谦、赵纲、邵红：《王者之器：明代藩王用瓷》，江西美术出版社，2023年，第310页。
②　参见：1.米雪纯、刘乐君：《明清瓷器上"对弈图像"设计特征研究》，《陶瓷》2023年第6期；2.赵晶：《仙与士：浙派绘画中的围棋绘画述略》，载《中国围棋论丛》第三辑，杭州出版社，2018年。

◎ 云气纹青花瓷香炉[1]

明·景泰（1450～1457年）
高8.4、口径14.2、底径7.7厘米
武汉市江夏区流芳街二妃山采集
武汉市江夏区博物馆藏

楚昭王朱桢墓室祭台

[资料来源：梁柱《武昌龙泉山明代楚昭王墓发掘简报》图八，《文物》2003年第2期，第9页]

直口、筒形壁、矮圈足，是正统、景泰以来流行的重要香炉器型，其青花发色蓝中泛灰，外壁装饰山石菊兰草纹[1]。在明代，香炉常与花瓶、烛台组成一套祭供用器。

◎ 蓝釉三足炉

明（1368～1644年）
高6、口径10、腹径11.2厘米
武汉市江夏区流芳街二妃山镇国将军朱季埨墓出土
武汉博物馆藏

此器从造型看属于鬲式炉，胎体洁白细腻，蓝釉色泽纯正，足部露出火石红胎，应为王府在景德镇购置的定烧民窑瓷[2]。

从该品的器型及胎釉特征分析，其应属于"三供""五供"之类的供炉，与祭祀相关。

① 叶谦、赵纲、邵红：《王者之器：明代藩王用瓷》，江西美术出版社，2023年，第313页。
② 武汉市文物考古研究所：《湖北武汉二妃山明代楚藩家族墓群一号茔园发掘简报》，《文物》2021年第12期。

◎ 团花纹青花瓷蒜头瓶

明·弘治（1488～1505 年）
高 31、口径 3、底径 10.5 厘米
武汉市江夏区流芳街二妃山明代楚藩墓出土
武汉市江夏区博物馆藏

　　以团花的形式装饰瓶腹部，在成化年间非
常流行，延续到弘治时期。蒜头瓶作为供瓶，
也可成对出现，与香炉组成"三供"[1]。

　　瓷质蒜头瓶造型仿古，其形制可追溯到秦
汉时期的蒜头壶，这种青铜器起源于关中地区，
是秦文化的代表性器物。

① 叶谦、赵纲、邵红：《王者之器：明代藩王用瓷》，江西美术出版社，2023 年，第 315 页。

◎ 青花瓷兽耳瓶

明·正统（1436～1449 年）
高 22.2、口径 6.4、腹径 9.6、底径 7.4 厘米
武汉市江夏区流芳街二妃山辅国将军朱均钵墓出土
武汉博物馆藏

　　此瓶体型修长，颈肩处饰对称兽耳，青花发色灰蓝，主体纹饰为松、竹、梅"岁寒三友图"。

　　这种形制的瓶类大多成对出现，与香炉组成"三供"的祭器组合，用于宫廷祭祀、宗教供养和墓葬祭奠[1]。

龙泉窑青釉瓷炉瓶三供
明·宣德十年（1435 年）
北京市昌平区太监刘通墓出土
首都博物馆藏

[资料来源：深圳博物馆《大明宫瓷——十五世纪的明代宫廷用瓷》，文物出版社，2022 年，第 24 页]

① 深圳博物馆：《大明宫瓷——十五世纪的明代宫廷用瓷》，文物出版社，2022 年，第 24 页。

◎ 白釉人物图瓷长颈瓶

明（1368 ~ 1644 年）
高 14.9、口径 3.6、腹径 8.2、足径 5.1 厘米
武汉市江夏区流芳街二妃山镇国将军朱季埻墓出土
武汉博物馆藏

　　墓中原成对出土，此为其一，应属于供瓶类的祭器。瓶口沿下饰回纹一周，腹部表现为两两相对的四个人物形象，瓶身及人物衣服等处分别以褐色、蓝色釉点彩装饰，有学者推测瓶身人物为八仙形象[1]。

瓷瓶纹样（线图）

[资料来源：武汉市文物考古研究所《湖北武汉二妃山明代楚藩家族墓群一号茔园发掘简报》图一一：4，《文物》2021 年第 12 期]

① 武汉市文物考古研究所：《湖北武汉二妃山明代楚藩家族墓群一号茔园发掘简报》，《文物》2021 年第 12 期。

◎ 贴花白釉瓷爵杯（6件）

明（1368～1644年）
高4.5～7、口径7.5～14.1、底径3.5～5厘米
黄冈市蕲春县黄土岭村明代荆藩墓出土
蕲春县博物馆藏

　　这些爵杯均为敞口、深腹、高圈足的造型，腹部外壁贴塑富于变化的花卉、动物等各式图案，釉色洁白光润。在明代宫廷生活中，爵几乎是祭祀、筵宴等重要礼仪场合的必备酒器[1]。

山岳波涛龙纹青花瓷爵杯、爵托盘
明（1368～1644年）
台北故宫博物院藏

[资料来源：深圳博物馆《大明宫瓷——十五世纪的明代宫廷用瓷》，文物出版社，2022年，第22页]

---

① 深圳博物馆：《大明宫瓷——十五世纪的明代宫廷用瓷》，文物出版社，2022年，第22页。

◎ 珐华彩仙鹤莲鹭纹罐

明（1368～1644年）
高35、口径19、腹径29.5、底径17.2厘米
黄冈市蕲春县株林镇三角山明代荆藩墓出土
蕲春县博物馆藏

　　珐华亦作"法花"，萌芽于金元而盛于明，是在低温色釉琉璃基础上发展出来的陶瓷工艺，有孔雀蓝、茄皮紫、金珀黄等丰富釉色。其典型器采用立（沥）粉法勾勒纹样轮廓，类别以塑像、祭供器为主。

　　此罐以立粉技法塑造纹样，腹部主体饰莲花、蜻蜓、仙鹤、飞鹭等图案，寓意"一路清廉"。这是目前明代藩王墓出土的工艺最为考究的一件珐华器，是研究藩府用器的重要实物材料。

明代商品经济发达，民间信仰也呈功利化趋势并影响到宗藩丧葬，出现冥币、"冥途路引"、买地券等带有民俗气息的随葬品[1]。此外，在宗藩墓中还发现人殉、随葬半面铜镜等特殊葬仪。

◎ 金冥币（13 件）

明（1368 ～ 1644 年）
单枚直径 5.8 厘米，共重 46 克
黄冈市蕲春县横车镇荆恭王朱翊钜墓出土
蕲春县博物馆藏

　　墓主为亲王身份。明代帝后皇亲、功臣勋将等墓葬多发现随葬冥币的现象，大多制成方孔圆形，有金、银、铜、木等材质。

　　这些冥币不具备流通功能，专门用于随葬，给死者口含或垫背，起到压胜的作用。有些垫背钱甚至排列成"北斗七星图"，可能受到道教影响[2]。

随葬金银冥币情形
江西省南昌市宁靖王朱奠培夫人吴氏墓

[资料来源：徐长青、樊昌生《南昌明代宁靖王夫人吴氏墓发掘简报》图八，《文物》2003 年第 2 期，第 22 页]

◎ 银冥币（16 件）

明（1368 ～ 1644 年）
单枚直径 5.2 厘米，共重 161 克
黄冈市蕲春县蕲州镇都昌王朱载墌墓出土
蕲春县博物馆藏

　　这批银冥币出自男棺，墓主为郡王身份。

① 刘毅：《明代帝王陵墓制度研究》，人民出版社，2006 年，第 456~470 页。
② 刘泽岚：《明代随葬金银冥钱刍议》，《中国钱币》2018 年第 3 期，第 20~23 页。

◎ "好去生天" 铭文金冥币

明（1368 ～ 1644 年）
直径 2、孔径 0.5 厘米，重 1 克
黄冈市蕲春县蕲州镇永新安庄王朱厚熿墓出土
蕲春县博物馆藏

◎ "天界早生" 铭文金冥币

明（1368 ～ 1644 年）
直径 3.1、孔径 0.3 厘米，重 1 克
黄冈市蕲春县西河驿石粉厂樊山郡王府将军墓出土
蕲春县博物馆藏

◎ "早生仙界" 铭文银冥币

明（1368 ～ 1644 年）
直径 2.8 厘米，重 2 克
黄冈市蕲春县彭思镇都昌惠靖王朱祁鑑妃袁氏墓出土
蕲春县博物馆藏

　　这些冥币刻写的符号和铭文，既有"消灾延寿""吉祥如意"等表示对生者命运关怀的吉祥语，又有"生天""仙界"等希冀逝者往生天界的压胜语，寄托了特殊的寓意[1]。

① 刘泽岚：《明代随葬金银冥钱刍议》，《中国钱币》2018 年第 3 期，第 26 页。

◎ 白釉瓷梅瓶

明（1368～1644 年）
通高 26、口径 5.1、腹径 16、底径 10.2 厘米
钟祥市九里回族乡郢靖王朱栋墓出土
钟祥市博物馆藏

◎ 青釉瓷梅瓶

明（1368～1644 年）
通高 22.8、口径 7.1、腹径 15.8、底径 8.6 厘米
钟祥市九里回族乡郢靖王朱栋墓出土
钟祥市博物馆藏

此二瓶出自郢靖王墓耳室，置于殉葬的侍女墓床前。从胎釉特征分析，青瓷瓶为龙泉窑制品，处州龙泉在明代早期曾为宫廷烧造御用瓷器。

人殉是指以活人为死者陪葬，在奴隶社会时期极为流行，两汉以后较为少见。明初，朱元璋恢复大规模的宫人殉葬制度并形成祖制，使人殉现象在皇宫和王府中都非常盛行。直到天顺八年（1464 年），明英宗朱祁镇下令禁止宫人殉葬[1]。

---

① 李晗：《明清宫人殉葬制度研究》，山东师范大学硕士学位论文，2014 年。

第三单元

王国图景

　　藩禁限制了宗藩的自由，但也使藩府得以扎根封地。通过联姻、文化、经济等活动，他们与地方社会建立起深刻的关联，成为明帝国一道不容忽视的风景线[1]。

　　藩王守镇地方，以自身力量惠及民众的同时，也倚仗皇亲特权与民争利、为祸一方，激化社会矛盾。宗藩与地方社会利弊交织的互动往来，塑造出独特的王国图景。

① ［英］柯律格著、黄晓鹃译：《藩屏：明代中国的皇家艺术与权力》，河南大学出版社，2015 年，第 21 页。

联姻地方

明初，开国、靖难两大功臣勋贵群体是藩王主要的联姻对象，所谓"封诸子为王，必选名家贤女为之妃"[①]。宣德以后，在藩禁的种种约束下，藩王与地方普通官民结为姻亲的情形成为常态[②]。宗藩联姻，逐渐平民化和地方化[③]。这种变化，本质是削弱藩权以巩固皇权，政治意义明显。

湖北地区明代藩王联姻状况（部分）

时间	亲王	联姻对象	出身背景
洪武十二年（1379 年）	楚昭王朱桢	王弼之女[④]	王弼，大都督府都督佥事，后进封定远侯[⑤]
洪武十八年（1385 年）	湘献王朱柏	吴忠之妹[⑥]	吴忠，靖海侯
洪武二十七年（1394 年）	辽简王朱植	郭英之女[⑦]	郭英，武定侯
永乐三年（1405 年）	郢靖王朱栋	郭英之女[⑧]	其时郭英已卒，追封营国威襄公[⑨]
宣德二年（1427 年）	襄宪王朱瞻墡	靖安之女[⑩]	靖安，东城兵马指挥
宣德二年（1427 年）	荆宪王朱瞻堈	周义之女[⑪]	周义，西城兵马指挥
宣德二年（1427 年）	梁庄王朱瞻垍	纪詹之女[⑫]	纪詹，安庆卫指挥
宣德八年（1433 年）		魏亨之女[⑬]	魏亨，襄阳县民，后进封南城兵马指挥
弘治四年（1491 年）	兴献王朱祐杬	蒋敩长女[⑭]	蒋敩，中兵马指挥

---

① 《明太祖实录》卷六八，台北"中央研究院"历史语言研究所，1962 年，第 1272 页。

② 潘娜：《明初功臣与皇室婚姻考论》，云南大学硕士学位论文，2019 年。

③ 参见：1. 潘娜：《明初功臣与皇室婚姻考论》，云南大学硕士学位论文，2019 年；2. 李康：《明代宗室婚娶研究》，湘潭大学硕士学位论文，2011 年。

④ 洪武十二年（1379 年）二月庚子，"册大都督府都督佥事王弼女为楚王桢妃"，详见《明太祖实录》卷一二二，台北"中央研究院"历史语言研究所，1962 年，第 1974 页。

⑤ 洪武十二年（1379 年）十一月甲午朔，"封……王弼为定远侯"，详见《明太祖实录》卷一二七，台北"中央研究院"历史语言研究所，1962 年，第 2021 页。

⑥ 洪武十八年（1385 年）九月庚辰，"册靖海侯吴忠女弟为湘王柏妃"，详见《明太祖实录》卷一七五，台北"中央研究院"历史语言研究所，1962 年，第 2660 页。

⑦ 洪武二十七年（1394 年）冬十月，"册武定侯郭英女为辽王植妃"，详见《明太祖实录》卷二三五，台北"中央研究院"历史语言研究所，1962 年，第 3429 页。

⑧ 永乐三年（1405 年）十一月甲午，"册营国威襄公郭英女为郢王栋妃"，详见《明太宗实录》卷四八，台北"中央研究院"历史语言研究所，1962 年，第 729 页。

⑨ 郭英"永乐元年（1403 年）卒，年六十七，赠营国公，谥威襄"，详见（清）张廷玉：《明史》卷一百三十《郭英传》，中华书局，1974 年，第 3822 页。

⑩ 宣德二年（1427 年）冬十月庚申，"册东城兵马指挥靖安女为襄王妃"，详见《明宣宗实录》卷三二，台北"中央研究院"历史语言研究所，1962 年，第 817 页。

⑪ 宣德二年（1427 年）十二月丙辰，"册西城兵马指挥周义之女为荆王妃"，详见《明宣宗实录》卷三四，台北"中央研究院"历史语言研究所，1962 年，第 860 页。

⑫ 宣德二年（1427 年）九月癸卯，"册安庆卫指挥纪詹女为梁王妃"，详见《明宣宗实录》卷三一，台北"中央研究院"历史语言研究所，1962 年，第 808 页。

⑬ 宣德八年（1433 年）六月壬寅，"册襄阳县民魏亨女为梁王妃，命亨为南城兵马指挥。时梁王已婚而妃薨，至是再册云"，详见《明宣宗实录》卷一零三，台北"中央研究院"历史语言研究所，1962 年，第 2303 页。

⑭ 弘治四年（1491 年）十一月，"令聘中兵马指挥司指挥蒋敩长女为兴王妃"，详见《明孝宗实录》卷五七，台北"中央研究院"历史语言研究所，1962 年，第 1106 页。

藩禁对宗室婚姻造成许多约束，有明文规定限制京官、王府官与王府联姻[1]，与王府结亲者要面临仕途受阻的风险。随着宗室地位下降，以及选婚对象和地域的受限，他们大多只能与当地低级官员甚至平民结亲[2]。由于宗室请婚还要经过层层审批，不少宗室面临被官员盘剥索贿的困境，下层贫宗大多年暮而未婚[3]。

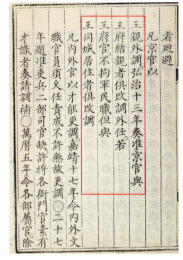

[资料来源：(明) 李东阳等奉敕撰、申时行等奉敕重修《大明会典》卷五，明万历十五年内府刊本]

◎ 荆端王朱厚烇次妃刘氏石墓志

明（1368～1644年）
长54、宽49、厚8厘米
黄冈市蕲春县蕲州镇荆端王朱厚烇次妃刘氏墓出土
湖北省博物馆藏

志文：

荆端王次妃刘氏圹志。妃乃蕲州卫右所千户刘胜下舍人刘宪经次女，母陈氏。弘治玖年玖月初柒日午时生，嘉靖叁拾捌年肆月拾壹日奉敕封为荆端王次妃，嘉靖叁拾玖年捌月贰拾伍日以疾薨，享年陆拾伍岁。生子一人，载壡，册封荆庄王；女一人，封为崇明郡主，下嫁仪宾沈一卿。孙二人，嫡长曰翊钜，册封为荆王；次曰翊镨，册封为德安王。上闻，请给祭葬如制。嘉靖叁拾玖年拾壹月贰拾柒日辰时，葬于蕲州安平上乡太原里浒□下堡，安阳山南村之原。呜呼！妃之生也，敕谕曰："惟尔遘事。荆端王敬慎年久，乃生贤子，以及贤孙嗣封王，兹已命，夫复何憾？"爰述其槩，纳诸幽圹，用垂不朽云。

刘氏，生于弘治九年（1496年），嘉靖三十八年（1559年）敕封为荆端王朱厚烇次妃，翌年病逝。荆藩封地在蕲州，刘妃父亲刘宪经是蕲州卫右所千户刘胜下舍人。

《万历野获编》载："武职应袭支庶，在卫所亦称舍人"[4]。明代实行武职世袭制，此处舍人指具有世袭权的军官子弟。这方墓志是藩王与当地军户联姻的物证。

① （明）李东阳等奉敕撰、申时行等奉敕重修：《大明会典》卷五《改调》，明万历十五年内府刊本。
② 邹时雨：《明代辽藩研究》，长江大学硕士学位论文，2010年，第25页。
③ 李康：《明代宗室婚娶研究》，湘潭大学硕士学位论文，2011年，第15~16页。
④ （明）沈德符：《万历野获编》卷二十一《舍人校尉》，中华书局，1959年，第540页。

◎ 楚府镇国将军夫人潘氏石墓志

明（1368～1644年）
高67、宽39、厚8厘米
武汉市江夏区出土
武汉博物馆藏

志文：

　　夫人姓潘氏，世为湖广齐安之蕲州人。父希贤，读书尚礼，曲靖军民府儒学教授讳安之任；母项氏。夫人自幼端庄静一，为父母所钟爱，既而楚府崇阳靖简王第六子镇国将军择配而得。夫人其德克称，景泰六年乙亥七月十有九日，钦授诰命冠服而归焉，室家宜之。生四子：长曰均锶、次曰均钵、次曰均鏪，次一并女俱幼未封。不幸卒于天顺七年癸未十有一月之十七日，上距宣德九年甲寅五月二十日之生，享年三十岁。朝廷遣内臣魏清致祭，仍敕有司造茔域，卜以天顺八年甲申十二月十八日葬于江夏县东南三十里永丰山之原。呜呼！□夫人淑懿之宜，而寿不满德，可胜惜哉！爰述世系、卒葬岁月，纳诸圹，以垂不朽云。谨志。

　　潘氏，湖广黄州府蕲州民人之女，生于宣德九年（1434年），景泰六年（1455年）受封为楚藩崇阳郡王府镇国将军夫人，卒于天顺七年（1463年）。

　　志文反映了楚藩宗室与蕲州百姓的联姻。楚藩封地位于武昌，武昌与蕲州在明代虽为不同府城，但属于同一布政使司管辖。

◎ 紫玉山开通寺碑刻（拓片）

清（1644～1911 年）
长 1.52、宽 0.845 米
蕲春县博物馆藏

碑文：

……特授湖北黄州府蕲州正堂加十级纪□□次李，谕刻李姓先施后卖碑记：紫玉山之开通寺建于前明万历年间，有信士李具庆等施给斋田二十石并山场庙基，是以庙□碑志俱注有李人施基字样。至康熙廿二年，李具庆后人李怀芳□□所施斋田、山场，先后卖给庙僧元明（之徒九房僧等）为业。嘉庆廿二年，□□巨等又将庙宇基地卖与庙僧鉴洲暨合寺僧等为业，均有□□为凭。兹李光巨等因梁碑无施主名姓，屡与庙僧涉讼。蒙本州主李审明以庙梁不能多书字□□庙基既系施后绝卖，此后修建即不准再注李姓施主字样，至□注内将先施后卖缘由，遂一叙明，永杜讼端，仍不泯李姓祖人先□功德。是以僧等仰体仁宪杜讼之深意，久苦李讼之累扰，谨□缘由，印契断谳，备刻于石，以垂不朽。八月十五日，僧元明之后衣□广行可素茂九芝广悟睿明永新九房僧等同立……

此碑为清代道光年间所刻，讲述李具庆捐田给紫玉山开通寺的历史。李具庆之父李树初是名医李时珍的孙子，其母亲则为荆藩都梁郡王府镇国中尉朱翊镊的女儿朱宜人。

◎ 新宁郡主石墓志

明（1368～1644年）
边长 60 厘米
钟祥市博物馆藏

志文：

梁王长女新宁郡主墓志铭。

登仕佐郎楚府伴读锡山余季枢撰。

中宪大夫贵州按察司副使武昌刘余庆书丹。

中顺大夫夔州府知府江夏刘观篆额。

成化庚子二月初五日，新宁郡主薨于正寝，距正统戊午六月六日之生，享春秋四十有三。讣闻，朝廷遣官致祭造坟，择以成化壬寅正月初四日举厝于京山县办顿里石门之原。钦惟仁宗昭皇帝第九子梁庄王无子，而有郡主登载玉牒，封于新宁。孝敬之懿出于天性。庄王早逝，奉嫡母妃魏、生母夫人张甚谨。及笄，妙选仪宾而舒城陈大宾。大宾，前湖广都阃讳震之孙，今安丘尹文伟之子。配德克称而郡主谦抑能忘其贵，不越矩度，自以女红中馈为己所当然，恒亲执之，膳羞服饰，绝去珍异。其待夫族恭而有礼，训之女严而有方，御媵侍恕而有恩。尝闻国宾言及外间百姓有生无以自存，死无以为敛者，恻然兴念，辄劝大宾赒恤之，心悉仁厚类此。子四人，琪、琳、环、璧；女三人。娶适皆名族。而璧未聘。女二尚幼。孙，男女各一。切惟自古在昔，王姬下嫁于诸侯大夫，而能躬节俭、崇孝敬者，惟宗周为然，由乎文王后妃之德，有以化之也。今焉郡主之德懿若此，当知我圣朝家法之令，太上垂休之裕，足以轶美于周矣。何幸于郡主见之，寿虽不延，行宜为法，玄堂之封实宜铭。铭曰：猗欤郡主，贵绝常伦。礼必有归，出嫔于陈。率履不越，德义可尊。正家之道，笃于亲亲。恋迪之素，克臻俭勤。子女媵侍，有教有恩。施及内外，一视同仁。宗周有女，肃雍之车。诗人咏颂，形于棣华。由乎世德，允宜其家。维时郡主，莫不柔嘉。圣化所被，良玉绝瑕。寿不满德，吁其可嗟！勒之金石，昭示无涯。

墓志刻于成化十七年（1481年），记叙新宁郡主的生平事迹。新宁郡主，梁庄王朱瞻垍之女，生于正统三年（1438年），逝于成化十六年（1480年）。

明代将宗室女性的配偶称作"仪宾"，新宁郡主仪宾陈大宾为湖广都阃陈震之孙、安丘知县陈文伟之子，属于官员世家。

藩禁将宗藩束缚于封地①，他们无权干预地方军政管理，但可通过诗词文赋、书法绘画、戏曲音律、医药科学等领域，与地方官员、文人士大夫、社会名流产生交集②。在朝廷监视下，宗藩"避武从文"不失为明哲保身之举③。

"荆府纪善"棺板
明（1368～1644 年）
江苏省淮安市吴承恩墓出土
吴承恩故居管理所（吴承恩纪念馆）藏

吴承恩，字汝忠，号射阳，明代淮安府人，中国四大名著之一《西游记》的作者，曾于隆庆年间担任荆王府"纪善"一职。

李时珍家族四贤坊表故址石碑及拓片
清·光绪三十一年（1905 年）

李时珍，字东璧，明代蕲州人，中国医药巨典《本草纲目》的作者，曾接受过荆王府富顺郡王朱厚焜的赞助与引荐，担任楚王府奉祠正。

---

① 暴鸿昌：《明代藩禁简论》，《江汉论坛》1989 年第 4 期，第 54 页。
② 孙圳、王剑：《论明代湖广藩王对地方社会的积极影响》，《哈尔滨师范大学社会科学学报》2022 年第 6 期，第 151~153 页。
③ 陈清慧：《明代藩府刻书研究》，南京大学博士学位论文，2011 年，第 31~34 页。

◎ "悟空" 石碑（拓片）

明（1368～1644 年）
高 60、宽 32 厘米
黄冈市蕲春县蕲州镇昭化寺出土
蕲州昭化寺藏

碑文（残）：

募化重……

今夫事莫难于噬，怡莫难……

州治北之昭化寺，枕山临流，大……

怡于，僧悟空垂成于荆国，主……

□乎尚矣，顾自有明，以迄本朝数……

此寺一所由来，吾祖识之，吾……

可以成裘，众擎于焉，易本议，立首……

非人之力，神之灵也。抑亦善始善……

首领李克文，承募众姓修茸……

信士顾荣、臣祖，捐效俵三串……

李永泰效俵……

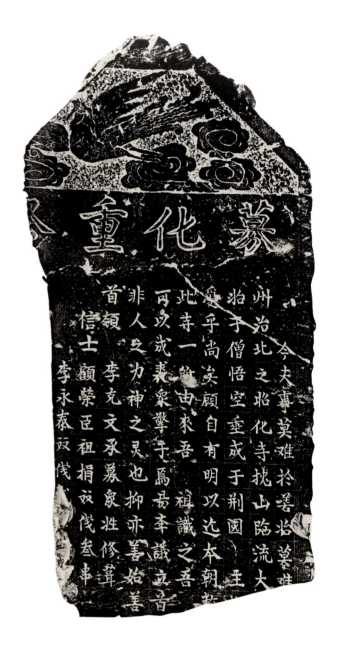

据《荆藩家乘》所载顾问撰写的《荆王府重修昭化寺碑》，成化年间僧人悟空在蕲州结草为庵。日久时长，草庵颓败，荆王府捐资修建，题名为"昭化寺"。

隆庆初，吴承恩由长兴县丞改调为荆府纪善[1]，将其在蕲州和荆王府生活的感悟融入到小说《西游记》（百回本）的创作中[2]，主角之一"孙悟空"可能受到僧悟空的启发。

---

① 蔡铁鹰《吴承恩"荆府纪善"之任与〈西游记〉》一文，论证了吴承恩是实任而非虚任荆王府纪善。关于其出任纪善时间，蔡铁鹰认为在隆庆二年（1568 年）春，但李军在《吴承恩实任"荆府纪善"时间校论》（《明清小说研究》2014 年第 2 期）一文则认为是隆庆二年年底或隆庆三年初。

② 蕲春县文物局、蕲春县博物馆：《湖北蕲春荆王府》，湖北科学技术出版社，2014 年，第 157~162 页。其中一个典型例子，就是《西游记》中提到的"玉华国"，与荆王府的描述有许多重叠。

◎《本草纲目》（清刻本）

清（1644～1911 年）
蕲春县博物馆提供

《本草纲目》藜芦、灯花、延胡索、黄连、附子等条目记录有李言闻、李时珍父子为荆王府成员断症治病的医案。

因医术高超，李时珍曾受到荆藩富顺郡王朱厚焜的赞助与引荐，被分封在武昌的楚王聘为奉祠正，兼管良医所事务[1]。其后，李时珍又被推荐到北京太医院任职，不久辞官归乡[2]。这些经历使李时珍得以接触大量医学典籍，为编撰《本草纲目》奠定基础。

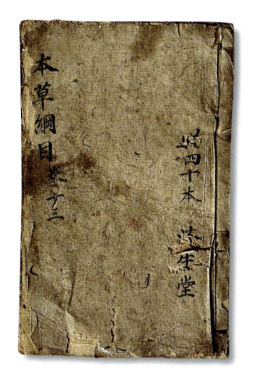

△封面

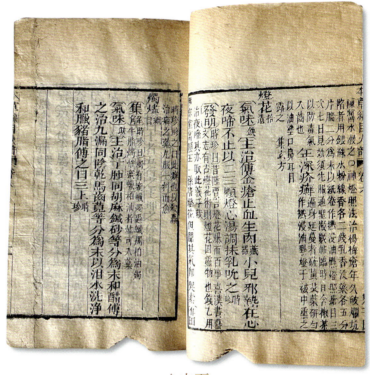

△内页

◎ 富顺王朱厚焜石墓志（拓片）

明（1368～1644 年）
长 49.1、宽 49 厘米
蕲春县博物馆藏

志文：

明薨册封富顺王东蕲翁墓志铭。

赐进士徵仕郎吏科给事中李盛春撰文。

赐进士亚中大夫福建布政司左参政□问篆盖。

赐进士中宪大夫南京户部郎中郡□□书丹。

明万历四年丙子夏六月十有二日，富顺王东蕲翁卒，越明年秋□□十八日，葬于白龙山之阳。先期，厥长子偕其弟二衰经持状诣余泣曰："□□□□及父王慈，谋异枢入窆，以襄大事。惟墓有志，礼也。敢奉治命以请，惟□□其颔之。"余曰："唯夫志为来告录实者尠如，若翁操履之大，余尝闻之熟矣，可不烦状也。"翁乃荆和王之仲子，于正德九年九月初七日始受恩命，册封为富顺王。杜门静养，势分两忘；诗画性成，远迩欣慕。厚币相求者往往相继，抑且好贤乐士，广财好施，诚宗藩中之迥出者。足不履户庭约七十余纪，一闻大母陈次妃之疾，步趋侍问，汤药亲尝，曲尽为子之道。及母妃告终，葡萄尽哀，继而复苏，抚棺辫踊，至废饮食，仅存喘息，吊者多为之零涕。恳切笃至，缙绅舆论，咸敬服焉。是翁生平之行，仅述其概耳，岂能尽其底蕴哉？翁讳厚焜，东蕲其别号也。妃杨氏，年近耄耋，尚亦夔铄，亦翁之默佑也。荆和王生子三：长东庄，即荆端王；季东谷，封为永新王；翁，其仲也。子四：长载埱，受长子秩，选夫人王氏；次载壄，选夫人刘氏；三载埏，选夫人孔氏，俱封镇国将军。四子年仅三岁，尚在襁褓，名封亦有所待焉。女三：长封安德县主，选配仪宾董士杰；次湘潭县主，选配仪宾徐瓒；三幼，尚抚育宫闱，侯公选焉。孙七：长曰翊锃，授封长孙，配夫人易氏；翊锐，王氏；翊锅，周氏；翊铰，侯氏；翊銾，戴氏；翊铬，未配，俱封辅国将军。孙二□，其年尚幼，有待恩命者也。孙女三：长封衡阳郡君，选仪宾金熙；次封黄冈郡君，选仪宾梁之楗；三封罗汶郡君，选仪宾干志。重孙女一，聘生员翁大年。长子重孙三：长曰常福，三四悉皆冲幼。于戏！子姓其蕃矣哉，刬方来者且未艾也。翁生于洪（弘）治戊午年十一月二十二日，距卒之日寿终七十九耳。铭曰：白龙龙崼，水泄木丰；丘如其封，维王之宫。盘旋固结，百代兴隆；绵绵祚胤，贻福无穷。潘迁镌。

朱厚焜，字东蕲，荆和王朱祐橺庶二子，封为富顺郡王，曾代替兄长荆端王朱厚烆管理过荆王府。其墓志由蕲州进士顾问篆盖、李盛春撰文，反映出荆王府与当地世家望族的往来。

顾问（1511～1591 年），字子承，号日岩，嘉靖十七年（1538 年）进士，曾任徐州兵备、福建左参政等职，与其弟顾阙被称为"二顾"，是当时著名的理学家。

李盛春，隆庆五年（1571 年）进士，曾任保定巡抚、南京兵部右侍郎等职，被万历皇帝赐谥"恭质"[1]。

① 李佳：《明代黄州府进士家族研究》，长江大学硕士学位论文，2023 年，第 38 页。

◎ 辅国将军朱东尧石墓志（拓片）

明（1368 ～ 1644 年）
边长 48.5 厘米
蕲春县博物馆藏

志盖铭文：

诰封辅国将军东尧朱公、夫人张氏合墓。

志底铭文：

诰封辅国将军朱公、夫人张氏墓志铭。

赐进士中宪大夫福建按察司提学副使郡人李盛春撰文。

赐进士奉训大夫南京户部郎中郡人刘如宠篆盖。

痒生桂时开书丹。

□学政八闽，养静山房，适宗侯载□兄弟□持状谒余曰：“罪□□□，祸延考妣。今当归窆，丐一言为墓铭。”余喟然叹曰：“有是□□□□，有桑梓之雅，宜铭公墓者，非余其谁？”公讳厚烷，字从□，□□为别号，乃我高皇八世孙荆都梁王镇国将军祐柄□□□也。公幼□□，警敏多干，局长者卒奇之，既而荣膺□诰，授封辅国，笃志谦和，与胜己者□。人咸谓‘干蛊□家、光前启后’，公实兼之且也。性植冲和，行敦雅饬；敬兄爱弟，彬彬礼让；相先宜家，睦族蔼蔼；型模克备，朋侪乐其信义、群小颂其宽仁，蜚声王国，卓迈宗藩，古之东平河间诸君可并驾矣！公有盛德，克享遐龄。俄然□疾，遂以正寝告终，万历辛卯四月十二日酉时也，距生嘉靖癸未八月十二日亥时寿六十有九。初配夫人□氏，继许氏、张氏。子长曰载□，娶史氏；次曰载□，娶寿氏；载□，娶沈氏；载䞍，娶陈氏；载□，娶桂氏；载赿，娶田氏；载坳，未娶，俱□奉国将军，藉藉可世其业者。孙男翊□、翊鋈，翊鏫□出，翊□□出。于戏！有汩泛显融，荏苒毕世者乎？公可含笑地下矣！□□□孙筮以辛卯冬十二月初十日寅时葬于广济县望夫□□□。同时合墓者夫人张氏，生于嘉靖己亥五月初十日戌□，□□万历戊子闰六月初七日未时。九原有知，顾盼以□□□□□。派衍天潢，庆流后裔。朱虚丹睹，□沙□□。菀菀松楸，宜□□穸。钟灵孕秀，□□□□。金陵镌字。

辅国将军朱厚烷，字东尧，荆藩都梁郡王府镇国将军朱祐柄之子，生于嘉靖二年（1523 年），卒于万历十九年（1591 年）。其夫人张氏，生于嘉靖十八年（1539 年），卒于万历十六年（1588 年）。

该墓志由李盛春撰文、刘如宠篆盖，是宗藩成员与地方士人往来的见证。李盛春是蕲州世家“东门李”的第一位进士，刘如宠则为万历八年（1580 年）进士，曾任开封知府、河南按察司副使等职。

◎ 顾氏祠堂碑（拓片）

明（1368～1644年）
高 2.52、宽 0.95 米
黄冈市蕲春县顾氏祠堂
蕲春县博物馆藏

碑文：

顾氏祠堂记。

昔者三川之民，被发而祭于野，夫子盖夷之云：先王之世，亡论贵贱，人人得缘，等尽其孝。而秦好尊大制，黔首毋特祠。即卿大夫，过抑杀嫌，其比于上家，不复庙矣。而熟于禁者，以为固然，而忘其自。甚或执政大臣坐祠寝见纠有司，至劳人主斥县官费为庙者。噫！何其陋也。楚俗固号称朴啬，其民淫于外鬼而署于祖先，蕲顾公业诸生时则已中非之。叹曰：蕲之中大夫之宫，鳞然其侈者，山节而藻梲，所以自居亦足矣。即藉先人遗饶，什一之息亡所施，施之丛林之社，而奈何靳一？橡先人也？此何以教民孝且合族哉？于是谋置祠，祠其高大父以下，而属为诸生，力未遂。久之，公二子按察问比部阙，先后成进士，各以禄之。余至，公乃合耕之余，庀材鸠工，为屋若干楹，卜宅之阴，厥枕维冈，堰陂为塘，割燥临湿，桧柏荟蔚，深睹洞幽，神所凭依。春秋牲牢，相协厥资，益置胰脂，凡数十租。族之贫者，遴使奉祠，取其秩以醴，苗彼羊豕，左右飧粥以给事育。祠既告成，乃合昆季，乃率子姓，卜日之吉，奉高大父以下入祠。左右昭穆，咸秩于礼；肃若盼缤，俨若有体；雍容裸将，始卒不愆；尸警位严，灵风萧然。既毕事，公乃馂神之吐，扬觯而戒曰：呜呼！凡我后人，毋坠忘先德。岁以其日，必躬必愨。予思日孜孜，砥节砺心，毋辱其遗，众穆如也，又翼如也，以听君子，曰：楚自是愧祭寝矣，不忘其亲孝也，合族而以惠遗贫仁也。《诗》曰："孝子不匮，永锡尔类。"楚之大夫，家有庙也。顾公风之矣，其二令子也宜哉。

嘉靖乙卯，岁孟春吉。赐进士出身奉议大夫刑部郎中吴郡王世贞撰。

嘉靖三十四年（1555 年），王世贞来蕲州亲笔为名门顾家撰写祠堂碑记。

王世贞（1526～1590 年），字元美，号凤洲、弇州山人，嘉靖二十六年（1547 年）进士，曾任湖广按察使、应天府尹、南京兵部侍郎、南京刑部尚书等职，是著名的文学家、史学家，与荆藩樊山郡王朱载坅有诗文交往。

答荆府樊山王以文章求订
（明）王世贞

时有虹光倚少微，那无物色到渔矶。
人从白马看如练，诗向黄梅拟受衣。
袖里泽兰愁信远，怀中荆璞怨工稀。
亦知竹素千秋业，敬礼人间有是非。

崇佛尚道

明代沿袭宋元以来儒释道"三教合一"的思潮[①]。在藩禁趋严的背景下，面临巨大政治压力的藩王，试图从宗教这扇窗口寻得精神慰藉[②]。他们不仅热衷于营建和修缮寺庙宫观、捐赠供奉造像、布施钱物、交游僧人与道士[③]，还钻研理论和撰书，留下丰富的印迹。

辽王朱宪㸆营建的万寿宝塔，湖北省荆州市→
明·嘉靖二十七年（1548 年）

［资料来源：［英］柯律格著，黄晓鹃译《藩屏：明代中国的皇家艺术与权力》，河南大学出版社，2015 年，第 48 页］

湘献王朱柏营建的太晖观，湖北省荆州市
明（1368～1644 年）
（策展团队摄于 2018 年）

① 李宇童：《明代三教图像研究》，四川师范大学硕士学位论文，2023 年，第 8~14 页。
② 罗莹：《明代宗藩的宗教信仰研究》，西南大学硕士学位论文，2014 年，第 119~120 页。
③ 罗莹：《明代宗藩的宗教信仰研究》，西南大学硕士学位论文，2014 年。

湖北宗藩的宗教活动印迹①

藩系	宗室	宗教活动
楚藩	楚昭王朱桢	营建真武观，扩建宝通寺，供养九峰寺，优待高僧无念
	楚庄王朱孟烷	游谒九峰寺，撰诗《九峰寺》
	楚端王朱荣减	重修修静寺
	楚王府	营建铁炉寺、方广寺佛塔，在武当山建紫阳庵，王府存有佛、道藏经
湘藩	湘献王朱柏	营建观音寺的前寺与接引塔，营建太晖观。信奉道教，自号"紫虚子"，曾前往武当山寻觅张三丰故居，撰诗《赞张真仙诗》《赞真武》等，令法师周思礼设坛开斋作"投龙"仪式，与高道李德渊交好。其衣冠冢位于太晖观
辽藩	辽简王朱植	熟悉道教仪礼，捐助龙虎山大上清宫的重修，参与道书《岘泉集》《真诰》的编刊，主持抄写大量道经，与高道张宇初、陈德星交好
	辽王朱宪㸅	营建万寿宝塔，撰《鼎建万寿宝塔碑记》。信仰道教，研习道教经典、符咒和其他法术，被嘉靖帝赐予道号"清微忠教真人"以及道教金印、法冠法衣和《道藏经》，曾前往武当山朝圣，多次游谒太晖观，奏请将废为书院的荆州玄妙观恢复为道观并增修供奉真武大帝的玄武阁，与刘洞玄、李道人等多位道士交好，编纂《许旌阳事迹卷》《吕纯阳事迹卷》等道教人物画册，创作大量道教诗词
	湘阴王	号称"一中道人"
	衡阳王	为道教文昌庙捐塑文昌帝君像
	长阳安靖王朱恩钠	其墓冢位于道教诸倪观
	光泽荣端王朱宠瀼	重修开元观
	广元端恪王朱宪㸣	为太晖观捐塑金质玄帝造像
	广元王朱术垌	重修太晖观并撰写碑记
	广元王	捐献三尊金质大士造像
	辅国将军朱术桂	号称"一元子"
	宗室朱俨镶	熟悉道教经书，撰有内丹著作《金丹秘诀》，时人称之"伯麋道长"
郢藩	郢靖王朱栋	其墓葬出土金皮木芯佛珠、金刚杵、玉石质佛头等法器
襄藩	襄宪王朱瞻墡	重建万寿寺。其墓冢有千峰庵，兼作享殿与寺院
	襄怀王朱祐材	其墓冢有乐善寺，载于《敕赐乐善寺碑记》
	襄庄王朱厚颖	营建会仙楼
	襄王府	重建象国寺、宏庆宫

① 表格参考资料：1. 罗莹：《明代宗藩的宗教信仰研究》，西南大学硕士学位论文，2014 年；2. 王育成：《明武当山金龙玉简与道教投龙》，《社会科学战线》1994 年第 3 期；3. 葛晓洁：《明初藩王诗文研究》，天津师范大学硕士学位论文，2018 年；4. 程磊：《荆州地区的真武信仰》，华中师范大学硕士学位论文，2012 年；5.[美] 王岗：《明代辽王的荆州崇道活动及其政治命运》，《华东师范大学学报（哲学社会科学版）》2014 年第 4 期；6.[英] 柯律格著，黄晓鹃译：《藩屏：明代中国的皇家艺术与权力》，河南大学出版社，2015 年；7.[日] 邢东风：《襄阳承恩寺地区佛教遗迹之考察（上）》，《湖北文理学院学报》2016 年第 10 期；8. 湖北省文物考古研究所、荆门市博物馆、钟祥市博物馆：《郢靖王墓》，文物出版社，2016 年，第 209 页；9. 湖北省文物考古研究所、钟祥市博物馆：《梁庄王墓》，文物出版社，2007 年，第 328~335 页；10. 蕲春县文物局、蕲春县博物馆：《湖北蕲春荆王府》，湖北科学技术出版社，2014 年；11. 熊宾：《续修大岳太和山志》卷三，襄阳大同石印馆，中华民国十一年（1922）年；12. 杜星：《略论明代湖广宗室对地方社会的影响》，华东师范大学硕士学位论文，2010 年，第 36~37 页。

藩系	宗室	宗教活动
荆藩	荆靖王朱祁镐	奏请兴建法胜寺，重建蕲州玄妙观
	荆和王朱祐橺	喜好术学，礼待"清狂道人"
	荆端王朱厚烇	重建乾明寺、铁佛寺、五祖真惠禅寺，捐资修缮昭化寺，兴建武当行宫，重修蕲州玄妙观正殿
	荆王朱慈煙	重修石鼓寺，作《重修石鼓寺记》。礼请律宗大师三昧寂光住持四祖寺，赐五祖寺手书"阎浮藏海"匾额
	永定王朱载壒	礼聘道士麸子李至武当宫祈求长生之道
	樊山王	将墨迹作品赠与白龙潭寺僧人
	荆王府	重建四祖正觉禅寺，营建国正庵、福兴寺、祈嗣宫，捐送铜佛像给双峰寺。宗室成员墓葬出土佛、道题材的金饰品和金银冥币
梁藩	梁庄王朱瞻垍	营建普门寺、白鹿寺、吉祥寺。其墓葬出土金镶木曼荼罗佛珠、金"大黑天"神像、金时轮金刚咒牌、金"种子字"等藏传密教相关遗存
寿藩	寿定王朱祐楷	重建圆觉寺和药师寺
惠藩	惠王朱常润	营建护国寺，重建观音寺

◎"周府"铭文陶砖

明（1368～1644年）
长35.5、宽15.7、厚6.5厘米，重5.7千克
武当山周府庵遗址收集
武当山旅游经济特区博物馆藏

明代皇室推崇真武信仰，视之为护国家神[1]。永乐时期，明成祖朱棣为武当山加封大岳，易名为太和山，令宗藩、典司等每年祭祀[2]。为了便于祭祀，藩王大多在武当山设立庵祠，这块铭文砖应源自河南周藩在武当的行庵。

① 程磊：《荆州地区的真武信仰》，华中师范大学硕士学位论文，2012年，第34页。
② 熊宾：《续修大岳太和山志》，襄阳大同石印馆，中华民国十一年（1922年）。

◎《续修大岳太和山志》（影印本）

长 21、宽 14.7、厚 2 厘米
武当山旅游经济特区博物馆藏

　　原书藏于台北故宫博物院，为中华民国十一年（1922 年）襄阳大同石印馆出版的石印本，作者熊宾。此书介绍武当山历史，有明代藩王在武当山设庵立祠的记载，其中提到楚藩建有"紫阳庵"，此庵在清代康熙二十五年（1686 年）改为"紫阳观"。

　　此外，《嘉靖蕲州志》也提及，正德年间荆王在太和山（武当山）重建行宫，奉祀真武大帝[1]，此行宫或为《续修大岳太和山志》所载庵祠。

△封面　　　　　　　　　　　　　　　　　　△内页

◎ 铁狮

明（1368～1644 年）
高 9.5、长 17、宽 7 厘米
黄冈市蕲春县蕲州镇铁佛寺征集
蕲春县博物馆藏

---

① 蕲春县文物局、蕲春县博物馆：《湖北蕲春荆王府》，湖北科学技术出版社，2014 年，第 41 页。正德时期在位的荆王，应为荆端王朱厚烇。

◎ 铜迦叶像

明（1368～1644 年）
高 21、宽 8 厘米
黄冈市蕲春县蕲州镇铁佛寺征集
蕲春县博物馆藏

◎ 铝磬

明（1368～1644 年）
高 8、口径 13 厘米
黄冈市蕲春县蕲州镇铁佛寺征集
蕲春县博物馆藏

　　蕲州铁佛寺由比丘永明于洪武元年（1368 年）始创，荆王府于嘉靖十九年（1540 年）重修。俗谚"三铁镇蕲"，铁佛寺为其中之一[①]。

---

①　蕲春县文物局、蕲春县博物馆：《湖北蕲春荆王府》，湖北科学技术出版社，2014 年，第 42 页。

◎ 前明藩裔朱氏山主碑记（拓片）

清·道光十年（1830 年）
残高 1.12、宽 0.82 米
黄冈市蕲春县蕲州镇昭化寺出土
蕲春县博物馆藏

碑文：

昭化寺者，明季荆藩之功德院也，梁柱神龛均系石器。佛乃沉香……
颇极巍焕，碑碣昭然，亦载州志。嗣后，日就颓毁，而荆藩之子孙在……
昭化二寺僧曾以彼此侵占构讼，昭化僧力几不胜，有荆藩裔朱……
助一臂之力，出名具控，昭化僧遂以得伸。而寺之田地、山场，前后……
历百余年，藩裔寔以居住窎远，心力不齐。有欲继前人志而修理者……
九年，适本地好善者，不忍听其颓败，欲复旧观，因斜同善信人等各……
修者亦遂踊跃从事，合族众出足钱若干串，由是鸠工整理庙宇佛……
而朱姓又仗众姓之力，则众姓之广种福田，自托佛庇于无暨，而朱……
姓所捐之项，悉勒于石。
……
大清道光十年冬月，前明荆藩裔孙、经管首人、太学生朱鸿烈字宗祥仲仁仝理。

　　原碑青灰石质，由荆藩后裔朱鸿烈撰写，记述荆王府后代捐资重修昭化寺的历史。碑文提到"昭化寺者，明季荆藩之功德院也"，是该寺作为荆藩家庙的证据[1]。

① 蕲春县文物局、蕲春县博物馆：《湖北蕲春荆王府》，湖北科学技术出版社，2014 年，第 35 页。

◎ "二龙戏珠纹" 石碑额

明（1368～1644 年）
残高 47.5、长 75、厚 12.5 厘米
黄冈市蕲春县蕲州镇昭化寺出土
蕲州昭化寺藏

　　昭化寺位于蕲春县蕲州镇红石头村缺齿山脚，以石殿为主要特征，其主体建筑为荆端王朱厚烇于嘉靖年间修筑，是荆王府的家庙。"昭化"一词，透露出荆王向皇帝表达忠诚、绝无逆心之意。

◎ "大明成化年制" 款青花瓷片

明（1368～1644 年）
残长 5.6、残宽 5 厘米
黄冈市蕲春县蕲州镇昭化寺出土
蕲州昭化寺藏

　　这款瓷片为判定昭化寺年代提供一定参考。

◎ 团凤纹石雕件

明（1368～1644年）
长130、宽92、厚8.5厘米
黄冈市蕲春县蕲州镇昭化寺出土
蕲州昭化寺藏

　　石雕件采用高浮雕手法，凤纹栩栩如生、细节尽显，其眼神凌厉，颇为肃穆庄严。

　　作为王府家庙，昭化寺的梁架立柱、神龛、供桌等构件均为巨石雕凿而成，以龙、凤纹饰为主，充分彰显出皇室气魄。

昭化寺石神龛（线描）

[资料来源：蕲春县文物局、蕲春县博物馆《湖北蕲春荆王府》，湖北科学技术出版社，2014年，第36页]

宗教对于明代宗藩的渗透广泛而持久，不仅影响了他们的日常生活，也寄托了他们的死后愿景。在藩王墓中，便发现许多与宗教密切相关的器物。

木棺头挡板描金彩绘佛图

明（1368～1644年）
陕西省西安市秦藩辅国将军朱秉橘家族墓 M24 出土

[资料来源：陕西省考古研究所、西北大学文博学院《西安明代秦藩辅国将军朱秉橘家族墓》图二十一，《文物》2007年第2期，第33页]

"冥途路引"绵纸张

明（1368～1644年）
江西省南城县益宣王朱翊鈏夫妇合葬墓出土

纸张用墨书填写死者的姓名、籍贯、出生年月、填发路引日期等，刻印太上老君图像和道教杂宝符号。

[资料来源：江西省文物工作队《江西南城明益宣王朱翊鈏夫妇合葬墓》，《文物》1982年第8期，第21页]

◎ 金皮木芯佛珠

明（1368～1644年）
通长56厘米，重23.2克
钟祥市九里回族乡郢靖王朱栋墓出土
钟祥市博物馆藏

佛珠有念珠、数珠之分，颂佛念珠有助于断灭烦恼、行乐心安[1]。这串佛珠由110颗扁圆珠子组成，直径0.7～0.9厘米，以金皮包裹木芯，中间穿有小孔。金制佛珠比较珍贵，一般为皇家寺庙所供奉。

藩王墓中，还见有被称为"嘎巴拉"的佛珠，以圆寂高僧发慈悲愿所施舍的头顶骨制成，是专供密教佛事活动的法器，象征大悲与空性，蕴含无穷智慧。嘎巴拉佛珠具有神圣的含义，受到皇室重视与礼敬[2]。

骨佛珠
明（1368～1644年）
钟祥市长滩镇梁庄王朱瞻垍墓出土
湖北省博物馆藏

[资料来源：湖北省文物考古研究所、钟祥市博物馆《梁庄王墓》彩版一九八，文物出版社，2007年]

① 湖北省文物考古研究所、钟祥市博物馆：《梁庄王墓》，文物出版社，2007年，第329页。
② 嘎巴拉佛珠为藏传佛教所独有。除了念珠以外，"嘎巴拉"还有颅器、手鼓、骨喇叭等类型。详见：1. 罗文华：《藏传佛教祭法器——嘎巴拉碗》，《紫禁城》1996年第2期，第35～38页；2. 唐明丽：《佛珠的构成要素、制作仪轨及宗教功用》，西北大学硕士学位论文，2018年，第21～22页；3. 林欢：《浅谈故宫藏嘎巴拉佛珠》，《西藏艺术研究》2021年第1期，第75～77页。

◎ 金刚杵

明（1368～1644 年）
长 3、直径 2.2 厘米，重 4.12 克
钟祥市九里回族乡郢靖王朱栋墓出土
钟祥市博物馆藏

　　金刚杵原为古印度兵器，后被密教吸收改造为法器，代表坚固锋利之智，可断烦恼、除恶魔[1]。在梁庄王朱瞻垍墓也发现这种法器，持有该物表明藩王意图从宗教中得到庇护，以消弭现实灾祸。

金刚杵
明（1368～1644 年）
钟祥市长滩镇梁庄王朱瞻垍墓出土
湖北省博物馆藏

[资料来源：湖北省文物考古研究所、钟祥市博物馆《梁庄王墓》彩版二零三，文物出版社，2007 年]

◎ 金锡杖形簪

明（1368～1644 年）
长 10.6 厘米，重 6.4 克
武汉市江夏区龙泉山明代宗藩墓出土
武汉市江夏区博物馆藏

　　簪首制成锡杖形，顶部和底部均为莲座形，周边有一些小环。其中一环穿挂金质扁牌，一面刻写"天赦"，另一面刻写"朱氏宋门"。簪柄上，还刻有"保存足赤光"等铭文。

① 们发延：《藏传佛教——法器漫谈》，《中国宗教》2002 年第 35 期，第 49 页。

◎ "阿弥陀佛" 铭文金冥币

明（1368～1644年）
直径 2.7 厘米，重 2 克
黄冈市蕲春县蕲州镇永新安庄王朱厚熿墓出土
蕲春县博物馆藏

冥币在墓葬中多用于尸体口含或垫背，有压胜之意[1]。部分藩王墓出土刻有佛、道等宗教字样或用语的冥币，与墓主生前信仰息息相关。

◎ "阿弥陀佛" 铭文银冥币（2 件）

明（1368～1644年）
直径 1.3 厘米，重 2 克
蕲春县博物馆藏

◎ "太上老祖" 铭文金冥币

明（1368～1644年）
直径 2.1 厘米，重 2 克
黄冈市蕲春县黄土岭村明代荆藩墓出土
蕲春县博物馆藏

◎ "阿弥陀佛" 铭文金冥币

① 刘泽岚：《明代随葬金银冥钱刍议》，《中国钱币》2018 年第 3 期。

潜流暗涌

湖北宗藩曾参与地方工程建设和灾害赈济等惠民事务[1]，但也存在扩张庄田、纳收杂税、频征供役甚至欺凌官民的情况[2]。此外，明中后期的宗禄困境，激化藩府与地方的矛盾，宗藩违法犯罪增多，加剧社会动荡[3]，为明末农民起义埋下伏笔。

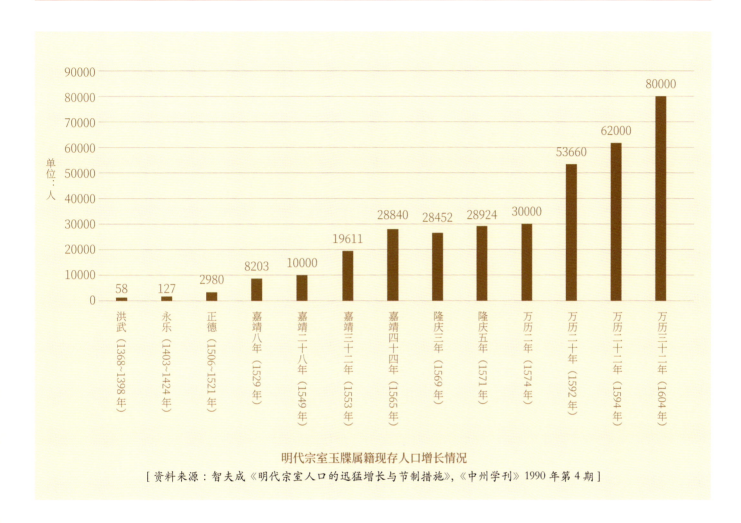

明代宗室玉牒属籍现存人口增长情况

[资料来源：智夫成《明代宗室人口的迅猛增长与节制措施》，《中州学刊》1990 年第 4 期]

宗藩人口膨胀伴随的宗禄增长问题，引起朝廷重视。洪武后期开始降低藩王待遇，弘治以后明廷陆续出台"米钞兼支""禄米折银"等政策，进一步削减宗室禄粮。至天启年间，规定宗禄"永为定额"，才摆脱以往按人口发放的模式[1]。

① 参见：1. 孙圳、王剑：《论明代湖广藩王对地方社会的积极影响》，《哈尔滨师范大学社会科学学报》2022 年第 6 期；2. 杜星：《略论明代湖广宗室对地方社会的影响》，华东师范大学硕士学位论文，2010 年，第 50~52 页。
② 参见：1. 张建民：《明代两湖地区的宗藩与地方社会》，《江汉论坛》2002 年第 10 期，第 77~81 页；2. 杜星：《略论明代湖广宗室对地方社会的影响》，华东师范大学硕士学位论文，2010 年，第 22~41 页；3. 章旋：《明代湖广宗藩与地方社会》，西南大学硕士学位论文，2011 年，第 39~66 页。
③ 雷炳炎：《明代宗禄问题与宗室犯罪》，《云南社会科学》2009 年第 3 期，第 129~141 页。
④ 黄宇嘉：《明代"宗禄问题"之研究》，南京大学硕士学位论文，2020 年。

明代田赋包括夏税、秋粮，以征收麦、米为主，有起运、存留两种分配方式，宗藩禄粮源于地方存留田赋[①]。万历初年，湖广有司每年需拨支近1/4存留田赋给藩府，沉重的负担引发宗禄拖欠。

万历初年湖广宗藩本色禄米拨付[②]

藩府	本色禄米额（石）	湖广存留田赋（石）	占比（四舍五入）
楚藩	135726		11.05%
荆藩	20670		1.68%
襄藩	15249		1.24%
吉藩	11480		0.94%
岷藩	31084		2.53%
荣藩	15383	1228362	1.25%
辽藩广元郡王府	51016		4.15%
蜀藩华阳郡王府	9050		0.74%
荆、岷二藩庶人	10000		0.81%
总计	299658		24.39%

① 贺祥明：《明代田赋存留制度研究——以万历时期湖广地区为例》，陕西师范大学硕士学位论文，2016年，第32页。
② 此表引自贺祥明：《明代田赋存留制度研究——以万历时期湖广地区为例》，陕西师范大学硕士学位论文，2016年，第33页。该文原数据，源自
（明）徐学谟：[万历]《湖广总志》卷二一《贡赋一》。

◎ 银锭

明·正德十一年（1516 年）
高 6.6、长 15、宽 9.3 厘米，重 1.885 千克
黄冈市蕲春县蕲州镇荆端王朱厚烇次妃刘氏墓出土
湖北省博物馆藏

铭文：

麻城县里纳万仁解到正德十一年分禄米折银伍拾两。广容库管仓梁大用，交姚仲伦，银匠张荣。

这些银锭均为束腰船形，内面铸铭。铭文屡次提到的"广容仓"，应指荆王府库仓，设有专人管理。

地方赋税是宗藩禄粮的主要来源，明中后期多采用米麦折银的形式发放宗禄，因此在相应银锭中会出现"禄米折银"的字样。此外，银锭铭文还刻有征收时间、地点以及里纳、督办者、银匠、管仓等人员信息，记录禄米银从征收、起解到入库的过程。

◎ 银锭

明·正德十一年（1516 年）
高 5.3、长 14、宽 9 厘米，重 1.88 千克
黄冈市蕲春县蕲州镇荆端王朱厚烇次妃刘氏墓出土
湖北省博物馆藏

铭文：

姚仲才。广济县里纳朱应斗解正德十一年分折禄米银伍拾两。广容管仓梁大用，库交，看银匠武勇。

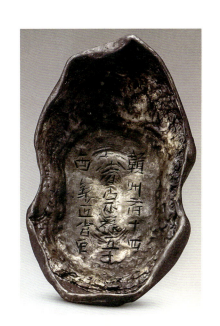

赣州府"宗禄银"五十两银锭
明（1368 ～ 1644 年）
四川省眉山市彭山区江口古战场遗址出土

铭文：赣州府十四年分宗禄五十两，银匠肖良。

[资料来源：王春法《江口沉银：四川彭山江口古战场遗址考古成果》，北京时代华文书局，2019 年，第 174~175 页]

◎ 银锭

明·嘉靖三十五年（1556年）
高7、长15、宽8.6厘米，重1.535千克
黄冈市蕲春县横车镇荆恭王朱翊钜及妃胡氏墓出土
蕲春县博物馆藏

铭文：

湖广黄州府黄冈县微完嘉靖三十三年合禄米银伍拾两整。知县孟津，三十五年十二月，银匠李遂。

◎ 银锭

明·嘉靖三十六年（1557年）
高7、长15、宽8.6厘米，重1.857千克
黄冈市蕲春县横车镇荆恭王朱翊钜及妃胡氏墓出土
蕲春县博物馆藏

铭文：

湖广黄州府蕲州广济县微完嘉靖叁拾伍年分荆府广容仓禄米折银伍拾两壹定。嘉靖叁拾陆年贰月□日，典史王栋，提调知县杨阜，银匠奚文光。

武宁县"抵禄银"五十两银锭
明（1368～1644年）
四川省眉山市彭山区江口古战场遗址出水

铭文：武宁县解改编抵禄银伍拾两。

[资料来源：王春法《江口沉银：四川彭山江口古战场遗址考古成果》，北京时代华文书局，2019年，第176~177页]

岁禄之外，藩王还享有庄田、湖池、商税、食盐等经济优待①。通过钦赐、奏讨、纳献、夺占等方式，宗藩兼并包括民田在内的大量土地，却无需缴纳税粮，使地方官府收入锐减，赋税压力进一步转嫁到百姓身上，民不聊生②。

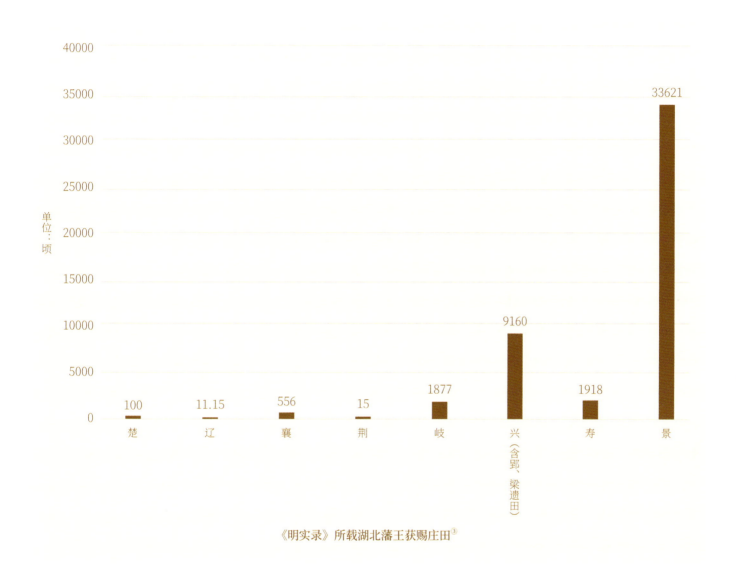

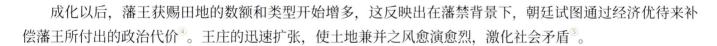

《明实录》所载湖北藩王获赐庄田③

成化以后，藩王获赐田地的数额和类型开始增多，这反映出在藩禁背景下，朝廷试图通过经济优待来补偿藩王所付出的政治代价④。王庄的迅速扩张，使土地兼并之风愈演愈烈，激化社会矛盾⑤。

①　梁曼容：《明代藩王研究》，东北师范大学博士学位论文，2016年，第316页。
②　杜星：《略论明代湖广宗室对地方社会的影响》，华东师范大学硕士学位论文，2010年，第18~41页。
③　此图据如下资料数据整理，只计算有明确数据记载的田地、洲地、淤地等可种植农作物的土地，不计算山地、湖泊等：1. 梁曼容：《明代藩王研究》，东北师范大学博士学位论文，2016年，第316~335页；2. 杜星：《略论明代湖广宗室对地方社会的影响》，华东师范大学硕士学位论文，2010年，第22~32页；3. 章旋：《明代湖广宗藩与地方社会》，西南大学硕士学位论文，2011年，第41~43页。
④　梁曼容：《明代藩王研究》，东北师范大学博士学位论文，2016年，第345页。
⑤　章旋：《明代湖广宗藩与地方社会》，西南大学硕士学位论文，2011年，第41页。

◎ "金沙夜泛" 图轴

清（1644～1911 年）
高 1.64、宽 0.45 米
蕲春县博物馆藏

"金沙夜泛"为古代"蕲阳八景"之一，又名"东湖春水"，东湖全称赤东湖。

正统十年（1445 年），荆宪王朱瞻堈刚从江西建昌迁藩至湖广蕲州，明英宗便令荆王岁禄由湖广布政司支给，且将赤东湖河伯所移交荆王府管理[①]。此后很长一段时间，赤东湖税收划归荆王府，成为其丰厚的收入来源。

① 《明英宗实录》卷一二九、一三一，台北"中央研究院"历史语言研究所，1962 年，第 2567~2613 页。其来龙去脉：1.（正统十年五月）庚辰，命荆王瞻堈岁禄于湖广布政司支给。王初居江西建昌，至是，迁国蕲州，故有是命。2.（正统十年五月）命以湖广赤东湖河伯所与荆王府，其岁办鱼油等课皆蠲除之。3.（正统十年秋七月）丁酉，书复荆王瞻堈曰："承喻欲得蕲州赤东湖取鱼，特允所请。然川泽之利，自昔有国者，与民共之，叔宜体念此意。凡近湖军民取水灌田者，悉令如旧，不可禁绝。仍戒饬官校，不许托此生事扰人。庶于令德有光，叔其亮之"。

◎ "鸿洲烟雨"图轴

清（1644～1911年）
高 1.64、宽 0.45 米
蕲春县博物馆藏

"鸿洲烟雨"为古代"蕲阳八景"之一，鸿洲全称鸿宿洲。明英宗天顺三年（1459年），荆王府获赐湖广鸿宿洲地十五顷以作耕种[1]。

在明代，藩王通过各种手段侵占大量土地，将民田、公地、无主荒土等转为王府私产，加速土地兼并。

---

[1] （天顺三年二月）辛未，以湖广鸿宿洲地十五顷赐荆王府耕种。详见《明英宗实录》卷三零零，台北"中央研究院"历史语言研究所，1962年，第 6374 页。

◎ "雨湖渔舫" 图轴

清（1644～1911 年）
高 1.64、宽 0.45 米
蕲春县博物馆藏

"雨湖渔舫"为古代"蕲阳八景"之一。雨湖原名诸家湖，因其高品质鱼产制成的佳肴为荆藩宗室所喜爱，百姓相传为荆王府独占，故又名"朱家湖"。

◎ 竹簟

明（1368～1644年）
长 1.83、宽 0.65 米
黄冈市蕲春县蕲州镇永新安庄王朱厚熿墓出土
蕲春县博物馆藏

　　该簟软如棉，保存较完好，很可能是蕲春自唐朝以来就向朝廷进贡的"蕲簟"。蕲簟为"蕲春四宝"之一，韩愈、白居易、苏轼等文豪都曾专门写过赞咏蕲簟的诗歌。洪武元年（1368年），蕲州官员进献竹簟，被明太祖朱元璋以"恐天下闻风争进奇巧，则劳民伤财"的名义所拒止[1]。

　　此竹簟出自荆藩郡王墓，或为藩王购买、或为当地进献，以之陪葬足见墓主对它的珍视。藩王的皇室身份和经济实力，为他们搜罗方物提供充足资本。

《郑群赠簟》（节选）

（唐）韩愈

蕲州竹簟天下知，郑君所宝尤环奇。
携来当昼不得卧，一府传看黄琉璃。
体坚色泽又藏节，尽眼凝滑无瑕疵。

---

① （洪武元年夏四月）蕲州进竹簟，上谓中书省臣曰："古者方物之贡，惟服食器用，故无耳目之娱、玩物之失。今蕲州所进竹簟，固为用物，但未有命而来献。若受之，恐天下闻风争进奇巧，则劳民伤财，自此始矣。"命却之，仍令四方非朝廷所需，毋得妄有所献。详见《明太祖实录》卷三一，台北"中央研究院"历史语言研究所，1962年，第541页。

凭着身份特权，宗藩不仅侵占民田，还开铺收租[1]，与民争利。此外，诸藩仪仗铺设、营建府邸和陵墓、婚嫁丧葬等事务，均需地方供应财物与差役[2]，天潢贵胄与地方官民的矛盾冲突愈发频繁。

宗藩违法犯罪属于宗族事务，需由皇帝裁夺量刑。除了谋逆等危及皇权之罪，大多从宽处理，轻则戒谕降禄，重则削爵并发放凤阳高墙，很少处以极刑[3]。

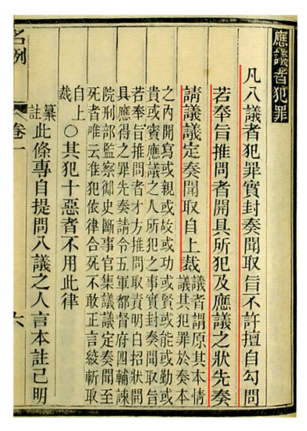

《大明律集解附例》卷一《名例律》"应议者犯罪"条
清·光绪三十四年（1908 年）重刊

《大明律》规定"八议"群体，"议亲"列为其首，包括宗室、外戚。如果这八种人犯罪，有司须上奏皇帝，不得擅自提审。其罪状经集体会议议定，奏闻皇帝后，由皇帝裁决[4]。

① 按明制，宗室不得从事"士农工商"四民之业，但地方宗室通过钦赐、奏讨、掠夺等形式，占据一定数量的商铺门店，收取商税租金。参见杜星：《略论明代湖广宗室对地方社会的影响》，华东师范大学硕士学位论文，2010 年，第 32~33 页。
② 参见：1. 张建民：《明代两湖地区的宗藩与地方社会》，《江汉论坛》2002 年第 10 期，第 77~78 页；2. 杜星：《略论明代湖广宗室对地方社会的影响》，华东师范大学硕士学位论文，2010 年，第 33~41 页；3. 章旋：《明代湖广宗藩与地方社会》，西南大学硕士学位论文，2011 年，第 46~55 页。明代人陈建亦曾一针见血地指出："（宗藩）册封及宫室、婚姻、丧葬诸费，皆给于官；厨役、斋郎、校尉、铺排等役，皆编于民。"详见（明）张萱《西园闻见录》卷四六《宗藩前》，华文书局股份有限公司，1969 年，第 3828 页。
③ 《皇明祖训》和《大明律》的"八议"规定，基本奠定了有"亲亲之谊"的宗室群体享有社会普遍法之外的法律特权。即便是《问刑条例》出台后，对亲王这种上层宗室的法律约束和限制仍不算多。详见：1. 梁曼容：《明代宗室法律特权及其上下分野》，《古代文明》2019 年第 2 期，第 103~115 页；2. 怀效锋：《明代宗藩的犯罪与处罚》，《政法论坛（中国政法大学学报）》1988 年第 3 期，第 68~74 页。
④ 梁曼容：《明代宗室法律特权及其上下分野》，《古代文明》2019 年第 2 期，第 105 页。

◎《朱氏宗谱》（复制件）

长 41.4、宽 29.6、厚 1 厘米
武汉东湖新技术开发区明楚王墓文物管理所藏

此宗谱为楚王府后裔所编修，绘有历代楚王的陵寝风水图。这些陵园皆位于龙泉山，聚集而葬，以初代楚王的昭园为中心环状分布，属于典型的"诸王同兆域"[①]。其所在之处，均为风水形胜吉地，坐拥"金盆游鲤""五龙捧圣"等堪舆佳迹。

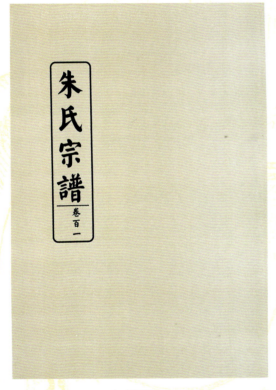

△封面

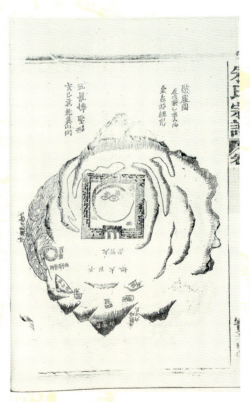

△内页

① 刘永亮：《明代楚藩陵园的规制布局》，《大众考古》2021 年第 3 期，第 55~56 页。

◎ 王化龙题风水石碑

明（1368～1644年）
高108、宽33.6、厚14.8厘米，重146.15千克
武汉东湖新技术开发区明楚王墓文物管理所藏

碑文：

壬丙兼亥巳。

戊申监修。

灵泉特结许多年，粉黛三千云外悬。惟有吉人获吉地，山环水绕福縣縣。壬山丙向局全真，出脉峯高龙有神。得此信然关福分，慈云常护后来人。安邑山人东山氏王化龙题。

《灵泉志》载，楚昭王朱桢就藩武昌后，外出打猎时见到灵泉（今龙泉山）山势崇隆，如堪舆师所言有"二龙戏珠"之势，意图在此营建陵墓。

作为风水宝地，从汉代到明初，大批士绅集聚灵泉山，形成以张、沈、李等八大姓为主的56个家族。为了霸占该地，楚藩利诱威逼，与八大姓进行长达90年的夺地官司，把士绅赶尽杀绝，将人文建筑毁为废墟，派遣士兵守卫，封山造墓，使灵泉山沦为藩王阴寝①。

---

①　参见：1. 涂明星：《湖北省图书馆馆藏孤本〈灵泉志〉之编纂历程与史料价值》，《中国地方志》2015年第5期，第48~51页；2. 张小也：《何谓"来历"：从〈灵泉志〉看明清时期土地权利的"证据"》，《江汉论坛》2012年第9期，第104~108页。

◎《荆藩家乘》（1990年版）

　　长 25.5、宽 17.2 厘米
　　蕲春县博物馆提供

　　这是荆王后裔所修的朱氏宗谱，首修于清代乾隆十年（1745年），迄今已经过七次续修，里面绘有一些荆王与王妃墓葬的风水堪舆图。荆藩墓茔也是"诸王同兆域"的典型，集中分布于大泉山主脉与支脉，占尽蕲州风水宝地，大多遵循背山面水、左右环抱的格局。

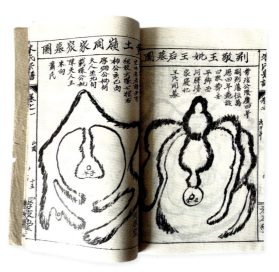

◎ 瓷碗（2件）

　　明（1368～1644年）
　　高 8、口径 19、底径 7.5 厘米
　　黄冈市蕲春县刘河镇王坟林荆定王朱由樊墓出土
　　蕲春县博物馆藏

　　荆定王朱由樊，荆康王朱常𤦎嫡二子，万历三十八年（1610年）袭封荆王，天启二年（1622年）薨逝[1]。荆定王墓从武穴迁回蕲春时，将当地胡姓祖坟挖开侵占，且不许胡氏在此埋葬先人。

　　荆藩墓葬在明早期多采用砖石结构，中后期则转为以石灰、黄土、糯米浆按比例调和的"三合土"椁墓，密封性很强。嘉靖时期的荆藩墓三合土质量极高，到荆定王时已衰落，不仅土质疏松、色调泛黄，还夹杂许多民窑粗瓷碗，反映出明朝国力衰退、王府财力下降[2]。

①　（清）张廷玉：《明史》卷一百三《诸王世表四》，中华书局，1974年，第2876～2878页。
②　蕲春县文物局、蕲春县博物馆：《湖北蕲春荆王府》，湖北科学技术出版社，2014年，第147～149页。

◎ 圆峰山中顺大夫李蒙泉石墓碑（拓片）

明（1368～1644年）
高1.25、宽0.54米
蕲春县博物馆藏

碑文：

皇明曾祖妣李门刘氏孺人、祖考中顺大夫李公蒙泉府君合墓。
祖妣李门张氏孺人。
继妣李门吴氏孺人。

  荆藩陵墓占据蕲春、武穴的风水吉地，如埋葬樊山王朱载塎的圆峰山便有"金盆浴鲤"之貌。朱载塎薨于万历二十五年（1597年），崇祯末年兵荒马乱、疏于管理，墓园萧墙逐渐化作土埂。

  土埂分为三层，李蒙泉合葬墓位于下层。清代，有江姓人垂涎圆峰山风水，伪造李氏后人卖地契，将江母等棺埋入土埂中层，其间挖掘暴露出来的"前代废圹"实为樊山王墓。江姓否认存在王坟，荆藩子孙坚持确有其事，双方陷入官司争斗。此即"圆峰山讼案"，以荆藩子孙获胜、江姓被饬令迁葬告终[1]。

① 圆峰山讼案详情，参见蕲春县文物局、蕲春县博物馆：《湖北蕲春荆王府》，湖北科学技术出版社，2014年，第201~202页。

◎ 观澜张公墓志盖（拓片）

明（1368～1644 年）
长 95、宽 95 厘米
荆州博物馆藏

志文：

明故诰封特进光禄大夫左柱国少师兼太子太师吏部尚书中极殿大学士观澜张公墓志铭。

该墓志由首辅张四维撰写。墓主张文明，字治卿、号观澜，生于弘治十七年（1504 年），卒于万历五年（1577 年），是明朝著名政治家、改革家张居正的父亲。

张居正将内阁首辅的权力推向顶峰，在皇权与阁权斗争下，其死后遭遇清算，"诬蔑亲藩、侵夺王坟府第"的罪状被列在首位。但现有研究表明，这些罪状实为辽王次妃王氏的诬词[①]。

---

① 现有研究表明，构陷辽王、攘夺辽府实为诬蔑之词，是"倒张潮"下万历皇帝朱翊钧全面清算张居正的借口。辽王朱宪㸅在封地为非作歹，最终被废为庶人、囚禁高墙和除封，完全是咎由自取，详见：

（1）王世贞《嘉靖以来首辅传》提及，张居正祖父为辽府护卫兵。辽庄王薨后，太妃召见张居正与朱宪㸅，称宪㸅才不及居正，怀恨在心的宪㸅等居正及第后以酒虐死其祖父。居正心恨之，屡次弹劾宪㸅，以致宪㸅被废王爵，辽国除封。谈迁《国榷》也有类似的描述，即源自王世贞之说。然而，这种"张居正为报私仇而构陷辽王"的说法遭到学者质疑，通过梳理文献，认为与实际不符。详见柴克东：《张居正传记资料整理与考释》，兰州大学硕士学位论文，2013 年，第 29～30 页；

（2）张居正死后，辽王次妃王氏向朝廷进呈《大奸巨恶丛计谋陷亲王、强占钦赐祖寝、霸夺产业、势侵全室疏》，所谓大奸巨恶者，直指张居正。经学者研究考证，这种说法纯属诬蔑，张居正并无侵夺辽王府邸和金银财宝，其父张文明墓也只是侵占了湘献王墓而非辽藩墓，将张居正与辽王案关联起来实为万历皇帝授意下，"倒张派"攻击张居正的由头。在当时思潮下，这种诬说却得到士人群体广泛采信，甚至影响到清代《明史纪事本末》《明史》等的编撰。详见陈礼荣二文：1.《张宅并非辽府考——张居正侵夺废辽王府"攘以为第"说辨》，《长江大学学报（社会科学版）》2005 年第 1 期；2.《张居正"攘夺辽王府案"初始成因》，《长江大学学报（社会科学版）》2019 年第 1 期。

> "迨崇祯末季，流寇猖狂，摧残藩国，如园丁竖子除蔓斩藤；诸王播迁，帝闰霸越，如浪蝶流萤依草附木。疾风暴雨，尽归乌有。则是靖难以前，鉴边陲之弱用以备边者，乃适以自害；靖难以后，鉴宗室之横用以长世者，至不能自存"[1]。

——（明）张岱《石匮书》卷十八

藩禁导致的宗藩问题，引发财政与社会双重危机。嘉靖至万历年间，朝廷实行改革，尝试开放藩禁，但积重难返[2]。明末农民起义风起云涌，宗室或望风而逃，或坐以待毙，已不复藩屏之势[3]。

◎ "符乾关"石碑（拓片）

外径：长 1.725、宽 0.85 米
内径：长 1.53、宽 0.69 米
黄冈市蕲春县蕲州镇菩提村张氏宗祠
蕲春县博物馆藏

符乾关位于蕲州东长街瓦屑坝。崇祯十六年（1643 年）正月，张献忠部队从广济（今武穴）雪夜奔袭攻破蕲州城。

李时珍之孙、荆藩都梁郡王府仪宾李树初带头组织人员加固符乾关。破城后，张献忠部队火烧荆王府，屠戮宗室，荆国由此灭亡，幸存的荆藩成员四散逃命[4]。

① （明）张岱著，栾保群校点：《石匮书》卷第十八《同姓诸王世表·叙》，故宫出版社，2017 年，第 399 页。
② 明中后期，朝廷先后制订嘉靖《宗藩条例》与万历《宗藩要例》，并允许将军以下的宗室出仕，但未能从根本上解决问题。参见：1. 雷炳炎、林晓玲：《试论明代中后期的宗藩问题与宗藩改革》，《南华大学学报（社会科学版）》2011 年第 3 期，第 55~58 页；2. 袁斌：《略论嘉隆万时期对宗室政策的若干调整》，《黑龙江史志》2009 年第 22 期，第 53~54 页。
③ 顾锦春、叶剑飞：《略论明室宗藩在明末农民大起义中的表现》，《牡丹江师范学院学报（哲社版）》2006 年第 5 期，第 66~67 页。
④ 蕲春县文物局、蕲春县博物馆：《湖北蕲春荆王府》，湖北科学技术出版社，2014 年，第 156~157、172 页。

结语

　　明人戚元佐曾言："宗室之患，惟在崇之太尊、防之太密"[1]。皇帝对藩王这种看似矛盾的态度，或许是造成明朝宗藩问题的根源。

　　"藩屏"赋予藩王尊荣与威仪，而"藩禁"又剥夺藩王权力。宗藩的浮沉与宗室政策休戚相关，他们既是地方社会的独特景观，也是大明帝国兴衰史的缩影。

---

① （明）陈子龙等：《明经世文编》卷三八八《戚仪部奏疏》，中华书局，1962年，第4200页。

气度·风尚

湖北明代宗藩的生活与艺术

引言

　　在宗法森严的明代，藩王作为帝国藩屏，享有崇高的政治地位，仪仗仅次于皇帝，公侯见而下跪、无敢钧礼。然而，藩权与皇权的矛盾日益尖锐，朝廷转向实行以防范宗室为主的藩禁政策。诸王权力尽削、徒具威仪，住在"鎏金的宫殿牢笼"，过着荣华富贵与精神空虚并立的生活，寄情于吟诗作赋和琴棋书画，避免引起皇帝的警惕。

　　作为明代的藩封重地，湖北拥有丰富的藩府遗存。琳琅满目的金镶宝玉首饰、巧夺天工的金银器皿、纹样瑰丽的高档瓷器、造型奇特的文房珍玩，是藩王气度与风尚的最佳诠释。

第一单元

奢华之饰

　　富丽奢华，堪称明代饰品的一大特色。诸如捶揲、錾刻、累丝、嵌宝镶玉等精湛工艺，被匠人娴熟地运用在饰品创作中，其精美程度令人惊叹。丰富多样的首饰遗存，折射出明代宗室妇女在礼制规定与时尚标准的平衡中，追求精心打扮、盛装出行的巧妙心思。

金银器制作工艺发展至明代，已然相当完备。从藩王墓出土的金银器来看，有捶揲、焊接、錾刻、花丝、镶嵌、鎏金等多种工艺，精妙绝伦，凸显皇室品味。其中，花丝与镶嵌宝石属于明代常见的细金工艺，它们既是明代金银工艺的建树所在，也对后世金银器制作有很大影响。

　　在明代藩王墓中，时常发现于金质首饰上镶嵌红宝石、蓝宝石、祖母绿、猫眼石等名贵宝石作为点缀的现象[1]，彰显出墓主人的财力雄厚与等级之高。这些宝石虽然仅经过简单抛磨，大多没有优化处理，但呈色相当纯正，其产地可能为域外[2]。

　　明英宗天顺二年（1458 年），太监上奏："永乐、宣德间屡下西洋，收买黄金、珍珠、宝石诸物"[3]。史料表明，"下西洋"这一官方贸易行为，曾为朝廷带来诸多珍宝。明初藩王墓出土首饰所嵌宝石，或为宫廷赏赐的域外珍宝。

焊接、花丝
金凤簪（都昌王朱载塎墓出土）

錾刻
金凤纹帔坠（楚昭王朱桢妃子墓出土）

捶揲
金花形顶簪（郢靖王朱栋墓出土）

镶嵌
金镶宝花形簪（荆藩墓出土）

①　湖北省博物馆：《梁庄王珍藏——郑和时代的瑰宝》，文物出版社，2023 年，第 153~154 页。
②　杨明星等：《湖北钟祥明代梁庄王墓出土宝石的主要特征》，《宝石和宝石学杂志》2004 年第 3 期，第 22~24 页。
③　《明英宗实录》卷二百八十七，台北"中央研究院"历史语言研究所，1962 年，第 6155 页。

繁华到底

　　得益于宋元时期的金银首饰发展，明代首饰在式样类型和制作工艺上达到发展高峰。如《世事通考·首饰类》所列鬏髻、金丝鬏、挑心、掩鬓、压发、围发、耳坠、坠领、钮扣、网巾圈等名目，配饰繁缛而精致，从头冠点缀至裙下，可谓"繁华到底"，是明人审美意趣的体现。

凤冠霞帔

　　按明制，藩王妃有礼服、常服两套装束，在受册、助祭、朝会等盛大场合穿戴礼服，燕居则着常服。永乐三年（1405年）始，形成以珠翟凤冠和大衫霞帔为主的宗室妇女礼服，通常由皂縠冠、博山形翠饰、珠翟、一对金凤簪或金翟簪、金固冠簪以及大衫、霞帔、帔坠等组成，造型隆重庄严，成为身份等级的象征。然而，到了明中后期，僭越礼制的情况时有发生[①]。

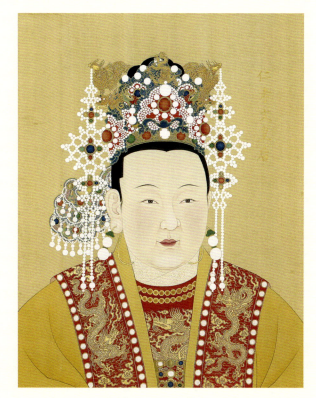

明成祖仁孝文皇后画像（局部）
明（1368～1644年）
台北故宫博物院藏

[资料来源：扬之水《奢华之色——宋元明金银器研究（增订本）》第二卷明代金银首饰，中华书局，2015年，第29页]

① 浙江省博物馆：《金玉默守：湖北蕲春明荆藩王墓珍宝》，中国书店，2016年，第23～24页。

◎ 金镶宝钿花鸾凤冠

明（1368 ～ 1644 年）
高 7.5、底径 9.9 厘米，重 184.75 克
黄冈市蕲春县蕲州镇荆端王朱厚烇次妃刘氏墓出土
湖北省博物馆藏

　　所谓"凤冠"，多指这类装饰华丽之特髻。明代凤冠等级最高者为金镶宝珠点翠龙凤冠，属于皇后礼冠[1]。此冠工艺精良，在金丝攒尖式圆框上装饰金镶宝凤凰和花钿，从级别看应为亲王妃所用[2]，符合墓主身份。

---

① 扬之水：《奢华之色——宋元明金银器研究（增订本）》第二卷明代金银首饰，中华书局，2015 年，第 4 页。
② 浙江省博物馆：《金玉默守：湖北蕲春明荆藩王墓珍宝》，中国书店，2016 年，第 60 页。

◎ 金累丝凤簪（一对）

明（1368～1644年）
长25、宽7.1、厚1.5厘米，重146.9克
黄冈市蕲春县蕲州镇都昌王朱载塎墓出土
蕲春县博物馆藏

作为藩王妃礼冠上的必备之物，金凤簪大多制成扬尾振翅、足踏祥云的凤凰造型。此簪凤首由金片扣合而成，凤身、翅膀和尾羽则使用累丝工艺，各部位攒焊成型[1]。这种簪子插在凤冠两侧，通常有"珠结"高悬凤口[2]，气韵婉然。

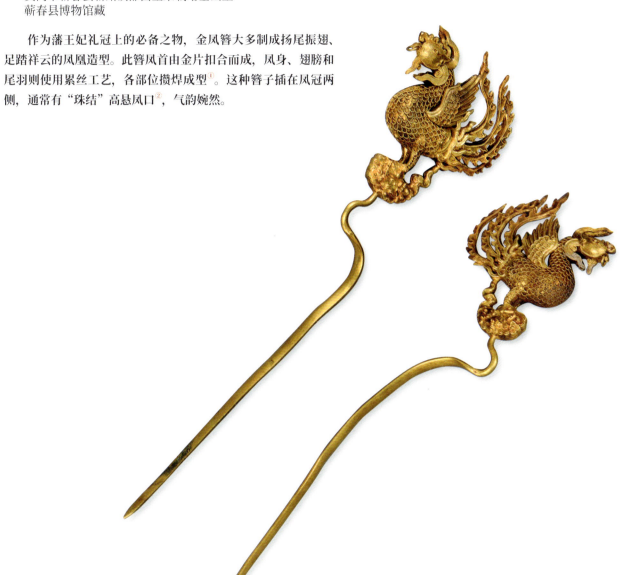

① 扬之水：《奢华之色——宋元明金银器研究（增订本）》第二卷明代金银首饰，中华书局，2015年，第8页。
② 扬之水：《奢华之色——宋元明金银器研究（增订本）》第二卷明代金银首饰，中华书局，2015年，第9页。

明（1368～1644 年）
长 12.5、宽 7、高 9 厘米，重 94.6 克
黄冈市蕲春县蕲州镇都昌王朱载塎墓出土
蕲春县博物馆藏

　　凤首、凤身和双翅均由金片打造焊接而成，颈、腹部作镂空处理。翅羽与凤尾之间制成莲花瓣基座，镶嵌一颗硕大高耸的蓝宝石，堪称点睛之笔。凤足焊接镂空花托，托上排布嵌宝花朵。凤鸟振翅飞翔，似从花丛中掠过。

◎ 金镶宝花鸟树簪（一对）

明（1368～1644 年）
长 11.5、宽 5.5 厘米，重 35.5 克
黄冈市蕲春县彭思镇都昌惠靖王朱祁鑑妃袁氏墓出土
蕲春县博物馆藏

　　这对金簪出土时插于冠顶左右孔洞，用线串联固定。每簪装饰七朵花卉，以金丝弹簧连接簪杆，金片制成叶片及花瓣形状，红蓝宝石作为花蕊，顶上再立一只双尾凤，形象写实生动。步行时，簪杆轻轻摇动，花叶便会乱颤作响。

◎ 嵌宝金梅花脚簪（一对）

明（1368～1644年）
长11厘米，共重16克
黄冈市蕲春县蕲州镇都昌王朱载塎墓出土
蕲春县博物馆藏

这类小簪常制成蘑菇头状或镶宝簪顶，簪顶与簪脚之间作累珠样细颈，时称"一点油"，簪脚多为锥形，一般用于挽发、固冠或装饰。

◎ 金镶宝梅花耳环

明（1368～1644年）
长5.3厘米，重13克
黄冈市蕲春县蕲州镇姚家湾明代荆藩墓出土
蕲春县博物馆藏

《大明会典》所载"亲王妃冠服"，包含"梅花环、四珠环各一双"，将梅花环纳入礼制。耳环立体透空，底部宛如一朵盛开的梅花，花瓣制成镂空钱纹，瓣上伸出小金丝与金片相连。微卷的金片镶嵌红色宝石，恰似白梅红萼，萼上有花托与修长的环脚相连，颇为秀气。

△底部

明（1368～1644年）
通高 10、最宽处 6、柄长 12 厘米，重 50 克
武汉市江夏区龙泉山楚昭王朱桢妃墓出土
武汉市江夏区博物馆藏

　　帔坠钩在霞帔底端，用作压脚，在藩王妃墓多有发现。凤簪、帔坠均为礼服配饰，通常由宫廷统一制作，以备册封、婚庆、赏赐等需求。此帔坠由两面心形镂空金片扣合而成，正中镂雕一只展翅欲飞的凤凰，边缘饰云纹，顶部焊接小环，与凤首金柄套连，以便携带。整个器物造型优美，镂雕工艺极为精湛。

金银头面

> 所谓"头面"，特指插戴在鬏髻的各式簪钗，质地以金银为主，是明代女子常服妆具的必备组合。从明墓材料看，一副头面通常包括一支挑心、一枚分心、一对鬏钗以及三对小插、啄针之类的"俏簪"。装饰更华丽者，添加一对掩鬓，若干对俏簪，或花钿、顶簪、后分心等，增至二十余件[1]。与凤冠霞帔依礼而设不同，头面可任选题材、唯美是务。

△正面

鬏髻头面的插戴
明（1368～1644年）
江苏省常州市武进区王洛家族墓王昶妻徐氏棺出土

[资料来源：扬之水《奢华之色——宋元明金银器研究（增订本）》第二卷明代金银首饰，中华书局，2015年，第45页]

△背面

△珠子箍

① 扬之水：《奢华之色——宋元明金银器研究（增订本）》第二卷明代金银首饰，中华书局，2015年，第2~3页。

顶簪

自上而下插戴于鬏髻顶端，通常为立体花卉的造型。

倪仁吉 《吴氏先祖容像》（局部）
明（1368～1644年）
义乌博物馆藏

[资料来源：浙江省博物馆《金玉默守：湖北蕲春明荆藩王墓珍宝》，中国书店，2016年，第72页]

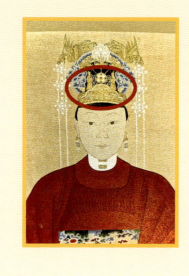

挑心与分心

挑心和分心均属正面装饰。挑心插戴于鬏髻正面中间的位置，分心位于挑心之下，通常为山字形。其纹样，常用象征富贵的花卉、象征吉祥的释道等题材。

明人喜容像（局部）
明（1368～1644年）
故宫博物院藏

[资料来源：扬之水《奢华之色——宋元明金银器研究（增订本）》第二卷明代金银首饰，中华书局，2015年，第29页]

掩鬓

掩鬓是穿戴于两鬓的簪钗，多制成云朵形和团花形，《三才图会》描绘了云朵形掩鬓的常见形制。

贾氏容像（局部）
明（1368～1644年）
故宫博物院藏

[资料来源：浙江省博物馆《金玉默守：湖北蕲春明荆藩王墓珍宝》，中国书店，2016年，第100页]

花钿

花钿是装饰于髲髻底沿、细长如箍的一类饰品，《大明会典》载皇后常服"双凤翊龙冠……金宝钿花九，上饰珠九颗"。从出土文物看，明代花钿的佩戴有系带式、簪脚式，或者两种方式并用。装饰题材上，花卉与释道仍是常见纹样。

明人容像图（局部）
明（1368 ～ 1644 年）
故宫博物院藏

[资料来源：浙江省博物馆《金玉默守：湖北蕲春明荆藩王墓珍宝》，中国书店，2016 年，第 105 页]

鬓钗

《三才图会》"内外命冠服"所绘"钗"为一支由各类花朵堆簇而成的簪，《客座赘语》则解释为"金玉珠石为华爵，长而列于鬓傍曰'钗'。"盛装之下的鬓钗，常以成对的方式倒插于额角。但在常服装扮时，也可单独一支高插于云髻。

明人容像图（局部）
明（1368 ～ 1644 年）
故宫博物院藏

[资料来源：浙江省博物馆《金玉默守：湖北蕲春明荆藩王墓珍宝》，中国书店，2016 年，第 113 页]

花头簪

花头簪在宋元时即已流行，明代亦普遍使用。簪顶饰作梅、菊、莲、牡丹等花形，与尖锥形簪脚垂直相连，簪脚多为银制。"金头银簪子""金裹头簪子"即指此类。

钱毂 《董姬像》（局部）
明（1368 ～ 1644 年）
故宫博物院藏

[资料来源：浙江省博物馆《金玉默守：湖北蕲春明荆藩王墓珍宝》，中国书店，2016 年，第 123 页]

◎ 金镶宝花形顶簪

明（1368～1644 年）
花径 6.5 厘米，重 38 克
黄冈市蕲春县蕲州镇姚家湾明代荆藩墓出土
蕲春县博物馆藏

此顶簪层次分明，结构立体。最上层是一朵镶嵌红色大宝石的重瓣菊花，中间一层以八朵嵌宝和珍珠的小花衬托，底下一层则为八朵嵌宝单瓣菊花。花托背面刻饰如意云纹，中间固定方形卡槽，以便插入簪脚。

◎ 金镶宝蜂蝶赶菊挑心

明（1368～1644 年）
高 11.2、宽 8.3 厘米，重 98 克
黄冈市蕲春县蕲州镇姚家湾明代荆藩墓出土
蕲春县博物馆藏

挑心属于头面要件，因自下面上用挑的方式插戴于鬏髻正面中心而得名。此件挑心采用蜂蝶赶菊的题材。一朵镶嵌各色宝石的八瓣大菊花居中，两只蜜蜂攀附在花丛上、翅羽微振，与其间的几朵小菊花又巧妙组合成蝴蝶的样式，弯曲的金丝犹如触角，顶端珍珠轻轻摇颤，形神俱备。

◎ 金、银花形簪

明（1368～1644 年）
金簪：通长 14.9 厘米，重 70.14 克
银簪：通长 11.15 厘米，重 58.13 克
钟祥市九里回族乡郢靖王朱栋墓出土
钟祥市博物馆藏

　　簪首为盛开的牡丹花，花型较大，花蕊花冠俱备，由三层花瓣和一层叶托构成，依序叠次。瓣、叶均以捶揲法，将金片置于模具中反复捶打，压出纹路，再用祥丝工艺将花朵与簪尾缠缚固定。造型写实生动。簪柄短而扁平，应为直插式簪。

　　唐宋以来流行的簪花习俗到了明代虽已弱化，但在立春、科举及第、婚礼、出征、生活休闲等场合仍有簪花之举[1]。

①　赵连赏：《明代男子簪花习俗考》，《社会科学战线》2016 年第 9 期，第 128~132 页。

◎ 金镶宝龙凤分心

明（1368～1644 年）
长 14、宽 6 厘米，重 123.3 克
黄冈市蕲春县横车镇荆恭王朱翊钜及妃胡氏墓出土
湖北省古建筑保护中心（湖北明清古建筑博物馆）藏

　　这件分心簪首构图对称，纹样形态优美大方。以展翅翱翔的累丝金凤为中轴，依次排列飞龙与飞凤，形成龙凤穿梭花丛的情景。凤身与底沿又分布着花形金托，其间镶嵌珍珠和各色宝石，显得富丽堂皇。

　　荆恭王墓出土的首饰制作精良，以花卉、龙凤等象征富贵的题材为主，珍珠宝石星罗棋布，尽显皇室奢华之风。

◎ 金镶宝双凤穿花掩鬓

明（1368～1644 年）
长 20.5 厘米，重 58 克
黄冈市蕲春县蕲州镇都昌王朱载塎墓出土
湖北省博物馆藏

明人顾起元在《客座赘语》提及："掩鬓或作云形，或作团花形，插于两鬓"。此掩鬓工艺极为考究，簪首设计为云朵形，镂空的累丝花托上，以一朵重瓣嵌宝菊花为中心，环绕分布两只体态轻盈的凤鸟，周围则似花团锦簇。簪首背面有金焊槽，内插扁平簪脚。

◎ 金镶宝花钿

明（1368 ～ 1644 年）
长 13.8、宽 1.5 厘米，重 18 克
黄冈市蕲春县蕲州镇姚家湾明代荆藩墓出土
蕲春县博物馆藏

　　弯梁上焊接七朵嵌宝金花，牡丹居于中间，两边依次为芍药、菊花、桃花。金钿背面焊有两个扁平小管，原先应以银条贯连。

◎ 金镶宝花钿

明（1368 ～ 1644 年）
长 17.5、宽 2.8 厘米，重 29 克
黄冈市蕲春县蕲州镇永新安庄王朱厚熿墓出土
蕲春县博物馆藏

　　用金丝编织成花枝的形状，在枝条上焊接九朵金片打造的花卉，花蕊处镶嵌宝石，巧妙而精致。花钿背面焊接四个扁平卡槽，原先应贯穿有金条或银条，以便固定在鬏髻底沿。

◎ 珠子箍

明（1368 ～ 1644 年）
高 11.2、宽 40 厘米，重 100 克
黄冈市蕲春县蕲州镇九龙咀明墓出土
蕲春县博物馆藏

　　此即头箍，以布带系结于额，常与花钿搭配使用。在紫色布条上缝缀银珠子，形成三朵盛开的银花，又以金片和金珠塑成摩羯、凤鸟、祥云、牡丹等纹样，摩羯翱翔云间，头箍两端再缀上镂雕精致的花朵，金银相映交辉，纹饰对称和谐。《金瓶梅词话》中提到的"紫销金箍儿"，或指这类箍子。

佩戴珠子箍的明代妇人

[资料来源：浙江省博物馆《金玉默守：湖北蕲春明荆藩王墓珍宝》，中国书店，2016 年，第 112 页]

◎ 金镶宝花卉鬓钗（一对）

明（1368～1644 年）
长 20.6、宽 4 厘米，重 119 克
黄冈市蕲春县西河驿石粉厂樊山郡王府将军墓出土
蕲春县博物馆藏

　　扬之水考证，鬓钗造型是从元代流行的如意簪发展而来，
不过其将簪首顶端的"耳挖"渐变作图案的一部分乃至一朵
主花纹，装饰部位加宽，工艺亦更为繁复。这件簪首以金丝
制成卷草纹底托，五朵花卉依次排开，镶嵌各式宝石，再以
珍珠点缀。柄部扁平，与如意簪的形式较为接近。

◎ 金镶宝龙凤鬓钗（一对）

明（1368～1644 年）
长 20.2、宽 4、厚 4 厘米，重 138.6 克
黄冈市蕲春县横车镇荆恭王朱翊钜及妃胡氏墓出土
蕲春县博物馆藏

　　金丝缠绕而成的卷云纹底板上，一前一后分布着两只凤凰，
被两条四爪腾云金龙簇拥着，穿花而过，情景十分热闹。龙身、
流云、菊花等纹饰皆嵌入宝石，花丛中还伸出金丝卷成的弹簧枝
头，其上点缀珍珠，使整体造型华丽又不失灵动之感。

◎ 金镶宝龙首簪

明（1368～1644 年）
长 17.7、宽 2 厘米，重 37 克
黄冈市蕲春县蕲州镇姚家湾明代荆藩墓出土
蕲春县博物馆藏

龙首双目圆睁，口含珍珠，龙须飘逸灵动，形象写实而
富有气韵。龙首簪的形制及纹样借鉴自"教子升天"绦钩，
这种题材自宋元以来颇为流行，并为明代所沿用。此簪原应
使用该题材，但在构图上省略掉"教子"，仅保留龙首。

"教子升天"玉绦钩
元（1271～1368 年）
甘肃省定西市漳县徐家坪八号墓出土
甘肃省博物馆藏

[资料来源：扬之水《奢华之色——宋元明金
银器研究（增订本）》第二卷明代金银首饰，
中华书局，2015 年，第 51 页]

◎ 金镶宝龙首簪

明（1368～1644 年）
长 21、宽 1.5、高 3.3 厘米，重 58.6 克
黄冈市蕲春县蕲州镇都昌王朱载塎墓出土
蕲春县博物馆藏

簪首做成龙戏珠的造型，龙两角弯伏、双眼圆瞪、张口露
齿，飘逸的龙须承托摩尼宝珠，龙首镶嵌红蓝二色宝石，龙
身简化为扁平状簪脚。这种形制的簪子，与鬓钗较为接近。

◎ 银鎏金镶宝花头簪（一对）

明（1368～1644 年）
长 12.2、花径 3 厘米，重 53 克
黄冈市蕲春县蕲州镇姚家湾明代荆藩墓出土
蕲春县博物馆藏

　　这种嵌宝花头银脚簪，常插于䯼髻两侧孔洞以作固冠之用。《朱夫人像》所配头面装饰较为完整，其中可见一对花头簪在䯼髻两边插戴妥帖的情形。

佚名 《朱夫人像》
明（1368～1644 年）

[资料来源：扬之水《奢华之色——宋元明金银器研究（增订本）》第二卷明代金银首饰，中华书局，2015 年，第 47 页]

◎ 金镶宝牡丹花顶银脚簪（一对）

明（1368～1644 年）
长 10、花径 3.2 厘米，重 31 克
黄冈市蕲春县彭思镇都昌惠靖王朱祁鑑妃袁氏墓出土
蕲春县博物馆藏

　　簪首为牡丹花造型，以金片打造出大小不等的整圈花瓣，层层叠加而又层次分明，使牡丹呈现立体之感。中心镶嵌红色宝石，为花形增添几分雍容华贵。簪脚银质，犹如茎干一般支撑盛开的花朵。

◎ 金镶宝莲花簪（一对）

明（1368～1644 年）
长 13.3 厘米，共重 40.2 克
黄冈市蕲春县蕲州镇都昌王朱载塎墓出土
蕲春县博物馆藏

　　这对小簪首部制成重瓣莲花形，花芯镶嵌红色宝石，簪脚为往下收缩的六面柱体，首、脚之间则为累珠式的纤细茎干，烘托出莲花亭亭玉立之感。此类簪子出土数量较多，因其玲珑俏丽之美而成为明代女性首饰中的点睛之笔。

◎ 金蜻蜓、金蜜蜂

明（1368～1644 年）
均重 0.3 克
黄冈市蕲春县蕲州镇永新安庄王朱厚熿墓出土
蕲春县博物馆藏

　　此或为步摇配件。步摇是簪的一种，从两汉到宋元，步摇在演变过程中逐渐发展为固定样式，通常簪首制成一束伸展的花枝，然后以细小的螺旋金丝将花卉、蜂蝶、凤鸟等系缀于枝条。随步行而摇颤，是步摇的主要特征。

　　在明代，步摇一般不组织于一副头面之内，其插戴更为随意一些。

金累丝蝴蝶凤凰步摇
明（1368～1644 年）
浙江省临海市王士琦墓出土

[资料来源：扬之水《奢华之色——宋元明金银器研究（增订本）》第二卷明代金银首饰，中华书局，2015 年，第 61 页]

　　对于明人而言，除了盛装待人的凤冠霞帔、金银头面以外，如耳环、手镯、戒指、领扣、腰带、佩饰等其余部位的饰件亦至关重要，有时甚至成为点睛之笔。繁华到底、雍容华美，足见明人对于服饰装扮的重视。

◎ **金镶宝耳环（一对）**

明（1368～1644 年）
长 5.6、宽 6 厘米，重 61.1 克
黄冈市蕲春县横车镇荆恭王朱翊钜及妃胡氏墓出土
蕲春县博物馆藏

　　耳环上部分布着五只小凤鸟，它们做出俯冲翱翔的姿态，凤尾飞扬，凤身镶嵌绿松石。耳环下部则为牡丹花丛，花芯镶嵌红色宝石和珍珠，一片花团锦簇的情景。整个耳环构图饱满，华美而不失秀气。

◎ 金葫芦耳环（一对）

明（1368～1644 年）
高 4.7、长 6.2 厘米，共重 33.4 克
黄冈市蕲春县蕲州镇都昌王朱载塎墓出土
蕲春县博物馆藏

葫芦耳环承袭于元代，至明代成为广泛流行的一种耳环式样，如记录严嵩被抄家产的《天水冰山录》便有"金珠宝葫芦耳环""金光葫芦耳环""金摺丝葫芦耳环""金累丝葫芦耳环"等条目。

此环用金片攒聚成"摺丝"的效果，以金叶托底，顶部再披展四叶，并以环柄贯穿其中，葫芦之貌栩栩如生。

王孺人容像（局部）
明（1368～1644 年）
丹麦国家博物馆藏

[资料来源：浙江省博物馆《金玉默守：湖北蕲春明荆藩王墓珍宝》，中国书店，2016 年，第 146 页]

◎ 金镶宝龙首钏（一对）

明（1368～1644年）
均高1.3、直径7厘米，重65.4克
黄冈市蕲春县横车镇荆恭王朱翊钜及妃胡氏墓出土
湖北省古建筑保护中心（湖北明清古建筑博物馆）藏

《说文解字》："钏，臂环也"。钏的名称，可追溯到汉唐时期。镯是钏的俗称，在明代始见于官方典制，如《大明会典》所载亲王纳妃礼物，便列出"金钑花钏、金光素钏、金龙头连珠镯、金八宝镯"四种臂、腕饰。

此物头部錾刻成龙首，龙身内部錾刻鳞纹，表面镶嵌宝石，与《三才图会》绘制的"钏"形态相近。在明代，钏镯被用以区分等级：后妃燕居服所配钏镯，随用金、珠宝、翡翠；品官命妇常服所配钏镯，一品用金、五品用银镀金、六品及士庶妻皆用银。

金钑花钏

明（1368～1644年）
钟祥市长滩镇梁庄王朱瞻垍墓出土
湖北省博物馆藏

[资料来源：湖北省文物考古研究所、钟祥市博物馆《梁庄王墓》彩版一四一，文物出版社，2007年]

△龙首局部

◎ 金镶宝戒指

明（1368～1644 年）
环径 1.8 厘米，重 6 克
黄冈市蕲春县蕲州镇永新安庄王朱厚𤊟墓出土
蕲春县博物馆藏

　　佩戴指环的风气始于宋代，至明代其样式更为丰富。这对戒指环身制成马镫形，戒面中心塑出一朵梅花，花芯与花瓣均为小花托的形式。梅花两侧，再以两朵嵌宝小花衬托，富有层次感。

　　当宝石工艺与金银饰品结合起来后，镶嵌各色宝石的戒指便成为一种时尚，为贵族妇人的纤纤玉指增添流光溢彩。

◎ 金戒指（一对）

明（1368～1644 年）
环径 1.7 厘米，重 8 克
黄冈市蕲春县蕲州镇永新安庄王朱厚𤊟墓出土
蕲春县博物馆藏

　　戒身环形，戒面为一朵带六颗小金珠的六瓣花，花芯内镶嵌红色宝石。

◎ 金委角方形戒指（一对）

明（1368～1644 年）
直径 2 厘米，重 9.8 克
黄冈市蕲春县彭思镇都昌惠靖王朱祁鑑妃袁氏墓出土
蕲春县博物馆藏

　　戒指可开合，戒面设计为双层委角方形。虽素面无纹，其造型却颇具特色。

◎ 金镶宝蝶赶菊纽扣

明（1368 ～ 1644 年）
长 3.7、宽 1.7、厚 0.5 厘米，重 5.8 克
黄冈市蕲春县蕲州镇郜昌王朱载塨墓出土
蕲春县博物馆藏

明代盛行在女服领口装饰金属纽扣的风尚。其式样大体相同，纹饰却富于变化，蜂蝶赶菊、童子戏花、鱼游莲叶等均为流行纹样。更奢华者，则在扣上镶嵌各色宝石，成为领口一抹亮色。

此件纽扣以红色宝石作花蕊，双层菊瓣为扣，两侧各以一只金蝴蝶为襻，十分华丽。

◎ 金如意云纹钮扣

明（1368 ～ 1644 年）
长 3.2、宽 1.5 厘米，重 4 克
黄冈市蕲春县蕲州镇姚家湾明代荆藩墓出土
蕲春县博物馆藏

圆形纽扣，两侧配如意云纹襻，可能有吉祥寓意。

◎ 金镶宝扣形饰（3 件）

明（1368 ～ 1644 年）
通长 2.5 ～ 3.5 厘米，重 3.1 ～ 3.3 克
武汉市江夏区龙泉山楚王妃墓出土
武汉市江夏区博物馆藏

此三件金饰造型相似，所嵌宝石分别为红宝石、蓝宝石、绿松石。附带椭圆形金片，钻有小孔，起到固定作用。

◎ 金镶宝带銙

明（1368～1644年）
长11.3、宽3.7、厚1厘米，重54克
黄冈市蕲春县黄土岭村明代荆藩墓出土
蕲春县博物馆藏

带銙是革带的构件，明代一副完整的革带通常由二十方带銙组成，如叶梦珠《阅世编·卷八·冠服》所述："腰带用革为质，外裹青绫，上缀犀玉花青金银不等，正面方片一，两傍有小辅二条，左右又各列三圆片，此带之前面也。向后各有插尾，见于袖后，后面连缀七方片以足之"。

明代腰带构件示意图

[资料来源：宁波博物馆《金玉大明——郑和时代的瑰宝》，宁波博物馆，2018年，第34页]

◎ 金镶宝双龙戏珠纹带銙

明（1368～1644年）
长12、宽4.5厘米，重104.9克
黄冈市蕲春县横车镇荆恭王朱翊钜及妃胡氏墓出土
湖北省古建筑保护中心（湖北明清古建筑博物馆）藏

带銙底部由镂空花丝铺成，表面上下分布着腾飞的五爪金龙，金龙之间则是数朵嵌宝花卉，花瓣累丝而成。带銙背面，两端做出委角方形金框，框内各一"寿"字，边缘填入累丝卷草纹。镂雕、累丝、嵌宝等技艺在这件带銙上体现得淋漓尽致，彰显出墓主的贵族身份和财富实力。

◁正面

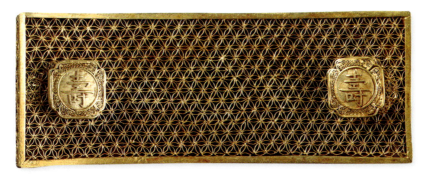

◁背面

◎ 金镶宝龙首绦钩

明（1368～1644 年）
长 15、宽 1.6 厘米，重 47 克
黄冈市蕲春县黄土岭村明代荆藩墓出土
蕲春县博物馆藏

　　明代男性燕居之时，常用绦来系束腰部。绦钩、绦环的作用都是连接绦带，其系结方式在《宪宗调禽图》中描绘得十分明晰。

　　此件绦钩做成龙回首的造型，龙的眼睛、耳朵、额头皆镶嵌宝石。钩身累丝而成，表面分布着五个金花托，侧面则錾刻出流畅的卷草纹，工艺精湛。

《宪宗调禽图轴》（局部）
明（1368～1644 年）
中国国家博物馆藏

［资料来源：中国国家博物馆官网］

△正面　　　　△侧面

◎ 金镶玉玎珰

明（1368～1644 年）
通长 28.7、通宽 6.5 厘米，重 91.5 克
黄冈市蕲春县横车镇荆恭王朱翊钜及妃胡氏墓出土
湖北省古建筑保护中心（湖北明清古建筑博物馆）藏

　　明代佩戴在裙裾上的装饰品，以"玉佩"和"玎珰"为主。帝王后妃礼服皆配玉佩，玎珰则列入皇后和皇太子妃常服中，虽然形制与玉佩相似，但礼制意义弱于玉佩，材质也比较丰富。

　　此玎珰顶端为椭圆形云题，一面镶嵌白玉牡丹花、另一面镂雕出金雀鸟与石榴。云题下接三根金链，金链中间缀金镶玉云板，一面镂雕白玉凤鸟、另一面雕饰成人物倚在松菊竹下的情景，云板上下均悬挂金镶白玉石榴。玎珰末端缀累丝金花瓶，瓶上再以金丝做出松竹梅等花叶，两侧则悬挂金镶白玉花篮。

◎ 金镶宝玎珰

明（1368～1644 年）
通长 37 厘米，重 76.74 克
黄冈市蕲春县蕲州镇荆端王朱厚烇次妃刘氏墓出土
湖北省博物馆藏

　　对于玎珰的形制，明人顾起元在《客座赘语》如此描述："以金、珠、玉杂治为百物形，上有山云题若花题，下长索贯诸器物，系而垂之，或在胸曰坠领，或系于裙之要曰七事"。可知，玎珰因佩戴位置的差异而有"坠领"和"七事"的不同称谓。

　　此玎珰顶端为金荷叶云题，下连三挂金链，中间一嵌宝菊花云板将三挂金链相连，金链上缀各项金事件儿：桃花、梅花、菊花、方胜、葫芦、石榴、瓜、桃、荔枝等，末端饰双鱼缀，生动趣致。

李孺人容像（局部）
明（1368～1644 年）
丹麦国家博物馆藏

　　从这一肖像中，能清晰看到玎珰作为"坠领"的佩戴方式。

[资料来源：扬之水《中国古代金银首饰》卷二，故宫出版社，2014 年，第 666 页]

各臻其妙

　　明代商业发达、百工争胜，作为上层贵族的藩王普遍生活优渥，他们不惜工本、务求新巧，饰物自是式样纷繁、工艺精湛。鬏髻的流行使簪钗尺寸不再受限，装饰手法与纹样可更为丰富。元代簪钗尚且只是缩微的花鸟和人物图像，明代饰品却可设计为袖珍的戏曲舞台。花鸟草虫、典故逸事等装饰题材尽显鬏间风情，寄寓了时人的美好愿景。

自然意趣

　　图必有意、意必吉祥。生机盎然的动植物不仅出现在明人画笔下，也因其象征祥瑞吉兆而成为饰品创作的常见题材。各色花卉争奇斗艳，龙凤等神话动物世俗化，来自域外的狮子、水中游鱼、飞舞的蜂蝶等等不一而足，活泼生动、富有趣味，展现出明代饰品设计之巧妙与精美。

金镶宝白玉镂空龙穿牡丹帽顶
　　明（1368～1644年）
　　湖北省钟祥市长滩镇梁庄王朱瞻垍墓出土
　　湖北省博物馆藏

云形金累丝镶宝石青玉鸾鸟牡丹簪
　　明（1368～1644年）
　　湖北省钟祥市长滩镇梁庄王朱瞻垍墓出土
　　湖北省博物馆藏

◎ "教子升天"白玉绦钩

明（1368～1644 年）
高 3、长 11.1、宽 2.5 厘米
黄冈市蕲春县蕲州镇永新安庄王朱厚熿墓出土
蕲春县博物馆

钩头雕成回盼的龙首，钩身托起一条跃跃将升的小螭龙，取意"教子升天"。

《韵行斋笔谈》载，宋代宣和御府所藏一玉杯"杯口耸出螭头，小螭垂云而起，夭矫如生，名教子升天"[1]。明代《长物志》亦记镇纸："玉者……子母螭诸式，最古雅"[2]。

◎ 金镶宝龙首簪

明（1368～1644 年）
长 17.7、宽 1.25 厘米，重 28 克
黄冈市蕲春县蕲州镇永新安庄王朱厚熿墓出土
蕲春县博物馆藏

簪首为龙戏珠的造型，龙眼、额顶及宝珠处原应镶嵌宝石，皆佚。龙首两侧的金丝须髯，颇具飘逸之感，龙身延伸为簪插，构思精巧。龙凤等象征权威与神圣的祥瑞神兽，在明代被广泛运用于高档的饰品、玉器、陶瓷等精美器物的制作中。

① （明）姜绍书：《韵石斋笔谈》卷上·宣和玉杯记，国家图书馆藏清初刻本。
② （明）文震亨撰，李瑞豪译注：《长物志》，中华书局，2021 年，第 270 页。

◎ 金镶宝凤钗（一对）

明（1368～1644年）
长14厘米，共重44.2克
黄冈市蕲春县蕲州镇都昌王朱载塎墓出土
蕲春县博物馆藏

　　钗首凤鸟口衔圆环，双翅平展，凤尾高扬，足踏如意形祥云，造型灵动。凤身镂空，凤背及翅膀、尾部均镶嵌宝石。金镶宝凤簪被纳入明代礼制典章，是贵族女性身份等级的象征。

唐寅　《折桂图》（局部）
明（1368～1644年）
美国大都会艺术博物馆藏

[资料来源：王苗《珠光翠影：中国首饰史话》，金城出版社，2017年，第489页]

◎ 白玉凤衔牡丹配饰

明（1368～1644 年）
长 7.1、宽 4 厘米，重 19 克
黄冈市蕲春县横车镇荆恭王朱翊钜及妃胡氏墓出土
蕲春县博物馆藏

　　白玉质，受沁而呈土黄色，双面透雕。凤鸟口衔牡丹花枝，舒展双翅，凤尾轻扬，体态轻盈。羽翅刻画逼真，线条流畅生动，显示出制作者的高超技艺。

◎ 白玉鱼形饰件

明（1368～1644 年）
长 5、宽 3.6 厘米，重 19 克
黄冈市蕲春县横车镇荆恭王朱翊钜及妃胡氏墓出土
蕲春县博物馆藏

　　白玉质，有沁斑，双面雕琢。鱼尾巴上扬，犹如畅游于水中，形态憨肥可爱。

鱼藻盘（局部）
明·正德（1506～1521 年）
台北故宫博物院藏

[资料来源：台北故宫博物院官网]

206

◎ **青玉双鹿衔草饰件**

明（1368～1644 年）

高 6.1、宽 5.2、厚 1.1 厘米，重 54 克

黄冈市蕲春县横车镇荆恭王朱翊钜及妃胡氏墓出土

湖北省古建筑保护中心（湖北明清古建筑博物馆）藏

青玉质，微沁，双面透雕。母鹿口衔仙草、深情凝望，幼鹿则回首顾盼。

◎ **金蟾蜍戒指（一对）**

明（1368～1644 年）

直径 1.6 厘米，共重 9 克

黄冈市蕲春县彭思镇都昌惠靖王朱祁鑑妃袁氏墓出土

蕲春县博物馆藏

戒面设计为旋转花瓣的样式，中心探出一只可灵活晃动的蟾蜍，构思独特。

牟义 **《虎耳草青蛙册页》**（局部）

明（1368～1644 年）

台北故宫博物院藏

[资料来源：邱士华、杨若苓、吴诵芬《草虫捉迷藏》，台北故宫博物院，2022 年]

◎ 金镶宝双狮戏球纽扣

明（1368～1644 年）
长 4.2、宽 1.9、厚 0.5 厘米，重 6.7 克
黄冈市蕲春县横车镇荆恭王朱翊钜及妃胡氏墓出土
蕲春县博物馆藏

　　两侧金狮为襻，狮子翘尾奔跑，四爪戏弄金球，生动传神。明朝国力强盛时，中西交通往来频繁，西域各国将狮子、鸵鸟等珍禽异兽进献给皇帝。作为远道而来的珍稀动物，狮子亦被视为神兽，有着特殊的祥瑞之意。

◎ 金镶宝仙鹤蜻蜓花卉顶簪

明（1368～1644 年）
高 3.5、直径 5.4 厘米，重 41 克
黄冈市蕲春县蕲州镇永新安庄王朱厚熿墓出土
蕲春县博物馆藏

　　簪首中间一朵莲花，莲瓣重叠包围一只小金碗。周围簇拥着各式花卉，簪底亦制成花形托板。
　　花团中伸出两枝由金丝卷绕而成的弹簧，一枝头饰仙鹤、一枝头饰振翅蜻蜓，可随佩戴者的行止轻轻摇颤。

商祚 《秋葵图》（局部）
明（1368～1644 年）
台北故宫博物院藏

[资料来源：邱士华、杨若苓、吴诵芬《草虫捉迷藏》，台北故宫博物院，2022 年]

◎ 金莲花簪

明（1368～1644 年）
长 12.6 厘米，重 12 克
黄冈市蕲春县蕲州镇永新安庄王朱厚熿墓出土
蕲春县博物馆藏

簪首为一朵微开的重瓣莲花，花芯原应镶嵌宝石，瓣尖微微向外翻卷，簪首与簪脚以累珠式细颈相连，整体栩栩如生，玲珑精致。

陈洪绶 《荷花鸳鸯图》（局部）
明（1368～1644 年）
故宫博物院藏

[资料来源：故宫博物院官网]

◎ 金莲蓬

明（1368～1644 年）
直径 2.3 厘米，重 1 克
黄冈市蕲春县蕲州镇永新安庄王朱厚熿墓出土
蕲春县博物馆藏

此件应为首饰的一部分，做成莲蓬的造型，形态颇具妙趣，反映出明代金饰制作中象生技艺的风行。

◎ 金镶宝蜂蝶赶菊挑心

明（1368～1644 年）
高 11.5、宽 8 厘米，重 113.2 克
黄冈市蕲春县横车镇荆恭王朱翊钜及妃胡氏墓出土
湖北省古建筑保护中心（湖北明清古建筑博物馆）藏

　　挑心由镶嵌各色宝石的菊花堆叠而成，伸出的金丝弹簧花枝与花朵构成蝴蝶的轮廓。花团锦簇，金片打造的成对蜜蜂、蚱蜢、螳螂攀附其间，姿态惟妙惟肖。

藩屏天下：湖北明代宗藩文物特展

◎ 金镶宝蝶赶花纽扣（一对）

明（1368～1644 年）
长 5、宽 2.2 厘米，共重 50.8 克
黄冈市蕲春县蕲州镇都昌王朱载塔墓出土
蕲春县博物馆藏

纽扣两侧各有一只展翅蝴蝶簇拥花卉，造型饱满生动。

在目前出土的明代对扣中，花卉与草虫往往组合出现，一般花卉居中作组，两侧草虫为襻，如蜂赶花、蝶赶花等，尤以花、蝶较为常见，表达了明人对浪漫爱情与美好生活的追求。

◎ 金镶宝蝶赶花纽扣

明（1368～1644 年）
长 3.8、宽 1.9 厘米，重 6 克
黄冈市蕲春县蕲州镇永新安庄王朱厚熿墓出土
蕲春县博物馆藏

红色宝石为扣，花瓣为组，两侧一对蝴蝶作襻，蝶翼舒展。

蝶赶花题材较为经典，不仅被娴熟的画师细细描绘于作品中，也成为匠人设计饰品的灵感来源。

马守真 《花蝶图扇》（局部）
明（1368～1644 年）
台北故宫博物院藏

［资料来源：邱士华、杨若苓、吴诵芬《草虫捉迷藏》，台北故宫博物院，2022 年］

◎ 金镶宝蝶赶花鬓钗

明（1368～1644年）
长16.3、花卉宽2厘米，重45克
黄冈市蕲春县蕲州镇姚家湾明代荆藩墓出土
蕲春县博物馆藏

　　簪首依次为梅花、牡丹、菊花，一旁为触角卷曲的蝴蝶。
　　明人张谦德在《瓶花谱》中编排群花等级，牡丹、梅花皆被列入一品[1]。菊花亦为时人所推崇，如陈淏《花镜》载："菊有五美：圆花高悬，准天极也；纯黄不杂，后土色也；早植晚发，君子德也；冒霜吐颖，象贞质也；杯中体轻，神仙食也"[2]。

△正面

△侧面

◎ 金蜜蜂赶花鬓钗

明（1368～1644年）
长16.5、宽1.4厘米，重19克
黄冈市蕲春县黄土岭村明代荆藩墓出土
蕲春县博物馆藏

　　簪首并排四朵盛开的花朵，收束处饰一只精巧的蜜蜂。这类装饰题材及构图的簪钗在明代比较流行。

① （明）张谦德、（明）袁宏道著，张文浩、孙华娟编著：《瓶花谱 瓶史》，中华书局，2012年，第53页。
② （清）陈淏：《花镜》，浙江人民美术出版社，2015年，第254页。

◎ 金牡丹花头银脚簪（一对）

明（1368～1644 年）
长 10、直径 3.2 厘米，共重 31 克
黄冈市蕲春县彭思镇都昌惠靖王朱祁鑑妃袁氏墓出土
蕲春县博物馆藏

簪首为盛开的牡丹，呈现繁密立体之感。明人文震亨《长物志》载，牡丹为"花王"，属"花中贵裔"[1]。

明代藩王安享尊荣，牡丹亦见于府邸园林。张瀚《松窗梦语》便记述了他在秦王府所见"后园植牡丹数亩，红紫粉白，国色相间，天香袭人"。

唐寅 《仕女图》（局部）
明（1368～1644 年）
台北故宫博物院藏

[资料来源：林莉娜《百卉清供：瓶花与盆景画特展》，台北故宫博物院，2019 年，第 125～126 页]

◎ 金花头簪（一对）

明（1368～1644 年）
长 13、直径 3 厘米，共重 45.4 克
黄冈市蕲春县蕲州镇都昌王朱载塎墓出土
蕲春县博物馆藏

花形簪首由双层微微下覆的花瓣构成，花瓣上錾刻纹饰。

◎ 金镶宝菊花簪（一对）

明（1368～1644 年）
长 11、花径 3.2 厘米，共重 61.7 克
黄冈市蕲春县蕲州镇都昌王朱载塎墓出土
蕲春县博物馆藏

簪首菊花造型，中心分别镶嵌红、蓝二色宝石。

① （明）文震亨：《长物志》，中华书局，2021 年，第 44 页。

◎ 金累丝镶玉蝶赶梅耳坠（一对）

明（1368～1644年）
长7、宽1.5厘米，共重14.1克
黄冈市蕲春县彭思镇都昌惠靖王朱祁鑑妃袁氏墓出土
蕲春县博物馆藏

耳坠下部主体为蝶赶梅形状的薄玉片，其前后为金累丝的梅花与蝶，侧面更有累丝金叶，延伸出金丝环绕玉片。耳坠上部为金累丝花叶伞盖，其下缘以金丝条做出披垂的沥水。

◎ 金镶宝螳螂捕蝉鬓钗（一对）

明（1368 ~ 1644 年）
长 14.5、宽 2、厚 2 厘米，共重 63.4 克
黄冈市蕲春县横车镇荆恭王朱翊钜及妃胡氏墓出土
蕲春县博物馆藏

　　簪首设计为螳螂在花丛中捕蝉的情景。憨肥的蝉在前端，细腰螳螂于其后。螳螂触须向前，两只前爪扣住蝉翅。二者周身及身下花丛镶嵌红、蓝宝石，螳螂腰部两侧各以金丝穿戴白珍珠。整体奢华富丽，又不失活泼意趣。

朱朗　《秋柳鸣蝉册页》（局部）
明（1368 ~ 1644 年）
台北故宫博物院藏

[资料来源：邱士华、杨若苓、吴诵芬《草虫捉迷藏》，台北故宫博物院，2022 年]

◎ 金菊花簪（一对）

明（1368 ～ 1644 年）
长 12.5、直径 1.2 厘米，共重 29 克
黄冈市蕲春县蕲州镇都昌王朱载塎墓出土
蕲春县博物馆藏

簪首为重瓣菊花，菊瓣下覆如小伞。簪首与簪脚之间，以累珠式细颈连接。整体造型十分写实。

沈周 《写生册》（局部）
明（1368 ～ 1644 年）
台北故宫博物院藏

［资料来源：台北故宫博物院官网］

◎ 灵芝形金簪

明（1368 ～ 1644 年）
长 14、宽 2.5 厘米，重 19 克
黄冈市蕲春县横车镇荆恭王朱翊钜及妃胡氏墓出土
蕲春县博物馆藏

在传统文化中，灵芝一直被视为瑞草，寓意事事如意遂心。除首饰外，明代家具、瓷器上亦可见灵芝纹样。

灵芝纹瓷盘
明·嘉靖（1522 ～ 1566 年）
故宫博物院藏

［资料来源：故宫博物院官网］

沈周 《芝兰玉树图》（局部）
明（1368 ～ 1644 年）
台北故宫博物院藏

［资料来源：台北故宫博物院官网］

　　商品经济的发达，推动佛、道世俗化，宗教元素与八仙、毛女等神仙故事融入寻常生活，成为人们祈福祝寿、消灾避祸的精神载体。戏曲盛行于明代皇室。"洪武初年，亲王之国，必以词曲一千七百本赐之"①，朱元璋赏赐剧本意在对藩王进行宣教和控制。其后藩禁趋严，藩王们隐于游艺，宁献王朱权、周宪王朱有燉即为剧作大家。典故逸事受到匠人关注而重现于饰品上，可谓异彩纷呈。

◎ 金镶宝三大士分心

明（1368～1644 年）
高 12、宽 14 厘米，重 136.6 克
黄冈市蕲春县蕲州镇都昌王朱载塨墓出土
蕲春县博物馆藏

　　三大士端坐在莲花宝座上，均头戴宝冠，耳珰低垂于肩，头光后是一片翠蓝与娇红宝石照眼的火焰身光。顶饰华盖，其上亦镶嵌各色宝石。分心背面，在镂空毬路纹底托上以金丝系结造像。

　　居中端坐者应为观音，左侧为普贤菩萨，右侧则为文殊菩萨。两侧祥云之上，一是合掌礼拜的善财，一是手捧宝珠盘的龙女。三大士为明代佛教造像的常见题材，北京法海寺明代壁画即有观音、文殊、普贤的组合。

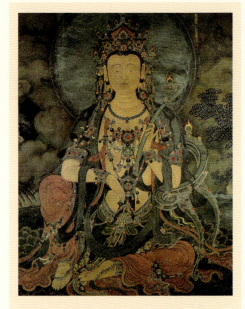

法海寺壁画上的文殊菩萨形象
明（1368～1644 年）

[资料来源：刘燕《法海寺壁画》，一画出版社，2008 年，第 18 页]

① （明）李开先著，路工辑校：《李开先集》，中华书局，1959 年，第 370 页。

◎ 金镶宝鱼篮观音挑心

明（1368～1644年）
通高16厘米，重39克
黄冈市蕲春县蕲州镇都昌王朱载塎墓出土
湖北省博物馆藏

　　挑心造型应为鱼篮观音与善财童子。观音面容慈祥，衣饰錾刻精细，衣纹褶皱生动。一手提裙裾，一手微垂提鱼篮，鱼篮已脱落。观音望向身旁的童子，童子欠身拱手。
　　释道题材的挑心中，观音形象比较常见，这与观音崇拜的世俗化不无关系。

银鎏金镶玉嵌宝鱼篮观音挑心
明（1368～1644年）
北京市昌平区明神宗朱翊钧定
陵出土

[资料来源：扬之水《中国古代金银首饰》卷二，故宫出版社，2014年，第503页]

◎ 金镶宝摩利支天挑心

明（1368～1644 年）
高 11.7、宽 8.8、厚 2 厘米，重 129.9 克
黄冈市蕲春县蕲州镇都昌王朱载塎墓出土
蕲春县博物馆藏

　　簪首为密教中的摩利支天像，三面八臂，八手分别持象征日月的红蓝宝石、弓、金刚铃、金刚橛、宝剑、箭、矛等物。其背负金刚圈，双腿盘坐于双层宝莲座上，所乘车舆为九猪驾驭，两侧是足踏祥云的护法，护法均一手持金刚轮、一手持宝剑。

　　摩利支天约于南北朝时期传入中土。至明代，摩利支天信仰因护国护法的政治色彩继续受到皇室推崇，在首饰上更多是取其消灾祈福的现实意义。

法海寺壁画上的摩利支天形象
明（1368～1644 年）

[资料来源：刘燕《法海寺壁画》，
一画出版社，2008 年]

◎ 金镶宝摩尼挑心

明（1368～1644 年）
长 8 厘米，重 32.75 克
黄冈市蕲春县蕲州镇荆端王朱厚烷次妃刘氏墓出土
湖北省博物馆藏

祥云上托光芒四射的摩尼宝珠，宝珠中间镶嵌红色宝石，下缘原有七颗珍珠，祥云镶嵌宝石大多已脱落。

佛教典籍描述摩尼宝珠"此宝光净，不为尘垢所染"[1]、"有此宝处必增威德"[2]。摩尼宝珠又名如意珠，在首饰上为消灾、吉祥的祥瑞之物。

◎ 金镶宝摩尼挑心

明（1368～1644 年）
高 7.5、宽 6 厘米，重 37 克
黄冈市蕲春县黄土岭村明代荆藩墓出土
蕲春县博物馆藏

挑心正中是一颗镶嵌红色宝石的摩尼宝珠，火焰边缘亦镶嵌多颗宝石，红蓝相间，光芒四射。明代《金瓶梅词话》第九十回提到"猫眼钗头火焰蜡"，应为一颗猫眼嵌作光焰中心的摩尼[3]。

明显陵摩尼宝珠形建筑装饰
（策展团队摄于 2023 年）

① （明）一如：《三藏法数》，浙江古籍出版社，1991 年。
② （唐）玄应：《一切经音义》，国家图书馆藏明洪武五年刻本。
③ 扬之水：《中国古代金银首饰》卷二，故宫出版社，2014 年，第 513 页。

藩屏天下：湖北明代宗藩文物特展

毛女

毛女是古代神话传说中的一位仙女，最早
见载于西汉《列仙传》。其本为秦始皇时宫女，
入山食以松叶，通体生毛。毛女题材可见于戏
曲、小说、绘画、工艺品。周宪王朱有燉《新
编瑶池会八仙庆寿》中描绘毛女，戏中唱到：
"采树叶身上穿，把药笼背后悬，将葛蔓腰间
缠。闲向山边，种得芝田，戏银蟾，携白鹿，
引玄猿，饥寻野果，渴引清泉"。

毛女图壁画
辽（916～1125 年）
山西省应县佛宫寺释迦塔出土

[资料来源：扬之水《终朝采蓝：古名物寻微》，生活·读
书·新知三联书店，2008 年，第 100 页]

◎ 金镶宝群仙庆寿钿

明（1368～1644年）
长 11 厘米，重 35.3 克
黄冈市蕲春县横车镇荆恭王朱翊钜及妃胡氏墓出土
湖北省古建筑保护中心（湖北明清古建筑博物馆）藏

　　细窄的金条做成一道弯梁，梁上焊连九只间隔排列的仙鹤。仙鹤口含灵芝或鱼，鹤翅上镶嵌珍珠或宝石，鹤背则以金丝绕成的弹簧缀连群仙。薄金片打造的仙人手执不同物件，极其精致。此类群仙祝寿的题材，吉祥寓意浓重。经扬之水辨认，荆恭王夫妇墓出土群仙庆寿钿中九位仙人分别为：刘海、韩湘子、蓝采和、铁拐李、张果老、汉钟离、徐神翁、吕洞宾、曹国舅。寿钿弯梁两侧各做出两个圆环，用来系结丝带。

汉钟离

铁拐李

吕洞宾

张果老

蓝采和

仙鹤

韩湘子

徐神翁

曹国舅

刘海

群仙庆寿

群仙庆寿是代表吉祥祝福的题材，通常由寿星及八仙组成。至明代，神仙传说中的人物几乎全部加入祝寿仙班，原本的故事色彩减弱。明杂剧《八仙庆寿》作者自引道："庆寿之词，于酒席中，令人多以神仙传奇为寿"[1]。庆寿剧的宫廷演出几乎贯穿整个明代，藩府与宫廷同风，祝寿必演剧[2]。

① 张正学：《中国杂剧艺术通论》，天津古籍出版社，2007年，第314页。
② 扬之水：《"繁华到底"——明藩王墓出土金银首饰丛考》，《中国国家博物馆馆刊》2016年第8期，第68~98页。

◎ 金镶宝毛女簪

明（1368～1644年）
长17、直径2厘米，重26克
黄冈市蕲春县蕲州镇都昌王朱载塎墓出土
蕲春县博物馆藏

簪脚与簪首以龙首相接，龙身隐于海浪中，其上连花球。六角台上擎一花叶伞，伞下为背负花篓的毛女，身着草叶，左手执葫芦，右手托明珠。

毛女最早见载于西汉《列仙传》："毛女者，字玉姜，在华阴山中。猎师世世见之，形体生毛，自言秦始皇宫人也。秦坏，流亡入山避难。遇道士谷春，教食松叶，遂不饥寒，身轻如飞，百七十余年。所止岩中有鼓琴声"。

◎ 金镶珍珠仙人乘鹤簪（一对）

明（1368～1644年）
通长 14.7、通宽 2 厘米，共重 25.7 克
黄冈市蕲春县横车镇荆恭王朱翊钜及妃胡氏墓出土
湖北省古建筑保护中心（湖北明清古建筑博物馆）藏

　　簪首上，栏杆回护的六角台中立一伞盖，伞盖下为骑鹤仙人。一仙人吹横笛，一仙人手持渔鼓。从乐器判断，两位仙人应为八仙中的韩湘子与张果老。伞盖及仙鹤下都以金丝弹簧相连接，行走间摇曳生辉。六角台下为花球与龙首。

气度·风尚
湖北明代宗藩的生活与艺术

227

◎"祥云托日"牌饰（2件）

明（1368～1644年）
左：高9.4、宽9.1厘米，重34.21克
右：高13.2、宽11厘米，重11.1克
钟祥市九里回族乡郢靖王朱栋墓出土
钟祥市博物馆藏

　　牌饰设计为祥云托日的形态，上方是冉冉升起的太阳，下方
则是缥缈升腾的如意祥云，实用功能不详。云托日月的纹样体现
了时人的道教信仰，用以表达对进入昆仑仙境的渴望[①]。

◎"祥云托日"牌饰（2件）

① 陈淑君：《"云托日、月"纹样的嬗变——从明代首饰中的"云托日、月"纹银饰谈起》，《美术大观》2021年第11期，第130～133页。

◎ 金镶宝石残簪首（一对）

明（1368～1644 年）
均长 4.85、宽 2.5 厘米，重 12 克
黄冈市蕲春县横车镇荆恭王朱翊钜及妃胡氏墓出土
蕲春县博物馆藏

簪首为祥云托日的造型，原应镶嵌宝石。

◎ 金戒指（3 枚）

明（1368～1644 年）
直径 2.2 厘米，共重 13 克
黄冈市蕲春县蕲州镇姚家湾明代荆藩墓出土
蕲春县博物馆藏

戒面分别阴刻楷书"福""寿""忍"三字。"福""寿"寓意福泽、长寿，"百忍"则为时人所欣赏的一种儒者风范[1]。
明代首饰上的文字常写作楷书或隶书，字形简洁大方，易于辨认与理解。

① 扬之水：《中国古代金银首饰》卷二，故宫出版社，2014 年，第 644 页。

◎ 金"四马投唐图"分心

明（1368～1644 年）
高 7、宽 14.5 厘米，重 36 克
黄冈市蕲春县黄土岭村明代荆藩墓出土
蕲春县博物馆藏

簪首上方一排城门楼阙，城门紧闭，门前一人双手捧笏。城下左右两路人马迎面走向城门：一侧两人身披盔甲，骑马缓行。身旁一步卒执幡旗，旗面錾出"四马投唐"字样。另一侧两人握缰骑马，旁有步卒执旌。

扬之水考证，此题材应取自元明杂剧《长安城四马投唐》，演隋末李密之事，"四马"指李密、王伯当、柳周臣、贾闰甫。此剧"排场热闹"，也有袒露忠诚之意，是藩王府经常上演的剧目[1]。

---

① 扬之水：《"繁华到底"——明藩王墓出土金银首饰丛考》，《中国国家博物馆馆刊》2016 年第 8 期，第 88 页。

明（1368～1644 年）
高 5、宽 6.1 厘米，共重 27 克
黄冈市蕲春县黄土岭村明代荆藩墓出土
蕲春县博物馆藏

　　一支掩鬓纹样为关羽秉烛读春秋。长须官人于案前翻阅书籍，书页上錾刻有"春""之"等字。案左立大刀，右侧置香烛，两侍者旁立。另一支上，头戴纱帽的官人端坐屋前，有侍者簇拥。屋檐旁为祥云托"日""月"。

　　杂剧《怒斩关平》中关羽唱道："这些时稳收着三停刀……我闲时节看一会春秋，讲一会左传，并无那半星儿牵挂。"[1]

①　扬之水：《"繁华到底"——明藩王墓出土金银首饰丛考》，《中国国家博物馆馆刊》2016 年第 8 期，第 89 页。

◎ 金镶宝戏曲故事图掩鬓（一对）

明（1368～1644 年）
高 4.5、宽 6 厘米，共重 27.8 克
黄冈市蕲春县蕲州镇姚家湾明代荆藩墓出土
蕲春县博物馆藏

　　一支掩鬓呈现楼阁前两女子坐在绣墩上。另一支上，一人坐弹琵琶。旁为祥云托"日""月"。

　　此题材应为"二乔读书"，可见于绘画与戏曲中。元末明初徐贲有诗《二乔观书图》："大乔娉婷小乔媚，秋波并蒂开芙蓉。身嫁英雄知大节，日把诗书自怡悦。"[1]明初大儒方孝孺《二乔观书》亦云："深闺睡起读兵书，窈窕丰姿若个谁？"[2]

◎ 金镶宝戏曲故事图掩鬓

明（1368～1644 年）
高 5.4、宽 6.8 厘米，重 44.2 克
黄冈市蕲春县蕲州镇姚家湾明代荆藩墓出土
蕲春县博物馆藏

　　原应是成对的两支，现仅存一支。簪首云朵形，楼阁下，居中一人骑马，前后六侍者相从，两人牵马，两人执长翣，两人乘灯笼。又以金丝做出两抱爪，分别镶嵌红、蓝色宝石。

①　（清）陈邦彦选编：《康熙御定历代题画诗》上卷，北京古籍出版社，1996 年，第 525 页。
②　（明）方孝孺：《方正学先生集》，中华书局，1985 年。

王者嘉器

第二单元

除精美奢华的金玉饰品外，膳羞筵宴、闺阁梳妆、书斋文房等不同场合中的器皿亦是明代藩府日常用物。器具的质地、造型与纹样，或强调王者威仪，或彰显嘉瑞祥福，是反映藩王物质生活与精神世界的重要物证。

目前湖北地区出土的明代藩府器皿以金银器与瓷器为大宗。其中，金银器多由藩府或宫廷内府制作，瓷器则不仅源于藩府自行定烧或购自民窑，更有出自宫廷定烧与赏赐，虽然质量参差，但大体具备官样特征，显示出宗室用器的追求。

金银制作

　　明代藩王所用金银器，除王府内部制作外，还出自皇宫内府。其中，银作局、内官监和御用监均属重要机构。

　　银作局设立于洪武年间[①]，《明史》载"银作局，掌印太监一员，管理、佥书、写字、监工无定员，掌打造金银器饰"[②]，内府金银器多由其所制。

　　内官监设立于洪武十七年（1384 年），制作婚礼器用与首饰，所制器物镌刻"内官监造"铭文。

　　御用监，又称御用局、御用司，设立于吴元年（1367 年），造办"御前所用围屏、床榻诸木器，及紫檀、象牙、乌木、螺甸诸玩器"[③]，虽未提及金银器，但有实物作证[④]。

錾云凤纹金尊
明·宣德九年（1434 年）
北京海淀区董四墓出土
首都博物馆藏

铭文：随驾银作局宣德九年九月内造八成五色金十五两重外焊五厘

[资料来源：《北京文物精粹大系》编委会、北京市文物局《北京文物精粹大系·金银器卷》，北京出版社，2004 年，第 78 页]

御药房金罐
明·万历（1573 ～ 1620 年）
北京市昌平区明神宗朱翊钧定陵出土
定陵博物馆藏

铭文：大明万历年御用监造八成五色金重二十二两四钱

[资料来源：中国社会科学院考古研究所、定陵博物馆、北京市文物工作队《定陵》彩版七四，文物出版社，1990 年]

金簪
明·永乐七年（1409 年）
安徽省歙县黄山仪表厂明墓出土
歙县博物馆藏

铭文：内官监造九成色金一对，一两重。

[资料来源：杨伯达《中国金银玻璃珐琅器全集 3·金银器（三）》图 190，河北美术出版社，2004 年]

[①] 《明太祖实录》《明史》记载银作局设立于洪武三十年（1397 年），《大明会典》载洪武二十六年（1393 年）已有银作局，银作局设置时间存在争议。
[②] （清）张廷玉：《明史》卷七十四《职官志三》，中华书局，1974 年。
[③] （清）张廷玉：《明史》卷七十四《职官志三》，中华书局，1974 年。
[④] 张燕芬：《明代内府金银器的制作机构与作品风貌》，《故宫博物院刊》2018 年第 3 期。

除首饰以外，明代金银器皿以筵席用器为主，酒器是其中最为引人注目的一类[①]，明代对酒器的使用有着严格的规定。

《十八学士图》（斟酒情景）
明（1368～1644 年）
台北故宫博物院藏

[资料来源：台北故宫博物院官网]

明代酒器使用规定（洪武二十六年制）[②]

身份等级	规定内容
公侯、一品和二品官员	酒注、酒盏金，余用银
三品至五品官员	酒注银，酒盏金
六品至九品官员	酒注、酒盏银，余皆瓷、漆。木器不许用朱红及抹金、描金、雕琢龙凤文
庶民	酒注锡，酒盏银，余用瓷、漆

① 扬之水：《明代金银酒器图说》，《收藏家》2009 年第 6 期。
② （清）张廷玉：《明史》卷六十八《舆服志四》，中华书局，1974 年。

◎ 金杏叶壶

明·嘉靖三十四年（1555 年）
高 32.5、宽 21、厚 10 厘米，重 717.6 克
黄冈市蕲春县横车镇荆恭王朱翊钜及妃胡氏墓出土
蕲春县博物馆藏

铭文：

嘉靖三十四年七月内造九成金壶一把、哲盃一个、菊花台盖一付，共重二十六两零二分整。

此壶盖钮为狮子戏球状，与壶錾以金链相连。錾两端与流下端均作龙首形，壶腹开光形如杏叶，外底刻铭。

杏叶壶为执壶形制之一，是明代常见的斟酒器。明定陵出土锡明器中有自名"锡杏叶茶壶"者，即在壶腹贴饰杏叶状图案。

嘉靖叁拾捌年朱元为造玖成
金壹本壹花管玉壹個菊花墊壹
壹付共重貳拾陸兩零貳分墊

◎ 银杏叶壶

明（1368～1644 年）
高 24.6、腹宽 10、底径 7 厘米，重 346 克
黄冈市蕲春县蕲州镇都昌王朱载塇墓出土
蕲春县博物馆藏

　　此壶盖作宝珠钮，与壶鋬以银链相连。鋬下端为如意形，壶腹作杏叶形开光。
　　《天水冰山录》载录明代权臣严嵩被抄没的家产中，即有"金素杏叶壶一十一把""金飞鱼杏叶壶二把""金麒麟杏叶壶二把"。飞鱼、麒麟为纹饰，杏叶则是其形制。

台盏是酒盏与酒台子的合称，属于酒器中的一种固定组合，二者纹样通常一致。酒台子便是承托酒盏之盘，不过盘心凸起形如倒扣的小盏充当承台，故得此名[1]。宋元时期，出现与台盏并行的盘盏，其盘称为承盘、杯盘。金银盘盏的盘较浅，大多在 3 厘米以下，中心没有隆起很高的圆台，通常是在盘心做出与盘口一致的装饰框以示置放酒盏的位置，盘与盏的装饰纹样相呼应[2]。

　　唐宋元时期流行的台盏，到了明代已近乎隐退，但名称依然存在。所称"盘盏""台盏"者，其实皆为盘盏。明代盘盏中的承盘，造型与元代相比变化不大，中心凸起的浅台多饰以莲瓣纹，盘内纹样则主要为吉祥图案[3]。

◎ 金盘盏

明·嘉靖十九年（1540 年）
杯：高 2.6、口径 5.5 厘米
托盘：高 1、直径 12 厘米
共重 105.2 克
黄冈市蕲春县蕲州镇都昌王朱载塎墓出土
蕲春县博物馆藏

铭文：

嘉靖十九年二月内造金台盏一副，共重二两八钱二分整。

　　杯口沿内饰一周海水纹，耳部作灵芝形。盘沿饰一圈三角形相连的几何纹，盘心作覆莲台座，底背口沿一侧刻铭。

　　此器自名"金台盏"，与《三才图会》中"盘盏"样式接近，实属同类。明代盘盏的承盘中心浅台一周常以莲瓣纹为饰，辅以其他吉祥图案[4]。

① 扬之水：《扬之水谈宋元金银酒器——（一）台盏》，《紫禁城》2009 年第 2 期。
② 扬之水：《宋元金银酒器中的盏盘散盏与屈卮》，《收藏家》2008 年第 2 期。
③ 扬之水：《明代金银酒器图说》，《收藏家》2009 年第 6 期。
④ 宁波博物馆：《金玉大明——郑和时代的瑰宝》，宁波博物馆，2018 年，第 57 页。

◎ 银锺

明（1368～1644年）
高 3.6、口径 6.2、底径 2.7 厘米，重 54 克
黄冈市蕲春县蕲州镇荆端王朱厚烃次妃刘氏墓出土
湖北省博物馆藏

铭文：

银锺一个，重一两四钱八分整。

此器自名"银锺"，口沿外撇，耳部作灵芝造型。外底刻铭。

明代的锺、盏类饮具，因形制相类，可作饮茶或饮酒之用，时人多以"锺""盏""杯""瓯"等名混称。

◎ 暗八仙纹银里木杯（4件）

明（1368～1644年）
高 3.1、口径 4.7、底径 2.8 厘米，单杯重 12 克
黄冈市蕲春县黄土岭村明代荆藩墓出土
蕲春县博物馆藏

木杯外壁刻暗八仙与寿字纹，内壁与内底包银。八仙纹饰寓意长寿、吉祥，以"八仙过海""八仙祝寿"的题材居多。

"八仙"题材自宋元以来便流行于民间，明代吴元泰《东游记》将八仙定为张果老、吕洞宾、韩湘子、何仙姑、铁拐李、汉钟离、曹国舅、蓝采和，后又出现以八仙所持法宝代表人物形象的"暗八仙"纹样[1]。

---

① 参见：1. 陈又林：《传统吉祥纹样"暗八仙"及其审美意蕴》，《民族艺术研究》2012 年第 2 期；2. 周晨：《文本与图像：陶瓷八仙纹饰流变研究》，景德镇陶瓷大学硕士学位论文，2021 年。

◎ 双龙纹银盘盏

明（1368～1644年）
杯：高3、口径6.9厘米，重194.4克
托盘：口径16厘米
黄冈市蕲春县蕲州镇都昌王朱载塎墓出土
蕲春县博物馆藏

　　杯口沿内饰一周卷草纹，内底珍珠地上刻"禄"字，耳錾为祥云造型。盘内饰高浮雕云龙纹，五爪双龙于云间首尾相向。盘心为覆莲台座造型，中心珍珠地上刻"福"字。福禄双全，佳意盎然。

梅瓶珍赏

今人习称小口长腹的"梅瓶"，宋人以其深细长腹的特点，称作"经瓶"或"长瓶"。明人多以之盛酒，惯称"酒尊""酒瓶"，晚明以来用于插花清供已成风尚，更具备赏赐、丧葬、祭祀等礼仪功能。今人多援引清末许之衡《饮流斋说瓷》所载"口径之小，仅与梅之瘦骨相称"而得名"梅瓶"的说法。

梅瓶用途多样，以盛贮酒水为主，亦可陈设于居室与庭院中作插花清供，更具备赏赐、丧葬、祭祀等场合中的礼仪功能。明代宫廷梅瓶多出土于南京、北京两京地区，以及各地藩王宗室和部分高级官员墓葬中，多属宫廷赐赏。

青花"萧何月下追韩信图"瓷瓶
元（1271～1368 年）
南京市江宁区明洪武二十五年（1392 年）
黔宁王沐英墓出土
南京市博物总馆藏

［资料来源：南京市博物总馆官网］

青花"四爱图"瓷瓶
元（1271～1368 年）
湖北省钟祥市九里回族乡明永乐十三年（1415 年）郢
靖王朱栋墓出土
湖北省博物馆藏

此瓶为元青花名品，腹部主体开光内，分别绘有"王羲之爱兰""周茂叔爱莲""陶渊明爱菊""林和靖爱梅、鹤"四幅人物故事场景，称为"四爱图"。

［资料来源：叶谦、赵纲、邵红《王者之器——明代藩王用瓷》，江西美术出版社，2023 年，第 335 页］

◎ 青花云龙纹瓷瓶

元（1271～1368 年）
高 35.4、口径 5.6、腹径 20.4、底径 11.2 厘米
钟祥市九里回族乡郢靖王朱栋墓出土
湖北省博物馆藏

　　此瓶肩部绘两层纹饰带：上层于覆莲花瓣内绘宝钱、火珠、法螺、珊瑚、法轮、双角等杂宝图案，下层为一周缠枝西番莲纹。腹部主体绘姿态威武的云龙纹，其下为卷草与开光式莲瓣纹。

　　除郢靖王墓出土有两件青花梅瓶以外，鲁荒王朱檀戈妃墓、黔宁王沐英墓等明代早期皇室或重臣墓中亦发现元代青花瓷器，足见明人对元青花的珍视。

青花云龙纹罐
元（1271～1368 年）
山东省邹城市明正统六年（1441 年）
鲁荒王朱檀戈妃墓出土
邹城博物馆藏

[资料来源：山东博物馆、山东省文物考古研究所《鲁荒王墓》图版二九二，文物出版社，2014 年]

藩屏天下：湖北明代宗藩文物特展

◎ 青花云凤纹瓷瓶

明（1368～1644 年）
高 33.9、口径 10.3、腹径 21.5、底径 15.2 厘米
黄冈市蕲春县株林镇三角山明代荆藩墓出土
蕲春县博物馆藏

　　此瓶纹样层次分明，颈部饰一周卷草纹，肩部饰一周缠枝花卉纹，腹部绘云凤纹，下饰江崖海水纹。

　　本品或与另一龙纹瓶成对随葬，惜已佚失。湖北省博物馆藏有明正统时期青花龙纹、凤纹瓶各一件，形制与本品相似，应同属藩王用瓷。

青花云龙纹、云凤纹瓷瓶
明·正统（1436～1449 年）
湖北省博物馆藏

[资料来源：叶谦、赵纲、邵红《王者之器——明代藩王用瓷》，江西美术出版社，2023 年，第 323、325 页]

◎ 青花缠枝花卉纹带盖瓷瓶

明（1368～1644 年）
通高 36.8、口径 5、底径 11.6 厘米
钟祥市长滩镇梁庄王朱瞻垍墓出土
湖北省博物馆藏

此瓶盖作宝珠纽，顶面与侧壁饰牡丹纹。瓶身主体饰缠枝花卉纹，肩部、腹下均为开光式莲瓣纹。

梁王墓出土梅瓶共四件，数量与明定陵相当。此瓶与另两件梅瓶并置于棺床后的壁龛中，另一瓶则置于前室，推测发挥着镇墓风水瓶的作用，寓意"前后清平"[1]。

梁庄王墓青花梅瓶出土情形

[资料来源：湖北省博物馆《梁庄王珍藏——郑和时代的瑰宝》，文物出版社，2023 年，第 87 页]

---

① 湖北省文物考古研究所、钟祥市博物馆：《梁庄王墓》，文物出版社，2007 年，第 217 页。

　　昔日藩府宴饮场景虽难再现，但我们仍可从表现皇帝生活的宫廷绘画中窥探一二。《宪宗行乐图》"投壶"片段中，宪宗身旁太监手捧酒注、劝盘、酒果侍奉。其后膳亭内膳食齐备，远处酒桌上屏风前的一罐二瓶置于瓶床上，前方为酒注、盘盏、壶瓶（玉壶春瓶）、盖碗。结合明代宫廷绘画及相关文献来看，膳亭器皿及御用茶酒器，以金器或贴金的瓷器为主。

《宪宗行乐图》（局部）
明（1368～1644 年）
故宫博物院藏

[资料来源：深圳博物馆《大明宫瓷——十五世纪的明代宫廷用瓷》，文物出版社，2022 年，第 91 页]

明代各地藩府内设典膳所掌管餐饮事宜，负责制作饮食器具，出土遗物多见其署款。

◀"典膳所用"紫地红绿彩龙纹盘
明·嘉靖（1522～1566年）
香港中文大学文物馆藏

"浦阳王府膳所公用"青花龙纹盘▶
明·万历（1573～1620年）
香港怀海堂藏

◀"益府典膳所"青花盘
明·万历（1573～1620年）
北京两庆书屋藏

[资料来源：叶谦、赵纲、邵红《王者之器——明代藩王用瓷》，江西美术出版社，2023年，第563、564、616页]

◎ 白釉暗刻云龙纹瓷盖罐

明（1368～1644 年）
通高 30.5、口径 12.3、底径 15 厘米
荆州市江陵县八岭山明代辽王妃墓出土
荆州博物馆藏

　　此罐主体暗刻云龙纹，胫部刻仰莲纹。龙纹锥刻细腻，躯体宽硕，龙爪有力。此类盖罐可作盛酒之用。从罐体造型、纹饰及锥刻工艺来看，其年代应属明代早期。

◎ 白釉暗刻云龙纹瓷盖罐

明（1368～1644 年）
通高 29、口径 11.5、底径 14.5 厘米
黄冈市蕲春县横车镇荆恭王朱翊钜及妃胡氏墓出土
蕲春县博物馆藏

　　此盖罐内外通体施白釉，腹部暗刻云龙纹，其下暗刻仰莲纹。据墓中出土地契碑记录，王妃胡氏薨于嘉靖四十三年（1564 年）[1]。

① 浙江省博物馆：《金玉默守：湖北蕲春明荆藩王墓珍宝》，中国书店，2016 年，第 33 页。

◎ 白釉暗刻花卉纹瓷罐

明·正统至天顺（1436～1464 年）
高 21、口径 10.5、底径 13 厘米
武汉市江夏区流芳街牌楼舒村采集
武汉市江夏区博物馆藏

◎ 青花牡丹纹瓷盖罐

明（1368～1644 年）
通高 21、口径 8.3、腹径 16 厘米
武汉市东湖高新经济技术开发区朱鲁湾村通城王朱英焌家族墓地出土
武汉市文物考古研究所藏

此罐施釉不及底，青花纹样颇为丰富。器盖饰蕉叶纹，颈部饰有一周回纹和组合云纹，腹部为卷枝牡丹纹，近底部饰蕉叶纹。

青花莲池鸳鸯纹瓷盖罐
明（1368～1644 年）
武汉市江夏区流芳街二妃山明代楚藩墓
出土
武汉博物馆藏

[资料来源：刘治云《武汉市江夏区馆藏文物精选图集》，武汉出版社，2017年，第 206 页]

气度·风尚 湖北明代宗藩的生活与艺术

◎ 青花花鸟纹瓷罐

明（1368～1644 年）
高 17.5、口径 9、底径 10 厘米
荆州市江陵县八岭山明代辽王墓出土
荆州博物馆藏

此罐釉色明亮，外壁以青花为饰，肩部饰云头纹，腹部描绘庭石花鸟，绘笔粗率简练，大花大叶的构图奔放有力。青花色调平淡，蓝而微灰，花鸟轮廓的勾线细锐挺劲，属万历时期民窑风格。

◎ 青花云龙纹瓷盘

明·正统（1436～1449 年）
高 3.4、口径 14、底径 8 厘米
武汉市江夏区流芳街二妃山采集
武汉市江夏区博物馆藏

△盘心

△盘侧

◎ 青花缠枝灵芝纹瓷盘

明·景泰（1450～1457 年）
高 3.3、口径 15.3、底径 8.5 厘米
武汉市江夏区流芳街二妃山采集
武汉市江夏区博物馆藏

◎ 青花花卉纹瓷高足碗

明·弘治（1488～1505 年）
高 9.8、口径 12.8、底径 4.2 厘米
武汉市江夏区流芳街二妃山明墓出土
武汉市江夏区博物馆藏

　　明人多称此类高足碗为"锺"。梁庄王墓出土一件青花云龙纹高足碗，配有金盖与银托，盖沿自铭"金锺盖"，其与该墓同出的一件鸡心扁壶搭配使用，分别对应文献所称"靶茶锺"与"茶瓶"，属于明代宫廷新兴的茶器组合。

金锺盖镀金银托青花龙纹瓷锺、金茶瓶
明（1368～1644 年）
湖北省钟祥市长滩镇梁庄王朱瞻垍墓出土
湖北省博物馆藏

[资料来源：湖北省文物考古研究所、钟祥市博物馆《梁庄王墓》彩版二一、八〇，文物出版社，2007 年]

◎ 白釉瓷高足碗

明·弘治（1488～1505 年）
高 11.2、口径 13.6、底径 3.8 厘米
武汉市江夏区流芳街二妃山明代楚藩墓出土
武汉市江夏区博物馆藏

　　此类高足碗亦称"靶茶锺"，本为深受藏传佛教影响的一类茶碗，元代已广为流行，在西藏地区常与僧帽壶这一藏式茶瓶配合使用。

蓝釉僧帽壶与高足碗
明·宣德（1426～1435 年）
江西省景德镇珠山御器厂遗址南麓西侧出土
景德镇御窑博物院藏

[资料来源：深圳博物馆《大明宫瓷——十五世纪的明代宫廷用瓷》，文物出版社，2022 年，第 48 页]

◎ 青花云龙纹瓷碗

明·天顺（1457～1464 年）
高 7.2、口径 16.4、足径 6.2 厘米
武汉市江夏区流芳街二妃山明成化七年（1471 年）镇国将军朱季塨墓出土
武汉博物馆藏

　　此器青花发色浓艳，碗内底绘一组云龙纹，外壁口沿下饰一周菱形锦地纹，腹部饰四组云龙纹，其下为海水波涛纹，外底署"天顺年置"款。

　　明代正统、景泰、天顺三朝，因以往长期未见署年号款的御窑瓷器而缺乏断代依据，被称为"空白期"或"黑暗期"。此碗的发现，对这一时期的陶瓷史研究具有相当重要的价值。

△底款

◎ 青花花卉纹瓷碗（2件）

明（1368～1644 年）
均高 6.5、口径 13.2、底径 4.5 厘米
黄冈市蕲春县蕲州镇永新安庄王朱厚熿墓出土
蕲春县博物馆藏

朱厚熿墓现存瓷器仅见这两件青花碗。二碗纹饰基本相同，口沿内侧饰圆钱、云气等纹样，内底饰宝相花，外壁腹部绘缠枝花卉作为主体纹饰。

◎ 绿釉白花云龙纹瓷碗

明（1368～1644 年）
高 6.6、口径 15.2、底径 5.6 厘米
武汉市江夏区流芳街二妃山采集
武汉市江夏区博物馆藏

此碗先施青白釉，再施绿釉，以留白的方式在外腹壁形成云龙图案，巧妙精致。

△碗侧龙纹

明（1368～1644 年）
高 6.2、口径 14.5、底径 5.4 厘米
黄冈市蕲春县西河驿石粉厂樊山郡王府将军墓出土
蕲春县博物馆藏

　　此碗器壁较薄，釉泽光亮。内底及外壁绘有青花云龙纹，外底署款"宣德年制"，应是后期伪托款。

◎ 青花云龙纹瓷碗

明（1368～1644 年）
口径 14、底径 5.7 厘米
黄冈市蕲春县蕲州镇黄土岭村尤树恼明墓出土
蕲春县博物馆藏

　　此碗外壁主体绘云龙纹，底款署"永保长春"四字。
　　除了纪年款、堂号款等，诸如"永保长春""长命富贵""万寿无疆""富贵佳器"等吉语款也是藩府瓷器底部常见的署款，以此寓意吉祥和对器物本身的赞美。

◎ 青花云龙纹瓷碗

明（1368～1644 年）
口径 14、底径 5 厘米
黄冈市蕲春县蕲州镇黄土岭村尤树恼明墓出土
蕲春县博物馆藏

此碗外壁主体绘云龙纹，底部双圈内署"长命富贵"四字款。

◎ 青花团凤纹瓷碗

明（1368～1644 年）
口径 13.2、底径 5 厘米
黄冈市蕲春县蕲州镇黄土岭村尤树恼明墓出土
蕲春县博物馆藏

此碗外壁主体绘四组团凤纹，底署"富贵佳器"四字款。

◎ 银匙

明（1368～1644年）
长13厘米，重7克
黄冈市蕲春县蕲州镇都昌王朱载塎墓出土
蕲春县博物馆藏

　　此匙叶轻薄，形如杏叶，匙柄修长，顶端分叉似燕尾，应是明人小说中常常提到的"杏叶茶匙"[1]。明人待客奉茶常配以珍果甜点，此类茶匙即用以取果。

金匕
明（1368～1644年）
湖北省钟祥市长滩镇梁庄王朱瞻垍墓出土
湖北省博物馆藏

[资料来源：湖北省文物考古研究所、钟祥市博物馆《梁庄王墓》彩版二四，文物出版社，2007年]

◎ 银箸

明（1368～1644年）
长24.6厘米，重69克
黄冈市蕲春县蕲州镇都昌王朱载塎墓出土
蕲春县博物馆藏

　　该箸器身细长，中上部作竹节纹，方便使用，属于日用器。

金箸
明（1368～1644年）
湖北省钟祥市长滩镇梁庄王朱瞻垍墓出土
湖北省博物馆藏

[资料来源：湖北省文物考古研究所、钟祥市博物馆《梁庄王墓》彩版二五，文物出版社，2007年]

---

① 浙江省博物馆：《金玉默守：湖北蕲春明荆藩王墓珍宝》，中国书店，2016年，第50页。

◎ 云纹银里漆木碗

明（1368～1644年）
高6、口径11.5、底径5.1厘米，重12克
黄冈市蕲春县蕲州镇永新安庄王朱厚熿墓出土
蕲春县博物馆藏

　　此碗外壁髹漆，饰回纹、云纹与莲瓣纹，内壁与底部为银质。宋代已经流行漆木碗镶金银的做法，以金银彰显器用之奢华[1]。

剔犀银里碗
北宋（960～1127年）
江苏省张家港市杨舍镇戴港村宋墓出土
江苏省张家港市文物保管所藏

[资料来源：中国漆器全集编辑委员会《中国漆器全集》第四卷三国——元，福建美术出版社，1988年，第128页]

△碗侧

△碗底

◎ 银漱口盂

明·成化二十三年（1487 年）
高 5.1、口径 15.5、底径 11.6 厘米，重 214 克
黄冈市蕲春县蕲州镇都昌王朱载塎墓出土
蕲春县博物馆藏

铭文：

成化二十三年八月内造花银漱口盂一个，重五两九钱五分整。

此盂底部刻一列铭文，自名"漱口盂"，可知专为清洁口腔时盛水之用。

◎ 银盆

明·成化二十三年（1487年）
高 8、口径 52 厘米，重 1.634 千克
黄冈市蕲春县蕲州镇都昌王朱载塎墓出土
蕲春县博物馆藏

铭文：

成化二十三年八月内造花银盆一面，重四十五两五分整。

此盆外腹壁一侧刻一列铭文，自名"盆"，可知应为日常洗手时盛水之用。

我国梳妆文化由来已久，簪钗、梳篦、脂粉、铜镜等，均为古代常见的妆具。此外，还有用于收纳各式妆具的妆奁。

明代藩王墓葬出土的妆具多以金银制作，其中有一类"事件儿"颇具特色，是一种将日常使用的耳挖、牙签、镊子、勺子等小物件以链条串起的配饰，兼具实用与装饰的功能，一般系挂于胸前或腰间。

仇英 《临宋人画册》（局部）
明（1368～1644 年）
上海博物馆藏

[资料来源：上海博物馆官网]

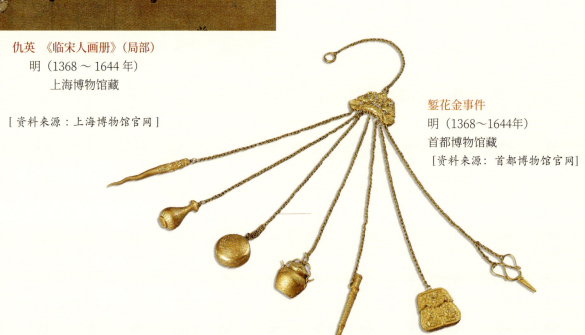

錾花金事件
明（1368～1644年）
首都博物馆藏

[资料来源：首都博物馆官网]

◎ 云龙纹金穿心盒

明（1368～1644 年）
通高 1.6、直径 3 厘米，重 14.3 克
黄冈市蕲春县横车镇荆恭王朱翊钜及妃胡氏墓出土
湖北省古建筑保护中心（湖北明清古建筑博物馆）藏

此盒中部有圆形穿孔，子母口，盒盖及盒身上均浅刻云龙纹。

唐代已有穿心盒，常为圆环式，中间圆孔用以穿丝帕，结在丝帕一角，揣于袖中随身携带。据各人喜好不同，盒中可盛放香末、脂粉等随身携带方便拿取的日常用品。考古发现中，曾见用丝绦将穿心盒系结于汗巾角上，盒内残留白色粉末的情景[1]。

◎ 金穿心盒

明（1368～1644 年）
直径 2 厘米，重 14 克
黄冈市蕲春县蕲州镇永新安庄王朱厚熿墓出土
蕲春县博物馆藏

此盒作素面球形，中部有圆形穿孔，子母口。

明人喜爱在穿心盒中盛放香茶。《金瓶梅词话》第五十九回曰"西门庆向袖中取出白绫双栏子汗巾儿，上一头拴着三事挑牙儿，一头束着金穿心盒，郑爱月只道是香茶，便要打开"，殊不知盒中盛放秘药。有学者推测民间使用穿心盒或与情事相关[2]。

① 参见：1. 浙江省博物馆：《金玉默守：湖北蕲春明荆藩王墓珍宝》，中国书店，2016 年，第 54 页；2. 宁波博物馆：《金玉大明——郑和时代的瑰宝》，宁波博物馆，2018 年，第 71 页。
② 宁波博物馆：《金玉大明——郑和时代的瑰宝》，宁波博物馆，2018 年，第 71 页。

◎ 银粉盒

明（1368～1644 年）
高 4.6、口径 9 厘米，重 125 克
黄冈市蕲春县蕲州镇都昌王朱载塎墓出土
蕲春县博物馆藏

　　此盒圆形，子母口，出土时内装有白粉一团。
　　以粉饰面，是我国古代妇女化妆的基本内容之一。各种妆粉一般盛放在粉盒中，存放不同脂粉的粉盒又可置于较大的妆奁内，以供日常所用[1]。

粉盒出土原貌

[资料来源：蕲春县博物馆]

◎ 瓜形银盒

明（1368～1644 年）
高 10.4、直径 14 厘米，重 193.9 克
黄冈市蕲春县蕲州镇荆端王朱厚烓次妃刘氏墓出土
湖北省博物馆藏

　　此盒作瓜形，盖顶与盒底中心装饰叶片，盖顶作鼠纽，造型别致。
　　瓜形器物常寓意瓜瓞绵绵，祈愿子孙兴旺。由此，延伸出瓜鼠题材的造型艺术，常以瓜为器型、鼠为器柄。鼠与瓜果的结合，寓含丰年富足的美好愿望[2]。

银烧蓝花卉纹瓜式胭脂盒
清（1644～1911 年）
故宫博物院藏

[资料来源：故宫博物院官网]

①　汪维玲、王定祥：《中国古代妇女化妆》，陕西人民出版社，1991 年，第 9、13 页。
②　扬之水：《奢华之色——宋元明金银研究》卷二，中华书局，2015 年，第 172 页。

◎ 婴戏图银盒

明（1368～1644年）
通高0.9、长6.6、宽3厘米，重12.1克
黄冈市蕲春县横车镇荆恭王朱翊钜及妃胡氏墓出土
湖北省古建筑保护中心（湖北明清古建筑博物馆）藏

此盒盖表面錾刻童子持莲图，侧面饰卷云纹。盖一侧作活页，可开合，盒内以小银片间隔成四格。

童子持莲是婴戏图的常见形式之一。佛教有"莲花化生"之说，故常见或坐或立于莲花中的童子形象。宋元时期，源于佛教的"化生童子"与世俗观念结合，借"莲"与"连"的谐音，催生出"连生贵子"的寓意[1]。

◎ 金镶宝耳挖簪

明（1368～1644年）
长8.9厘米，重4克
黄冈市蕲春县横车镇荆恭王朱翊钜及妃胡氏墓出土
蕲春县博物馆藏

耳挖簪的首端制成耳挖的造型，兼具清洁耳朵与发簪的功能。耳挖簪在魏晋时期即已出现，宋元时期逐渐普及，至明代已是小簪中的常见样式。

此簪簪首与簪脚间作竹节式样，簪首上打制出三个凹坑，内嵌珍珠，足显匠心。

金事件
明（1368～1644年）
湖北省钟祥市长滩镇梁庄王朱瞻垍墓出土
湖北省博物馆藏

[资料来源：湖北省文物考古研究所、钟祥市博物馆《梁庄王墓》彩版一三八，文物出版社，2007年]

---

① 参见：1.梁会敏：《中国吉祥儿童图形探议》，苏州大学硕士学位论文，2007年；2.魏亚丽：《从"莲花化生"到"连生贵子"——论西夏"婴戏莲印花绢"童子纹样的文化内涵》，《装饰》2019年第8期。

明·洪武六年（1373 年）
直径 12.3、厚 0.72 厘米
钟祥市九里回族乡郢靖王朱栋墓出土
钟祥市博物馆藏

铭文：

洪武六年五月日造。

　　镜面饰一条五爪飞龙腾游于海涛之上，穿梭云间，左侧有篆书纪年铭文。鲁荒王朱檀墓亦出土一面形制相类、年款相同的铜镜，推测二镜均为官匠所制，同属封赏藩府之物。

海水云龙纹铜镜
明·洪武六年（1373 年）
山东省邹城市鲁荒王朱檀墓出土
山东博物馆藏

[资料来源：山东博物馆、山东省文物考古研究所《鲁荒王墓》图版二六九，文物出版社，2014 年]

鞍马辞京去，维时已暮春。残花留舞蝶，飞絮逐行人。
树暗啼黄鸟，波澄跃紫鳞。白云晴冉冉，瞻望重思亲。

—— （明）辽简王朱植《暮春》

　　明代部分宗室具备良好的文学素养和诗赋造诣，这与其自身的兴趣、努力及时代背景息息相关。一方面，朱元璋分封诸子为王的意图是"藩屏国家、御侮防患"[①]，因此十分重视宗室教育，要求诸王"广学问""陈忠孝""道德有成"。另一方面，随着藩禁政策趋严，藩王在政治上处处受到掣肘，只得将注意力转移到文学、书画、音律、医学等其他领域，以免引起皇帝警惕。"事琴书而作伴，招风月以为朋"[②]，可视作这些"才艺俱备而不得志"的明代宗室的基本写照[③]。

气度·风尚
湖北明代宗藩的生活与艺术

①　《明太祖实录》卷一一九，台北"中央研究院"历史语言研究所，1962年，第1939页。
②　朱永诚：《自赞小像》，载《小鸣稿》卷九，《景印文渊阁四库全书》第1260册，第324页。
③　参见：1. 梁曼容：《明代藩王研究》，东北师范大学博士学位论文，2016年；2. 张明富、张颖超：《论明代宗学设置的原因》，《古代文明》2008年第1期；3. 张明富：《论明代宗学的教育教学制度》，《社会科学战线》2010年第1期。

湖北宗藩取得的文化成就[1]

藩系	宗室	成就	领域
楚藩	楚庄王朱孟烷	著有《勤有堂诗集》《勤有堂文集》，诗词《九峰寺》，楷书《黄庭经》	诗文、书法
	楚宪王朱季埱	著有《东平河间图赞》《楚庄王行实》《毓秀轩集》《维藩清暇录》	诗文、史学
	楚端王朱荣㳦	著有《正心诗集》	诗文
	某代楚王	著有《雍熙乐府》	音律
	武冈王朱显槐	著有《少鹤山人诗集》《少鹤山人续集》《少鹤文集》	诗文
湘藩	湘献王朱柏	诗词《赞张真仙诗》《赞真武》《赞赵元帅》，开设“景元阁”校勘古籍，擅长书法、绘画	诗文、书法、绘画、校勘
辽藩	辽简王朱植	著有《辽简王遗稿》《莲词》，诗词《暮春》《秋江》《铁女庙碑记》	诗文、音律
	辽王朱宪㸅	著有《味秘草堂集》《庚申稿》《种莲岁稿》《文略》	诗文
	光泽荣端王朱宠瀼	著有《博文堂稿》《雅音从和》，藏书万卷	诗文、音律、藏书
	镇国将军朱宪㸅	著有《哀黍离诗》	诗文
	镇国将军朱宪熵	著有《郢中御史集》	诗文
	镇国中尉朱术坰	著有《綦祖堂集》	诗文
襄藩	枣阳荣肃王朱祐楒	著有《方城集》《朱仲子诗集》《式好传》	诗文
荆藩	荆端王朱厚烇	擅长书法，以篆书、隶书著名	书法
	樊山王朱载坽	著有《茹蜡子》《大隐山人集》《三径词》《广讌堂集》，与其子建立“花萼社”	诗文、音律
	富顺王朱厚焜	著有《东蕲集》，擅长绘画	诗文、绘画
兴藩	兴献王朱祐杬	著有《农家忙诗》《医方选要》《含春堂稿》《恩纪诗集》	诗文、医学

① 此表据如下资料整理：1. 陈清慧：《明代藩府刻书研究》，南京大学博士学位论文，2011 年，第 80~100 页；2. 邹时雨：《明代辽藩研究》，长江大学硕士学位论文，2010 年，第 31~33 页；3. 葛晓洁：《明初藩王诗文研究》，天津师范大学硕士学位论文，2018 年，第 15~27 页；4. 杜星：《略论明代湖广宗室对地方社会的影响》，华东师范大学硕士学位论文，2010 年，第 64~70 页；5. 章旋：《明代湖广宗藩与地方社会》，西南大学硕士学位论文，2011 年，第 73~81 页。

文房雅玩

文房内的用具、陈设，可称之为"文玩"或"清供"。明人文震亨《长物志》所述文玩，除习称"文房四宝"的笔、墨、纸、砚外，还有香炉、香盒、筋瓶、水注、镇纸等多达数十种器物。

正所谓，"于世为闲事、于身为长物"。文玩多为体微物轻之器，却是古代文人雅士审美与精神的载体与物证。今见各地明代藩王墓出土不少文玩，当属墓主昔日心头所好，展现出藩王书斋生活的闲情逸致，是藩府器用艺术的重要部分。尤其是鲁荒王朱檀墓出土遗物，琴棋书画俱备，足见藩府文艺风雅。

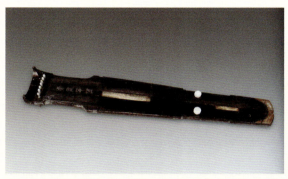

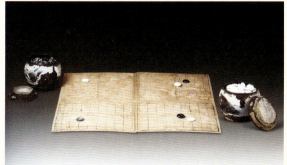

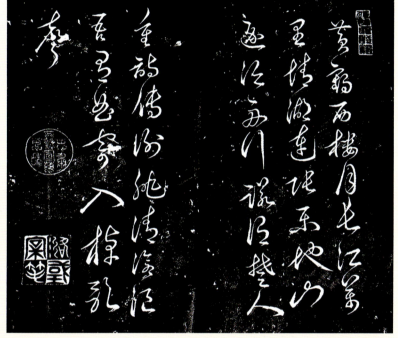

①	②
③	
④	

① "天风海涛"铭漆琴
唐制、南宋隆兴二年（1164 年）重修
山东省邹城市鲁荒王朱檀墓出土
山东博物馆藏

[资料来源：山东博物馆、山东省文物考古研究所《鲁荒王墓》图版一三一，文物出版社，2014 年]

② 《小潞王朱常淓草书唐李白诗碑帖》（拓片）
明（1368～1644 年）
河南博物院藏

[资料来源：河南博物院官网]

③ 围棋
明（1368～1644 年）
山东省邹城市鲁荒王朱檀墓出土
山东博物馆藏

[资料来源：山东博物馆、山东省文物考古研究所《鲁荒王墓》图版一三二，文物出版社，2014 年]

④ 朱受甫 《溪山飞瀑图》
明·泰昌元年（1620 年）
旅顺博物馆藏

[资料来源：旅顺博物馆官网]

郢靖王朱栋崇文，《兴都志》如此记载："暇日，率长史以下亲诣其第。赐宴，命儒臣赋诗，王自序其端，有古渭阳之意"。在其墓葬中，便发现许多文房器具，足见郢王之风雅。

◎ "书隐斋" 歙砚

明（1368～1644 年）
长 13.95、宽 11、厚 2.95 厘米
钟祥市九里回族乡郢靖王朱栋墓出土
钟祥市博物馆藏

　　歙砚因产自安徽歙县而得名，是中国古代四大名砚之一。此砚材质考究，背面正中阴刻楷书"书隐斋"三字，应是墓主郢靖王朱栋生前所用的书斋名号[1]。

◎ 紫晶鼓形器

明（1368～1644 年）
高 2.5、直径 5.8 厘米
钟祥市九里回族乡郢靖王朱栋墓出土
钟祥市博物馆藏

　　此器呈扁圆鼓形，鼓腹两侧各有一纽，纽中有小孔，鼓边饰以弦纹。此紫晶鼓小巧精致、晶莹通透，可作镇石之用[2]。

水晶鼓形器
明（1368～1644 年）
山东省邹城市鲁荒王朱檀墓出土

[资料来源：山东博物馆、山东省文物考古研究所《鲁荒王墓》图版一一五，文物出版社，2014 年]

---

① 钟祥市博物馆：《钟祥市博物馆馆藏文物精品集》，中国和平出版社，2015 年，第 88 页。
② 湖北省文物考古研究所、荆门市博物馆、钟祥市博物馆编：《郢靖王墓》，文物出版社，2016 年，第 209 页。

◎ 玛瑙瑞兽

明（1368 ～ 1644 年）
高 6、长 11.2、宽 6.4 厘米
钟祥市九里回族乡郢靖王朱栋墓出土
钟祥市博物馆藏

　　此玛瑙雕琢成一俯卧状的瑞兽造型。兽首侧转回头，额上有圆孔，头顶上分双角，脑后雕饰细密的鬃毛，体形肥硕壮实，四肢有力。兽体上钻有四个小圆孔，似作器物底座之用，属于案头赏玩之物。此兽造型特征颇为古朴，或为前朝遗玉。

気度・风尚
湖北明代宗藩的生活与艺术

273

◎ 水晶山子

明（1368～1644 年）
高 11、长 18.8、宽 7.8 厘米
钟祥市九里回族乡郢靖王朱栋墓出土
钟祥市博物馆藏

　　此器整体呈"山"形，以天然水晶雕琢而成，属于案头摆件。该器应是郢靖王生前珍爱之物，也是明代水晶雕刻艺术中难得一见的上乘之作[1]。

◎ 洒金竹扇

明（1368～1644 年）
长 28.5 厘米
黄冈市蕲春县蕲州镇永新安庄王朱厚熿墓出土
蕲春县博物馆藏

　　竹扇骨，铆钉银，扇面帛洒金。

---

① 钟祥市博物馆：《钟祥市博物馆馆藏文物精品集》，中国和平出版社，2015 年，第 90 页。

尾音

　　透物见人，通过文物这扇窗口，我们得以窥见明代藩王宗室的物质生活、文艺造诣和精神向往。

　　皇族身份与藩禁政策对这群天潢贵胄世界观、人生观、价值观的塑造，以及他们对于社会时尚与潮流的理解和追求，深刻影响到器物层面，给后人留下一批足以彰显大明气度风华的珍饰佳皿。

湖北藩王大事记

1436
正统元年，襄宪王朱瞻墡移藩襄阳府。

1429
宣德四年，梁庄王朱瞻垍就藩安陆州。

1439
正统四年，作恶多端的辽王朱贵烚被废为庶人，四弟兴山郡王朱贵燸进封辽王。

1504
弘治十七年，寿定王朱祐楒移藩德安府。

1521
正德十六年，明武宗朱厚照驾崩，无子，遗诏堂弟兴王朱厚熜入继大统，是为明世宗。

1545
嘉靖二十四年，寿定王朱祐楒薨逝，无子，寿国除封。

1561
嘉靖四十年，景恭王朱载圳就藩德安府。

1501
弘治十四年，岐惠王朱祐棆薨逝，无子，岐国除封。

1519
正德十四年，兴献王朱祐杬薨逝。

1524
嘉靖三年，朝廷"大礼议"结束，明世宗朱厚熜尊生父朱祐杬为皇考，追封"献皇帝"。

1545
嘉靖二十四年，楚府宫变。楚愍王朱显榕被世子朱英燿杀害，朱英燿被执赴京城正刑，三弟朱英㷿袭封楚王。

洪武十四年，楚昭王朱桢就藩武昌府。

建文元年，建文帝朱允炆削藩，湘献王朱柏被逼自焚，湘国灭亡。

永乐六年，郢靖王朱栋就藩安陆州。

永乐二十二年，楚昭王朱桢、辽简王朱植相继薨逝。

1381 **1385** **1399** **1404** **1408** **1414** **1424**

洪武十八年，湘献王朱柏就藩荆州府。

永乐二年，辽简王朱植移藩荆州府。

永乐十二年，郢靖王朱栋薨逝，无子，郢国除封。

正统六年，梁庄王朱瞻垍薨逝，无子，梁国除封。

景泰四年，荆宪王朱瞻堈薨逝。

弘治五年，恶贯满盈的荆王朱见潚被诏至京城赐死，世子朱祐柄被降为庶人，都梁郡王朱祐橺进封荆王。

弘治八年，岐惠王朱祐棆就藩德安府。

1441 **1445** **1453** **1478** **1492** **1494** **1495**

正统十年，荆宪王朱瞻堈移封蕲州。

成化十四年，襄宪王朱瞻墡薨逝。

弘治七年，兴献王朱祐杬就藩安陆州。

隆庆二年，辽王朱宪㸅因罪降为庶人，发配到凤阳高墙，辽国除封。

天启七年，惠王朱常润就藩荆州府。

崇祯十五年，荆王朱慈煙薨逝，次年张献忠攻破蕲州，火烧荆王府，荆国灭亡。

清顺治三年，惠王朱常润被杀。

1565 **1568** **1603** **1627** **1641** **1642** **1643** **1646**

嘉靖四十四年，景恭王朱载圳薨逝，无子，景国除封。

万历三十一年，伪楚王案。楚藩宗人朱华趆奏称楚王朱华奎为假楚王，朝廷以证据不足结案。

崇祯十四年，张献忠攻陷襄阳，襄忠王朱翊铭被杀，襄国灭亡。

崇祯十六年，张献忠攻破武昌，将楚王朱华奎沉溺于江，楚国灭亡。

论文

明代分封制及湖北省内的诸藩

刘永亮　武汉市文物考古研究所（武汉市文化遗产保护研究中心）

　　明朝建立初期，鉴于历代地方割据和叛乱给朝廷造成的威胁，尤其是元末农民起义军爆发，而各地军阀拥军割据，皇室势弱的事实，太祖朱元璋清醒地认识到，要使王朝长治久安，就要防止皇族内部发生争权夺位的斗争，就要加强中央集权。为避免历史悲剧的重演，他于洪武三年（1370年）复古制分封建藩，即依靠宗室子孙对地方军政官吏加以限制和监督，这是其"天下之大，必建藩屏，上卫国家，下安生民。今诸子既长，宜各有爵封，分镇诸国。朕非私其亲，乃遵古先哲王之制，为久安长治之计"[1]思想的具体体现和行动之一。

一、明代的分封制

　　洪武一朝，太祖先后三次封藩诸王，分镇全国各地，希望本强枝茂，巩固皇室。其中，洪武三年（1370年），"乙丑册封诸皇子为王……以四月七日封第二子樉为秦王、第三子㭎为晋王、第四子棣为燕王、第五子橚为吴王、第六子桢为楚王、第七子榑为齐王、第八子梓为潭王、第九子杞为赵王、第十子檀为鲁王、从孙守谦为靖江王"[2]；洪武十一年（1378年），"册封皇子椿为蜀王、柏为湘王、桂为豫王、楧为汉王、植为卫王"[3]；洪武二十四年（1391年），"封皇子㮵为庆王、权为宁王、楩为岷王、橞为谷王、松为韩王、模为沈王、楹为安王、桱为唐王、栋为郢王、㰘为伊王"[4]。其26个儿子，除长子朱标封为太子，幼子朱楠夭折外，其余24子陆续分封到全国各地重要州府为亲王（朱棣先封燕王，后称帝），镇守一方即藩王，授予其军政大权，藩镇全国要地，拱卫大明王朝。此后，分封同姓藩王成为明代定制，历朝不绝。明代诸藩，"分封而不锡土，列爵而不临民，食禄而不治事"[5]。

　　整个明朝享国276年，从太祖至神宗，先后共有50位皇子以亲王身份驻藩京外[6]（详见表一），其中包括后来升为帝系者2藩（燕、兴）、始封而被废黜者4藩（潭、齐、谷、汉）、始封无后而被除国者7藩（秀、岐、雍、寿、汝、泾、景）、未及承袭而遭逢易代者2藩（瑞、惠）[7]。

1.（明）胡广等：《明太祖实录》卷五十一，"洪武三年四月辛酉"，台北"中央研究院"历史语言研究所，1962年，第999页。

2.（明）胡广等：《明太祖实录》卷五十一，"洪武三年四月乙丑"，台北"中央研究院"历史语言研究所，1962年，第1000~1001页。

3.（明）胡广等：《明太祖实录》卷一一七，"洪武十一年正月甲戌"，台北"中央研究院"历史语言研究所，1962年，第1907页。

4.（明）胡广等：《明太祖实录》卷二〇八，"洪武二十四年三月辛未"，台北"中央研究院"历史语言研究所，1962年，第3100页。

5.（清）张廷玉等：《明史》卷一百二十《诸王列传》，中华书局，1974年，第3659页。

6.有学者认为实封就藩是48位亲王，见江西省博物馆等编：《江西明代藩王墓》前言，文物出版社，2010年，第1页。

7.刘毅：《明代藩王陵墓》，《大众考古》2021年第3期。

表一　明朝历代就藩亲王数量统计表[8]

帝系	年号	生子	封王	就藩	备注
太祖	洪武	26	24	23	除长子标为太子，二十六子楠夭折未封王外，实际封王24位。九子赵王杞一岁薨逝未就藩，洪武朝实际就藩为23位皇子
惠帝	建文		3		建文元年二月封其三弟允熥吴王、四弟允熞衡王、五弟允熙徐王，皆未就藩，后于永乐年间被废
成祖	永乐	4	2	2	长子高炽为仁宗，四子高爔早夭未封。二子高煦封汉王、三子高燧封赵王，永乐朝实际就藩为2位皇子
仁宗	洪熙	10	8	5	长子瞻基为宣宗，四子瞻垠早逝，仁宗即位后追封为蕲王，实际封王8位。后三子越王瞻墉、八子滕王瞻塏、十子卫王瞻埏均未就藩，逝后除国。洪熙朝实际就藩为5位皇子
宣宗	宣德	2	1		长子祁镇为英宗，次子祁钰先被封为郕王，后为景帝
英宗	正统、天顺	9	7	5	长子见深为宪宗，三子见湜早夭未封外，实际封王7位。后四子许王见淳、八子忻王见治均未就藩，逝后除国。英宗朝实际就藩为5位皇子
宪宗	成化	14	10	9	长子、十子早夭皆未赐名，二子祐极早逝追封为悼恭太子，三子祐樘为孝宗，实际封王10位。后十四子申王祐楷未就藩，逝后除国。成化朝实际就藩为9位皇子
孝宗	弘治	2			长子厚照为武宗；二子厚炜三岁早夭，于弘治九年追封加谥为蔚悼王
世宗	嘉靖	8	2	1	长子载基早夭，追封为哀冲太子；二子载壑早逝，追封为庄敬太子；三子载垕先封裕王，后为穆宗；五子、六子、七子、八子均未踰岁殇，分别追封为颖殇王、戚怀王、蓟哀王、均思王。四子载圳封景王，就藩德安。嘉靖朝封王1位，就藩1位皇子
穆宗	隆庆	4	1	1	长子翊釴早逝，隆庆元年追封为宪怀太子；二子翊铃，未踰年殇，追封为靖悼王；三子翊钧为神宗；四子翊镠封潞王，就藩卫辉。隆庆朝封王1位，就藩1位皇子
神宗	万历	8	4	4	长子常洛为光宗；二子常溆、四子常治、八子常溥皆早殇，分别追封为邠哀王、沅怀王、永思王；万历朝封王4位，就藩4位皇子
光宗	泰昌	7			长子由校为熹宗，五子由检，天启二年封信王，后为思宗。二子由㰒早夭，天启时追封为简怀王；三子由楫、四子由模、六子由栩、七子由橏皆早夭，崇祯时分别追封为齐思王、怀惠王、湘怀王、惠昭王
熹宗	天启	3	1		长子慈然、二子慈焴、三子慈炅，皆早夭，分别追封为怀冲太子、悼怀太子、献怀太子。天启二年封皇弟由检为信王
思宗	崇祯	7	2		长子慈烺为太子，国破后不知所终；二子慈烜，早夭，追封为怀隐王；三子慈炯，十四年封定王，国破后不知所终；四子慈炤，十五年封永王，国破后不知所终；五子慈焕、六子、七子皆早夭
合计		104	65	50	

8. 本表以《明史·诸王世表》《明史·诸王列传》为依据，在统计亲王封王、就藩具体时间时，仍按其世系统计。如英宗二子见潾于景泰三年封为荣王。后英宗复辟，于天顺元年改封为德王，到成化三年才就藩济南。为保持跟《明史》记载一致，将其依旧按父子血亲关系归入英宗一朝。此处不再赘述，一律按父子血亲关系统计。建文朝时稍有区别，其生子2人，除长子文奎封为太子外，次子文圭未封王，建文朝所封三王皆为其弟即懿文太子之子。

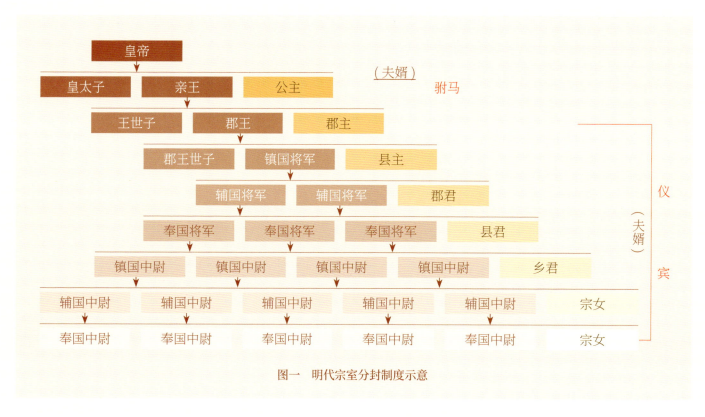

图一　明代宗室分封制度示意

明代实行分封制，其本意是通过诸位藩王分别镇守各地、安抚百姓，其实质是利用血缘关系来保卫大明王朝统治，以达到"天子有子，其嫡长者守邦以嗣大统，诸子各有茅土之封，藩屏王室，以安万姓"[9]的最终目的。

洪武二年（1369年）四月，明太祖令中书省编《祖训录》，定封建诸王国邑及官属之制，分封宗室，辅弼中朝，初步建立起明代的藩王分封制度。此时，因建国不久，宗室爵制还只有亲王一级。故在洪武二十八年（1395年）又以《皇明祖训》的形式，将整个宗室成员按嫡庶亲疏分为八个等级（图一）："皇子封亲王，授金册、金宝，岁禄万石……亲王嫡长子，年及十岁，则授金册、金宝，立为王世子，长孙立为世孙，冠服视一品。诸子年十岁，则授涂金银册、银宝，封为郡王，嫡长子为郡王世子，嫡长孙则授长孙，冠服视二品。诸子授镇国将军，孙辅国将军，曾孙奉国将军，四世孙镇国中尉，五世孙辅国中尉，六世孙以下皆奉国中尉"[10]、"镇国将军禄千石，从一品；辅国将军八百石，从二品；奉国将军六百石，从三品；镇国中尉四百石，从四品；辅国中尉三百石，从五品；奉国中尉二百石，从六品。其妻各依品受封"[11]。

其中爵位第一等为亲王，其下依次是郡王、镇国将军、辅国将军、奉国将军、镇国中尉、辅国中尉，奉国中尉。而亲王、郡王统称为藩王，为宗室上层，其余为宗室下层。整套的宗法等级序列打破了历代行之已久的王、公、侯等爵称框架，"凡郡王子孙，授以官职"[12]，增加了将军、中尉的爵号。

9.（明）胡广等：《明太祖实录》卷一〇三，"洪武九年正月甲子"，台北"中央研究院"历史语言研究所，1962年，第1732页。

10.（清）张廷玉等：《明史》卷一百一十六《诸王列传》，中华书局，1974年，第3557页。

11.（明）谈迁著：《国榷》卷十九《宣宗宣德元年》，中华书局，1958年，第1294~1295页。

12.（明）朱元璋：《皇明祖训·职制》，北京图书馆藏明洪武礼部刻本。

同时，对宗室女性也进行分封。明制乃定："皇姑曰大长公主，皇姊妹曰长公主，皇女曰公主，俱授金册，禄二千石，婿曰驸马都尉。亲王女曰郡主，郡王女曰县主，孙女曰郡君，曾孙女曰县君，玄孙女曰乡君，婿皆仪宾。郡主禄八百石，余递减有差"[13]。

宗室上层虽有封号和名义上的封国，但和宗室下层一样，主要需靠领取朝廷拨赐的禄粮，要依仗地方有司供给，与一般职官领取俸禄的做法并无太大差异，即凡有封爵者，皆食爵禄。诚如时人所说"封建同姓世世相传，此古之所有；坐食县官爵秩世授，则古之所无"[14]。

值得说明的是，亲王封号一般用古国名或地名，为一字，如"秦""晋""燕""楚""蜀"等。万历以后亦用吉祥字，如"福""瑞"等。亲王死，例谥一字，如"昭""庄""定""宪"等。郡王封号用州县地名或古地名，为二字，如"巴陵""崇阳""通城""通山"等。郡王死，例谥二字，如"懿简""悼简""恭顺"等。宗室女性封号跟郡王一样，用州县地名或古地名，为二字，如"罗田""兴宁""祁阳"等。宗室封号用名多用就封所在地地名，但不是绝对，也有用封地以外地名的。相对于宗室上层（亲王、郡王），男性宗室下层（将军、中尉）却没有封号和谥号，仅称为"某府某将军"或"某府某中尉"。宗室女性有封号却无谥号，但也有例外，如太祖十二女永嘉公主，在嘉靖朝时，由于其玄孙郭勋深得世宗器重，为公主请求追封谥号，世宗特赐谥"贞懿"[15]，成为明朝历史上唯一一位有谥号的公主。

明朝通过严格的宗法列爵制度，同时分封宗室于边塞和冲要之地，以"屏藩帝室""外卫边陲、内资夹辅""镇固边防、翼卫王室"，使地方宗室子孙与朝廷皇室内外相辅，进一步巩固和加强新王朝对全国的有效统治，以保证朱氏天下万世一系。

虽为分封，但其与汉唐等诸朝仍有区别。明初建国后便赋予了各藩王相应的政治和军事权力，亲王守土典兵、位压百官，其权势之大，直追两汉。由于身份特殊，他们可以直接向皇帝上呈奏章。即使是朝廷大臣在亲王面前，也是"伏而拜谒，无敢均礼"。他们不是地方行政官员却胜似地方官员，地方官员多受制于王府，政事也常受其干扰、被其左右。他们的经济待遇也很丰厚，按朱元璋晚年制定的亲王以下皇恩俸禄标准，仅禄米一项，亲王一万石，郡王二千石，镇国将军一千石，以下递减，最少的奉国中尉也有二百石。

有研究者认为，明代的分封制不同于西周时期狭义的"封建"（即授民授疆土），而是"分封而不锡土，列爵而不临民，食禄而不治事"，更趋向于汉唐以来逐步完善的封爵制：具有政治等级名位而无行政权；享有封国及食邑户；世袭相承，衣食租税[16]。

总之，太祖制定大明宗藩制度，目的是藩屏帝室，使国祚永久。通过复古制分封建藩，大封同姓诸王，同时对整个宗室实行列爵制，宗室成员生死皆由朝廷供养，即"其生也请名，其长也请婚，禄之终身，丧葬予费，亲亲之谊笃矣"[17]、"太祖大封宗藩，令世世皆食岁禄，不授职任事，亲亲之谊甚厚"[18]，目的是以血缘关系维持宗藩高高在上的尊贵地

13.（清）张廷玉等：《明史》卷一百二十一《公主列传》，中华书局，1974年，第3661页。

14.（明）陈子龙等：《皇明经世文编》卷三百八十八《戚元佐·议处宗藩事宜疏》，天津图书馆藏明末"平露堂刻本"。

15.（清）张廷玉等：《明史》卷一百二十一《公主列传》，中华书局，1974年，第3666~3667页。

16. 樊誉：《明代的山西宗藩》，山西大学硕士学位论文，2007年，第4页。

17.（清）张廷玉等：《明史》卷一百一十六《诸王列传》，中华书局，1974年，第3557页。

18.（清）张廷玉等：《明史》卷八二《食货志六》，中华书局，1974年，第2001页。

位，作为皇室在地方上的"屏藩"。各藩王册封时，不授予实际封国疆土，而只是名义上的藩王；不领藩地内的民政大权；在地方地位尊崇，身份高于任何地方官员或者勋贵。后随着建文帝削藩和燕王朱棣"靖难之役"，燕藩升为帝室后，继续推行削藩，到洪熙、宣德时期彻底完成，一改明初藩王政策，仅保留其经济方面的待遇，取消其政治、军事权力。明朝中央对宗室方面的政策有明显前后不同的变化，此处不再赘述。虽为分封，但其与汉唐等诸朝仍有区别。

二、湖北省内的明代藩国

从前文可知，明朝时期，为了加强统治，往往选择重要城邑和土壤肥沃、经济发达的地方分封藩王。湖北地区的自然环境优越，经济文化繁荣，又地处南北交汇之地，政治、军事地位都非常重要，成为有明一朝封王建藩最多的省份。

明初，湖北属湖广行省。洪武九年（1376 年）六月，改置湖广行省为湖广承宣布政使司。今湖北省全境基本属于湖广布政使司（治所武昌府，今武汉市武昌区），下辖武昌府、汉阳府、黄州府、承天府（嘉靖十年由安陆州升州为府）、德安府、荆州府、襄阳府、郧阳府、施州卫八府一卫，其中武昌府、黄州府、承天府、德安府、荆州府、襄阳府六府区域均分封有藩国。

据统计，明朝自太祖至神宗总共有 37 位皇子开府于京外，其中 31 人皆曾传之子孙，加上后裔袭封诸王，明朝共有藩王 264 位[19]。而湖北境内共有藩王 47 位[20]，先后累计受封藩国 13 个[21]，这其中包括嘉靖皇帝追封的其兄——岳怀王，但不包括封地跨入湖北的外省藩王（潞王、福王、荣王）。较之他地，湖北所封实际就藩数量最多，居于诸省之首（图二）。

所封 47 位亲王中，后来升格为皇帝的有两位（兴系第一、二代王）、废为庶人的有三位（辽系第二、八王，荆系第三王）、无谥号的有七位（辽系二位、荆系三位、襄系一位、惠系一位）。

由宗室旁支升继大统的，纵观明朝 276 年历史，除成祖朱棣靖难之役后由燕藩成为帝系，兴藩是唯一由外省藩王升格为帝系的旁支，这也造就了湖北拥有中南地区唯一的一座明代帝陵——显陵。

终明一朝，先后有五位皇帝分封其子嗣在湖北，累计分封藩国 13 个（表二），数量之众，居于全国之首。其中太祖有 4 子（楚、湘、辽、郢）[22]，仁宗有 3 子（襄、荆、梁），宪宗有 3 子（兴、寿、岐），世宗有 1 兄 1 子（岳、景），神宗有 1 子（惠）（图三）。

分封在湖北的 13 个藩国，具体分布为：武昌府一个（楚）、襄阳府一个（襄）、黄州府一个（荆）、荆州府三个（湘、辽、惠）、承天府四个（郢、梁、兴、岳）、德安府三个（岐、寿、景），均为湖北的富饶之地。存国达百年以上的有楚、辽、襄、荆四系，尤以楚系的存国时间最长：自洪武三年（1370 年）始封至崇祯十六年（1643 年）被张献忠起义军灭国，历时 273 年；即便自就藩（1381 年）至国破也有 262 年，可以说"一部楚藩史相当于半部明朝史"。存国时

19. 刘毅：《明代藩王陵墓的考古学研究》，科学出版社，2021 年，第 35 页。

20. 有学者认为是 44 位，详见湖北省文物考古研究所等编《梁庄王墓》第 209 页（文物出版社，2007 年）；也有 45 位之说，见湖北省文物考古研究所等编《郢靖王墓》第 7 页（文物出版社，2016 年）。两位观点的区别在于是否计入岳怀王朱厚熙。本文数据根据刘毅《明代藩王陵墓的考古学研究》（科学出版社，2021 年）一书中"地方志记载的明代王墓"相关数据汇总而成。

21. 13 个藩国之中，有 4 个是先封他省，后改封于湖北。

22. 辽藩原封广宁，为边塞九王之一。建文时，为削减诸王权力，将辽藩移至荆州。永乐时，虽声称恢复诸王爵封，遣送藩国。但对建文时移至内地的藩王却不予变动，并且对谷藩、宁藩进行改封。同时也对诸藩护卫进行削减。因此，分封于湖北的藩王太祖系有四支。

间最短的是岐系，只有 14 年（1487~1501 年）。而就藩后，在位最短的则是景王，仅 4 年（1561~1565 年）。至于岳怀王，其生下来五日而夭，嘉靖三年（1524 年），嘉靖皇帝追册他为"岳王"，谥号"怀"，追思的意义更大。

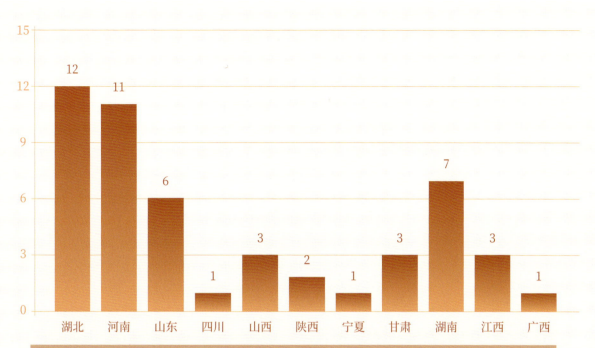

注：湖北：楚、湘、辽、郢、梁、襄、荆、兴、岐、寿、景、惠 12 藩系；河南：周、唐、伊、赵、郑、秀、崇、徽、汝、潞、福 11 藩系；山东：齐、鲁、汉、德、衡、泾 6 藩系；四川：蜀 1 藩系；山西：晋、代、沈 3 藩系；陕西：秦、瑞 2 藩系；宁夏：庆 1 藩系；甘肃：肃、安、韩 3 藩系；湖南：潭、岷、谷、吉、雍、荣、桂 7 藩系；江西：宁、淮、益 3 藩系；广西：靖江 1 藩系。

图二　各省明代就藩数量图

（需要说明的是，有三朝六位皇子生前已经被封王，且有封国，只是未就藩而早薨，加之无子而遭除国，即仁宗三子瞻墉、八子瞻垲、十子瞻埏，均于永乐二十二年被封为越王、滕王、卫王，封地分别是衢州、云南、怀庆，只是三王早薨，未就藩，逝后无子除国；英宗四子见淳、八子见治，分别于景泰三年封许王、成化二年封忻王，二者皆早薨，未就藩，逝后无子除国；宪宗十四子祐楷，弘治四年受封为申王，弘治十六年薨，未就藩，逝后无子除国。）

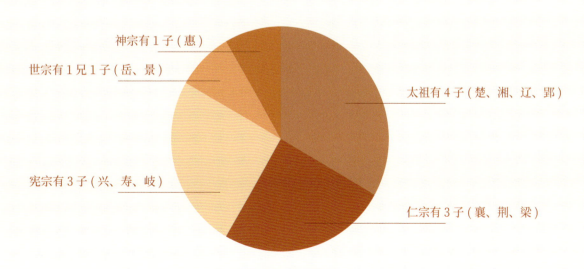

图三　湖北省明代藩系组成图

表二　湖北明朝建藩统计表（按实际就藩于湖北的先后顺序排列）

帝系	位次	藩国	藩府	始封藩王	就藩时间	除国时间	传系	备注
太祖	六子	楚	武昌	昭王	洪武十四年	崇祯十六年	八世九王	
	十二子	湘	江陵（今荆州）	献王	洪武十八年	建文元年	一世一王	无子封除，薨后葬封国
	十五子	辽	荆州	简王	洪武二十六年	隆庆二年	七世八王	永乐二年由宁州徙藩荆州
	二十四子	郢	安陆州（今钟祥市）	靖王	永乐六年	永乐十二年	一世一王	无子封除，薨后葬封国
仁宗	九子	梁	安陆州（今钟祥市）	庄王	宣德四年	正统六年	一世一王	无子封除，薨后葬封国
	五子	襄	襄阳	宪王	宣德四年	崇祯十七年	八世九王	正统元年由长沙移藩襄阳
	六子	荆	蕲州（今蕲春）	宪王	宣德四年	崇祯十六年	十世十一王	正统十年由江西建昌移藩蕲州
宪宗	四子	兴	安陆州（今钟祥市）	献王	弘治七年	正德十六年	二世二王	正德十六年朱厚熜入嗣帝位
	五子	岐	德安府（今安陆市）	惠王	弘治八年	弘治十四年	一世一王	无子封除，归葬京城
	九子	寿	德安府（今安陆市）	定王	弘治十一年	嘉靖二十四年	一世一王	正德元年由四川保宁府（今阆中）移藩德安府。无子封除，归葬京城
世宗	世宗之兄	岳	安陆州（今钟祥市）	怀王	嘉靖四年		一世一王	夭折，追封为王
	四子	景	德安府（今安陆市）	恭王	嘉靖四十年	嘉靖四十四年	一世一王	无子封除，归葬京城
神宗	六子	惠	荆州	朱常润	天启七年	崇祯十五年	一世一王	崇祯十五年，逃离封地，不知所终，国灭藩除

三、湖北藩国诸多的原因

湖北省地处我国中部地区，在明朝属于湖广行省，位于长江中游，洞庭湖以北，故名湖北，简称鄂。自明代以来，就有"湖广熟，天下足"的谚语。鉴于其优越的地理位置和丰富的土地以及物产资源，终明一朝，先后有五位皇帝分封其子嗣于此，累计分封藩国 13 个，数量之众，居于全国之首。尤其是太祖就有 4 子在湖北，可见湖北在明朝皇室眼中的重要性。特别是兴藩成为明朝由旁支升至帝室的藩王之一后，嘉靖帝不仅将其龙兴之地安陆府升格为承天府，使其与应天府、顺天府并称明朝三大府，而且将其第四子朱载圳分封于湖北，可知湖北在嘉靖帝心中的份量是比较重的。

通过梳理就藩于湖北的 13 个藩国，按照其具体就藩原因，可细分为以下几种类型：

1. 首次分封

这类藩国主要是指从册封就藩到除国以来，未曾更换过封地，以楚、湘、郢、岐四藩为主。

楚藩成为明朝首批被分封的藩国之一，以及首个被册封于长江流域的藩国[23]，不仅是由于湖北地理位置的重要性，更是朱元璋"家天下"思想的结果之一。早在至正二十四年（1364 年）朱元璋称吴王，攻克武昌时，"（六子朱桢）始生时，平武昌报适至，太祖喜曰：'子长，以楚封之'"[24]。可见，太祖封王建藩的想法由来已久，故在登基称帝后第二年，令中书省编《祖训录》，定封建诸王国邑及官属之制，分封宗室，辅弼中朝，初步建立起明代的藩王分封制度。洪武三年，首次对其九子和侄孙同日册封，揭开了明朝历代分封同姓藩王的序幕。同时也实现了当初的许诺，将六子朱桢分封于武昌，国号"楚"。从某种程度上说，楚藩可以说是"大明首藩"，即首个被应允封藩的藩国。

楚藩首批被分封于长江流域，不仅因朱桢是首位被确立封地和王号的皇子，更是太祖对其能力的肯定和赏识。据史料记载："（朱桢）天资伟质，聪慧出伦，天性端重，幼而喜学"[25]、"王天资凝重，英睿凤成，高皇后特钟爱之"[26]。就藩后，朱桢多次率军出征，征讨湘贵，平定西南，对稳固明王朝西南地区的统治发挥了重要作用，起到了藩屏帝室，卫护大明中枢的作用。《明太祖实录》中记载亲王最早作为军事统帅，带兵打仗的事件是"（洪武十八年四月）思州诸洞蛮作乱，命信国公汤和为征虏将军，江夏侯周德兴为之副，帅师从楚王桢讨之"[27]。同时，其本人也是太祖在南方地区的"代言人"，是太祖实施同姓封王建藩政策成果的杰出代表之一。

2. 由他地改封而来

即首次受封就藩地不位于湖北省，而是后期因某些原因（政治、自然等）改封移藩而来，以辽、襄、荆三藩为主。

明朝分封亲王时，选择的封地一般位于交通便利、田土肥沃、地方富庶的重镇。而位于湖北的荆州府、安陆州和德安府先后分别有三个、四个、三个，总计十个藩国封藩于此，比有些省份一省的藩国之数都要多。这背后原因，与明朝封藩政策的变化有关。

明初，亲王人数较少，加之天下雄城重镇都还没有任何宗室就封，所以太祖可以很轻松地根据自己"家天下"的谋划将交通便利、田土肥沃、地方富庶且战略位置十分重要的重镇封给皇子们作为藩国，基本上是一省封藩一个。如太祖洪武三年首封的十王除九子赵王朱杞早夭未至国外，其余九王分别就藩于陕西西安府、山西太原府、北平府、河南开封府、湖北武昌府、山东青州府、湖南长沙府、山东兖州府、广西桂林府，"皆据名藩控要害，以分制海内"[28]。除山东有两位藩王外，其余均是一省一藩，这与明初皇子人数少不无关系，加之是首次封王，各藩国位置和人选的选择，都是太祖深思熟虑后的结果。

23. 还有八子潭王朱梓，于洪武十八年就藩长沙，晚于十四年已就藩的楚王朱桢。从"之国"时间来算，楚藩作为长江流域首个藩国之说是可行的。加之，洪武二十三年，受胡惟庸案牵连，朱梓与王妃於氏自焚死，无子遭除国。

24.（清）张廷玉等：《明史》卷一百一十六《诸王列传》，中华书局，1974 年，第 3570 页。

25. 详见《楚昭王碑》，此碑由朱桢孙康王朱季埱于正统十二年三月奉敕立于昭园。

26. 北京图书馆古籍出版编辑组编著：《历部•杂史类•楚纪》卷六，书目文献出版社，1988 年，第 82 页。

27.（明）胡广等：《明太祖实录》卷一七二，"洪武十八年四月丙辰"，台北"中央研究院"历史语言研究所，1962 年，第 2634 页。

28.（明）王世贞撰：《弇山堂别集》卷三十二《同姓诸王表》，中华书局，1985 年，第 562 页。

另外就是明初的军事防御重点在北方，如太祖朝分封的"边塞九王"，"此九王者，皆塞王也，莫不傅险狭，控要害，佐以元侯宿将，权崇制命，势匹抚军，肃清沙漠，垒帐相望"[29]，即通过将皇子分封在险要军镇，统帅亲卫及当地驻军，来抵御并征讨残元鞑靼诸部，以消除来自边疆的威胁。太祖一朝所封24位藩王，除5位皇子和1位侄孙就藩长江以南外，其余18位均受封驻藩于北方地区。

同时，为了消灭在南方的残余元朝势力，以及安抚西南诸少数民族，太祖于南方要地也设立了若干强藩，以皇子坐镇，统帅地方军事，起到屏护大明中枢的作用。六子朱桢就藩的楚国就是在此种历史背景下所封。

随着"靖难之役"的成功，燕藩升为帝室，朱棣继续沿用建文帝削藩政策，将部分塞王改封迁至内地。辽王朱植就是在此种历史背景下，由广宁府改封至荆州府。荆州早年为太祖十二子湘王朱柏的封国，其在建文元年受削藩波及，自焚而死，无子而遭除国。在"靖难之役"中，因朱植未相助，而遭朱棣记恨，"帝以植初贰于己，嫌之"[30]，将其改封荆州，后因其过而削其护卫。自此辽藩爵传七世八王，至隆庆二年（1568年）第八位王宪㸅因不法事，被废为庶人，圈禁于凤阳高墙，辽国除。直到天启七年（1627年），荆州迎来了明朝最后一位封藩在此的藩王——神宗第六子惠王朱常润。

此外，有些藩王因先前封国地理环境不是很好，上表朝廷要求更换封地，以襄、荆二藩为代表。"（正统元年秋七月甲辰）命襄王瞻墡自长沙迁居襄阳，先是襄王奏长沙卑湿，愿移亢爽地"[31]、"丁亥，书复荆王瞻堈曰'所喻建昌居址，岁久屋宅阴森，欲徙河南，且建昌本江南善地，非卑湿瘴厉之所。昔皇祖仁宗皇帝，择此以为叔之封国，今居十年，亦自安稳，且人之生死，自有定命，岂居河南者皆不□□，叔宜恪遵皇祖之命，安静以居，不可惑于邪言，骤求改徙'。书至，仍令长史纪善具情回奏"[32]、"庚戌，荆王瞻堈言'臣国于建昌僻处山，偶时有瘴疠，乞迁善地'。上命迁抚州，已而改命长沙。又以长沙卑湿，改命蕲州，以蕲州卫为王府，谕所司为王治之"[33]。这种以先前就藩之地环境不好而要求改封，且改封之地之前没有分封藩国，需要重新修建王府，而不是像明中后期一样利用旧藩府邸。也不同于辽藩因被皇帝猜忌、记恨，基于维护统治需要而被从北方边塞迁封内地的情况。

3. 旧藩新封

即此地先前已有藩国分封，后因绝嗣、犯罪、自尽、后裔犯法作乱等原因而遭"除国"，后期朝廷又重新册封新的亲王就藩于此，以梁、兴、寿、景、惠五藩为主。

随着立朝日久，皇室子孙们瓜瓞繁衍、宗支兴盛，人数越来越多，与之相反的却是国土面积并没有扩展多少，这就造成了后世皇帝在册封皇子（皇弟）时，需不断扩大亲王们建藩时要选择的封国位置，以缓解地方供养亲王的财政压力。大明两京一十三布政使司，最终从来没有亲王建藩的地方，仅有福建、贵州两地而已[34]。

———————————

29.（明）何乔远撰：《名山藏》卷三十六《分藩记》，北京大学出版社，1993年，第1页。

30.（清）张廷玉等：《明史》卷一百一十七《诸王列传》，中华书局，1974年，第3587页。

31.（明）孙继宗等：《明英宗实录》卷二十，"正统元年秋七月"，台北"中央研究院"历史语言研究所，1962年，第390~391页。

32.（明）孙继宗等：《明英宗实录》卷四十六，"正统三年九月丁亥"，台北"中央研究院"历史语言研究所，1962年，第889~890页。

33.（明）孙继宗等：《明英宗实录》卷一〇一，"正统八年二月庚戌"，台北"中央研究院"历史语言研究所，1962年，第2047页。

34. 北直隶曾建燕藩，南直隶曾建吴（周）藩、徐藩，浙江曾建吴藩、越藩，广东曾建淮藩，广西有靖江藩。

所以，在英宗天顺年间以后，后世皇帝所能选择富庶繁华、人口众多适合皇子（皇弟）的就藩位置越来越少。而之前已经分封就藩的历代亲王们，由于早夭、绝嗣、犯罪、自尽、后裔犯法作乱等原因，被废封或者"省国"的不在少数，这些没有亲王的旧藩国，大多都位于富庶繁华之地，之前的王府也还在，稍加修葺依旧可以使用，从而节省重复建造王府费用，并在转封后续亲王时，简化手续，把前任已废封亲王的"庄田"直接赐给后任亲王，不必再从民田中划拨，造成费时费力的弊端，以缓解明代中后期因宗室人数激增而产生的财政供养不足。

英宗朝以后，藩国移国改封的现象渐少，最后一位移国成功的藩王是宪宗九子寿王朱祐楷。其"弘治四年与汝、泾、荣、申四王同日封。十一年就藩保宁。正德元年以岐王世绝，改就岐邸于德安"[35]。

同时，后继的藩王继承了前任藩王的府邸庄田，需要承担前王陵园的日常祭祀，如《兴都志·卷之七·旧藩》载："正统六年（梁）王薨，景泰二年魏妃薨，无嗣。侧室张氏生女二，诰封为王夫人，赐敕掌王宫事，抚二女。长封新宁郡主，配仪宾陈宾；次封为宁远郡主，配仪宾张镒。成化十六年夫人卒，所遗庄田，襄府奏请带管。暨睿宗皇帝肇封，今龙潜旧邸而二府遂废，其诸土田则俱属邸内，供其祀事焉"。《明史》中也有相关记载："梁故得郢田宅园湖，后皆赐襄王。及睿宗封安陆，尽得郢、梁邸田，供二王祠祀"[36]。但前王的家眷则依然由朝廷承担供养，如郢靖王薨后，"宣德四年，以郢故邸封梁王瞻垍，移郢宫人居南京"[37]，三位郡主等则被朝廷接回都城（南京）供养。

因梁藩两位郡主年幼，朝廷特许王妃魏氏存留并加以抚养，而不是按明朝前期惯例，为王殉葬，"王以疾薨，欲随王逝。承奉司奏，蒙圣恩怜悯，遂降敕旨存留，抚养王二幼女，仍主王宫之事"[38]，不仅保留了梁藩府邸和庄田，也对其赏赐以便供养，"丙寅，命岁给梁王瞻垍妃魏氏并二女，本色禄米一千五百石，时王初薨，有司以为请，故命给之"[39]。直到成化十六年（1480年）夫人张氏卒，梁藩的庄田交由襄府代管。成化二十三年（1487年），宪宗四子兴献王朱祐杬封藩于此，朝廷又将郢、梁两藩的土田府邸归属于兴，出现了"三藩合一"的格局。至此，郢、梁两藩陵园的日常祭祀从襄藩转移到了兴藩。

4. 追谥

即生前未曾封土就藩，薨后被追封成亲王，且以亲王礼制下葬，主要是岳藩。岳藩始封王为明睿宗朱祐杬长子，世宗朱厚熜之兄朱厚熙。其生于弘治十三年（1500年）六月十二日，五天之后病死，未曾起名。嘉靖三年（1524年），嘉靖皇帝念其同出，追封为王，封号"岳"，谥号"怀"。这种类型的封王，追思的意义更大。

湖北八府一卫中，除郧阳府、恩施卫未封王就藩外，其余各府均有亲王就藩。郧阳府于成化十二年（1476年）为安置多省流民而设置，"己丑，开设湖广郧阳府，即其地设湖广行都司卫所及县，抚治荆襄。都御史原杰奏：流民之数，户凡一十一万三千三百一十七，口四十三万八千六百四十四，俱山东、山西、陕西、江西、四川、河南、湖广及南北直隶府卫军民等籍……盖荆襄流民，自永乐、宣德以来，言者每以为忧，至是设立军卫，有司编籍既定，遂帖然安堵，论

35.（清）张廷玉等：《明史》卷一百一十九《诸王列传》，中华书局，1974年，第3642页。

36.（清）张廷玉等：《明史》卷一百一十九《诸王列传》，中华书局，1974年，第3634页。

37.（清）张廷玉等：《明史》卷一百一十八《诸王列传》，中华书局，1974年，第3610页。

38.湖北省文物考古研究所等编著：《梁庄王墓》，"大明梁庄王妃圹志文"，文物出版社，2007年，第199~200页。

39.（明）孙继宗等：《明英宗实录》卷八十四，"正统六年十月"，台北"中央研究院"历史语言研究所，1962年，第1667~1668页。

者谓杰与李宾之功，良不少云"[40]。而恩施卫是少数民族集聚地，朝廷施行土司制度。所以上述一府一卫并不适合朝廷分封藩王。基于以上四种形制，湖北一省在明朝 276 年历史中，实际就藩 12 个，数量是最多的，留下了丰富的藩王文物资源。

明初之制，皇子既已出就藩国，虽殁而无后者，亦葬于藩府所在地，如封藩于荆州的太祖十二子湘献王朱柏、安陆的二十四子郢靖王朱栋，以及后来就藩安陆的仁宗九子梁庄王朱瞻垍等即是此种情况。

而到了成化八年（1472 年）九月，英宗第五子秀王朱见澍卒于封国汝宁，"讣闻，上（明宪宗）甚哀悼之，辍朝三日，赐祭葬如礼。上念王乏嗣，不忍遽弃，遣中官奉迎灵柩归葬于京城之西山"[41]，由此开启了亲王无后者归葬京师之例。此后，皇子之藩后卒而无子者皆归葬京师，宫眷还居京邸，成为定例[42]。如汝安王朱祐樒卒于封国卫辉，嘉靖三十七年闰七月，"丁酉，汝王祐樒薨无嗣国除，（明世宗）命保定侯梁继璠往迎王柩归葬，及其宫眷还京师"[43]，同年十月，"乙卯，诏修汝王府第于京师，以居宫眷。遣侍郎茅瓒、卢勋督、钦天监副杨绘往西山卜择葬所"[44]。嘉靖四十四年 (1565 年) 正月，"丁未，景王薨。上（明世宗）第四子……无嗣……遣中官王臻往经理其府事，迎柩归葬西山。处其宫眷于京邸"[45]。

因此分封在湖北的明代早期湘、郢、梁三藩虽因无子而遭除国，但依旧葬在其生前封国。其女有还居京邸、死后也葬在京邸者；也有死后祔葬在其父之旁者。前者如郢靖王的女儿谷城郡主，《明史》卷六记载，朱栋有女四人，"一夭，其三女封光化、谷城、南漳郡主……宣德四年，以郢故邸封梁王瞻垍，移郢宫人居南京"，其墓于 1969 年被发现于南京市雨花台区板桥，即"葬江宁县钟家冈之原"[46]，从考古发现印证了史料记载的正确。后者如梁庄王的两位女儿：新宁郡主和宁远郡主，皆葬于其父梁庄王墓附近。《兴都志》卷七、《钟祥县志》卷五："新宁郡主墓在石门山，与仪宾陈宾合葬。郡主，梁庄王长女也"。而明代中期以后所封的岐藩因无子而遭国除，死后还葬北京，宫眷皆还居京师。以至于后续分封于安陆的寿藩、景藩皆是因此，此处不再赘叙。

可见，在封建王朝的专制下，不管是出于维护其统治还是个人原因的恩宠，典章制度可以随着皇权的意愿而更改，并不是一成不变的。特别是随着立朝日久，宗室人数倍增，朝廷供养压力也随之剧增。统治者通过削减宗藩生前的俸禄待遇、死后的营葬等级规格等手段，缓解供养宗室的压力，这一点随着血脉关系日渐疏远而表现得特别明显。

四、结语

湖北地处我国中部区域，是承东启西、连南接北的枢纽之地，加之自身土地肥沃、人口众多、物产富饶、兼有鱼米之利等原因，成为明代封王就藩最多的省份。所封的十三个藩国，涵盖了从明初首封到明末最后一批分封就藩的藩国，

40.（明）刘吉等：《明宪宗实录》卷一六〇，"成化十二年十二月己丑"，台北"中央研究院"历史语言研究所，1962 年，第 2925~2930 页。

41.（明）刘吉等：《明宪宗实录》卷一〇八，"成化八年九月乙卯"，台北"中央研究院"历史语言研究所，1962 年，第 2111 页。

42. 刘毅：《明代藩王陵墓的考古学研究》，科学出版社，2021 年，第 32 页。

43.（明）徐阶等：《明世宗实录》卷四六二，"嘉靖三十七年闰七月"，台北"中央研究院"历史语言研究所，1962 年，第 7803 页。

44.（明）徐阶等：《明世宗实录》卷四六五，"嘉靖三十七年十月"，台北"中央研究院"历史语言研究所，1962 年，第 7848 页。

45.（明）徐阶等：《明世宗实录》卷五四二，"嘉靖四十四年正月"，台北"中央研究院"历史语言研究所，1962 年，第 8762~8763 页。

46. 南京市博物馆：《南京市两座明墓的清理简报》，《华夏考古》2001 年第 2 期。

其类型丰富、形式多样，贯穿了整个明朝发展历史，同时也为后世提供了一部难得的藩国史研究题材。可以说，"一部明朝藩王史，半部在湖北"。特别是兴藩成为明朝唯二由京畿以外旁支入继大统的藩王，是明朝三大帝系的重要构成之一，续写了明朝新的历史篇章。嘉靖皇帝将其出生地取"祥瑞钟聚"之义，赐名"钟祥"，同时将安陆府升格为承天府，使其与应天府、顺天府并称明朝三大府，使得湖北在明朝历史发展中达到了最高峰。

作为就藩最多的省份，湖北不仅在明朝历史发展中起到了重要作用，许多重大的历史事件与其息息相关，而且也留下了丰富的文化遗产资源。如作为中南六省唯一的一座明朝帝陵——显陵，不但是嘉靖初期重大历史事件"大礼议"的直接产物，其规划布局和建筑手法独特，在明代帝陵规制中具有承上启下的作用，尤其是"一陵两冢"的陵寝结构为历代帝王陵墓绝无仅有，以其独特的魅力屹立于世。梁庄王墓出土的众多精美珍贵文物，见证了郑和下西洋时期明王朝的辉煌，是明王朝与周边国家文化交流和开展贸易的直接体现。而作为明朝皇室家庙的武当山，更是以其雄奇秀丽的自然景色和宏伟壮观的建筑闻名于世，除了明朝皇室留下的众多文物遗存外，也有部分来自各藩国所捐助的建筑和文物，使其文物来源丰富多样化。楚藩作为首个分封于长江流域、也是首个被应允封藩于此的藩国，从某种程度上可以说是大明首藩，其享国 274 年，可以说"一部楚藩史相当于半部明朝史"，是明王朝兴衰荣辱的亲历者。

另外，数量众多的宗室墓葬自成体系、信息丰富，具有很高的学术和历史价值，对研究明朝时期不同地位的宗室墓葬形制、文物以及历史具有重要的参考价值，同时也丰富了这一时期的考古学资料和研究对象，也有助于推动中国晚段考古学研究方法的探索和归纳总结。可以说，湖北是明代藩王文物资源的富集地，而丰富的明代藩王文物资源也是荆楚文化的重要组成部分。

备注：本文为湖北省文化和旅游厅项目"湖北省长江文物资源专题调查"子项目"明藩王文物专项调查与课题研究"（项目批准号：鄂文旅函〔2022〕3 号）阶段性成果之一。

武汉龙泉山明代楚藩九王陵概述

刘治云　武汉市江夏区博物馆

　　龙泉山明楚王墓于 2001 年 6 月 25 日被国务院公布为第五批全国重点文物保护单位，其位于武汉市东湖新技术开发区（原隶属江夏区）龙泉街道龙泉山的一葫芦形小盆地内。小盆地由北侧天马峰、南侧玉屏峰两条山系蜿蜒相环，两山之间有珠山相间，有"二龙戏珠"之称，总面积近 7.6 平方公里。龙泉山西距武汉城区约 21 公里，东、北、南三面环水，滨临梁子湖，具体位置在东经 114° 01′ ~114° 35′、北纬 29° 58′ ~30° 32′ 之间。明洪武三年（1370 年），明太祖朱元璋封第六子为楚王，洪武十四年（1381 年）楚王（昭王朱桢）就藩于武昌，并将龙泉山开辟为楚藩陵寝，至崇祯十七年（1644 年）明代灭亡，楚藩在武昌府生活了 264 年，几乎贯穿了整个明代历史。其在这里相继修建了昭、庄、宪、康、靖、端、愍、恭、贺（贞）八代共九座王陵陵园，形成了一组庞大的藩王墓群。

　　楚藩各陵园均由城垣、门楼（外门）、神道、金水桥（目前仅见于昭园、愍园）、陵恩门（中门）、陵恩殿（享殿）、神帛炉、东西配殿、值守班房以及内红门、拜台等地面建筑组成。各陵园主体建筑布局相同，除昭园、愍园地表建筑基址保存相对较完整外，其余七座陵园建筑基址破坏严重，特别是宪王、恭王的地宫及其地表建筑已于 20 世纪 60 年代遭毁，破坏得十分严重。各陵园占地面积亦有大小之别，其中以昭王陵园最大，面积为 11 万平方米，约合 181 明营造亩；第六代（第七位）楚王朱显榕的愍园，面积为 4.5 万平方米，约合 74 明营造亩。此外昭园、庄园、端园立有的碑亭尚存，愍园经过考古钻探，确定了碑亭基址尚存，余下几座陵园暂未发现有碑亭遗迹。下面就龙泉山明楚王墓八代九王陵园保存现状分别介绍如下。

图一　昭园保存现状

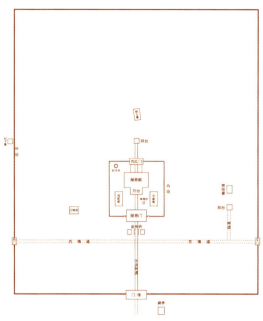

图二　昭园平面分布示意图

一、昭园

昭园系楚藩始封王朱桢的陵园（图一）。朱桢为朱元璋第六子，洪武三年（1370 年）被封为楚王，洪武十四年（1381 年）就藩于武昌，永乐二十二年（公元 1424 年）卒。其陵园是龙泉山明楚王墓中规模最大的一座，坐落于龙泉山主峰天马峰南坡，坐北朝南，方向 147°。整座陵园北边高、南边低，依山就势修筑而成。

昭园分内、外两重城垣，平面呈"回"字形（图二）。城垣全用大青灰砖砌建，其中外城垣南北长 353.5 米，东西宽 321.4 米，墙体全用石块垫基，现存墙体最高达 3.3 米、厚 0.9 米。在外城垣南、北两侧的墙基均建有半月形的券拱泄水孔；内城垣位于园内中部后段，平面呈正方形，南北长及东西宽均为 67 米。1984 年对内城垣进行了修复，现有墙高 2.7 米，厚 0.4 米。园内地下建有排水暗沟。

昭园整体布局规整合理，沿中轴线由南向北依次建有正门楼（外门）（图三），其进深 10.5 米，宽 27.4 米，总面积 288.7 米，呈并列的三券洞式门。正门楼（外门）前后分设外、内神道，外神道向南延伸近 100 米直通大观桥，内神道（用一米见方的汉白玉石块铺砌而成，宽近 6 米，长 70 余米）北进至金水桥（图四）。金水桥有三座，为单孔券顶式石拱桥，中间桥最大，东、西两侧桥稍小，全用大青条石修建，桥的栏板石、望柱石用汉白玉大理石建造，上面刻有蟠龙纹、云纹，通高 1.45 米。中间桥长 12 米、宽 4.2 米、拱高 2.8 米、跨度 2.3 米；东、西两侧桥长 12 米、宽 2.2 米、拱高 2.7 米、跨度 2.3 米。是

图三　昭园外门现状

图四　昭园金水桥现状

进内城垣的连接通道，过桥便进入陵恩门（中门）（图五），此也为内城垣正门，陵恩门（中门）现残存原建筑基，四周的墙基，墙角的赑屃及殿内的门槛石，门前台阶石、柱础石均尚存，进深14米，宽26米，建筑面积约365平方米。再向北约15米是陵恩殿（享殿）的月台（图六），月台（总面积135平方米）北是陵恩殿（享殿），此殿是昭园中最大的一处建筑，建于洪武十四年（1381年），毁于崇祯十七年（1644年）。因殿基址完好，1988年对其进行了恢复重建。享殿进深19米，宽32米，现总建筑面积为608平方米，面阔五间，进深三间，九檩二环柱列梁架结构，单檐歇山式顶，绿色琉璃瓦屋面，檐下置放单翘单昂五踩斗拱。其殿四周有四廊，廊边有栏板及望柱，均用汉白玉大理石建造，并且在栏板石下等距离砌有小龙头（螭吻），可出水，殿基四角镶嵌有大理石质的赑屃，十分精美，在其殿的东、西两侧各有一配殿，属祭祀性建筑，修复于1988年。配殿均进深10.5米，宽17米，建筑总面积各达178.5平方米，面阔三间，五花山墙，七檩前廊悬山顶式，檐下置放一斗二升交麻叶斗拱，保持了明代建筑风格。另在东、西配殿的南边各建有一班房，面积约15平方米；其中东配殿西边有一座神帛炉（图七），是祭祀活动期间焚化金银帛和祭文的炉子，建筑面积6.25平方米。

由陵恩殿（享殿）再向北穿过棂星门（内红门），依次为祭拜的拜台和埋葬朱桢的地宫（坟冢），其中拜台用青条石铺砌，置有石五供。

昭王地宫于1990年12月5日至1991年1月10日由湖北省文物考古研究所（现为湖北省文物考古研究院）主持发掘，武汉市博物馆和武昌县博物馆（现为武汉市江夏区博物馆）协助完成。朱桢墓也是明楚王墓中唯一一处经考古发掘的亲王墓葬，其占地面积约912平方米，形制为长方形砖室墓，券顶，墓室东、西、北三面各设有一龛室。主室南北长13.84米、东西宽5.78米、高4.78米。墓室外壁先裹一层三合土层即用糯米浆搅拌沙、土、石灰而合成，厚0.5~0.6米；再外一层为木炭层，封闭严密，木炭层厚0.12~0.13米。三合土层、木炭层具有防盗、防潮的功能；木炭层之上为封土层，厚1.8~4米，系黄红色黏土，土质较硬，堆土中含有大量不规则的砂岩石块，同样具有防盗的作用。

昭王墓清理随葬品共318件，有石圹志、金器、铅锡、铜、铁、漆木、瓷器、冠带佩饰、册宝牌旌、丝绸果品等，尤其是石圹志对朱桢的下葬年代有明确记载即永乐二十二年（1424年）。在昭王墓冢西侧40米处还有一座墓，经考古钻探，依据明制，推测墓主应为昭王元妃王氏。另在昭园外的东、西两侧分布有五座明墓，其中东面3座已于

图五　昭园中门及享殿现状

图六　昭园享殿及月台现状

图七　昭园神帛炉现状

上世纪 60 年代被毁。西边 2 座被破坏后，文物部门于 1982 年做过清理发掘，其中一座可能是昭王第五位夫人程氏的墓葬。

此外，在正门楼（外门）左、右两侧各设有一角门，外城垣东、西两侧靠南各开有一侧门，正门（中门）两侧各有一披门。金水桥西边不远外建有一个卫陵宫，为后期复建。正门楼（外门）外东南侧建有一座碑亭（图八），赑屃与碑保存较好，占地面积 84 平方米，碑亭于 1990 年重修。

二、庄园

庄园系楚藩第二代王朱孟烷的陵园，其为昭王朱桢长子，建文二年（1400 年）袭封王爵，正统四年（1439 年）薨，享年 58 岁。庄园位于玉屏峰西北坡山脚下，坐东朝西，东面高，西边低，依山势而砌筑，与昭王陵园遥相对应（图九）。

陵园布局与昭园大体相似，分内外两重城垣，平面呈"回"字形（图十），陵园南北长 194 米、东西宽 158 米，占地面积达 3 万平方米。该陵园遭破坏严重，陵园墙基石、砖已毁，但可发现断续的基槽沟痕，其地上建筑不复存在，但正门楼（外门）的基石尚存。

庄园整体布局合理规整，是严格在明代亲王陵园制度规定下修建的产物。下面按庄园中轴线，由西向东依次对保存下来的建筑遗迹作出简述介绍。

正门楼（外门）仅存三孔门的基础石，占地面积 172.2 平方米，系用汉白玉大理石砌筑。南、北两边的陵园残墙用青灰砖砌建，正门楼（外门）内、外相连神道均已毁。东进便是陵恩门（中门）残基，进深 11 米、宽 15 米，占地面积 165 平方米，其基址发现有柱础石、铺设地面用的青灰色方形砖（也叫金砖）以及墙基石等建筑材料。陵恩门（中门）前没有金水桥。过了陵恩门（中门）向里进便是月台，月台的后面紧临残基尚存的陵恩殿（享殿）。月台进深 6 米、宽 12 米；陵恩殿（享殿）进深 18 米、宽 17 米。同样在此残基上，发现有铺地砖、墙基石、青石料、柱础石等建材。在陵恩殿（享殿）的南、北两边同样有配殿基址，进深 9 米、宽 14 米，占地面积达 126 平方米；其内城垣墙基断续相连，破坏十分严重。

由陵恩殿（享殿）过棂星门（内红门），便是庄王和其王妃的坟寝，坟前的拜台仅存残基，破坏严重。拜台后不远处，分别是庄王和庄王妃邓氏的地宫，两者呈南北向分布。其中庄王地宫上世纪 60 年代因当地村民取砖做队屋而被破坏，仅残存墓室后段券顶及砖墙。从现

图八 昭园碑亭现状

图九 庄园保存现状（2009 年）

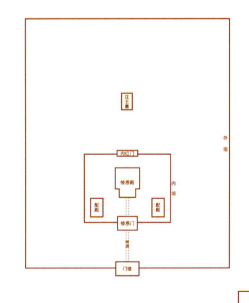

图十 庄园平面分布示意图

残存的地宫看，其与昭王地宫结构大体相同，只是规模不及后者。庄王墓冢封土堆长 22 米、宽 18 米，占地面积约 396 平方米。

另外，在正门楼（外门）外南侧不远处建有一座碑亭（图十一）。碑亭顶部坍塌，其四面用大青灰砖砌建的墙体均保存较好，亭门朝西，单券洞形拱门，亭内的赑屃背上竖立着一长方形石碑，碑文较清晰，碑正面上方刻有龙纹、祥云图案。此亭是整个明楚王墓群中三个碑亭中保存得最好的一处，对修复其它的碑亭，保持明藩王陵碑亭的建筑风格，有很好的借鉴作用。还需交代一下的是，在此亭的墙砖上发现一些砖侧面阳刻"官"字（图十二），它们应是楚王府专置窑场的烧制产品。在江夏豹澥（现属东湖高新区）新光村万家咀西南的梁子湖边、大桥西潭汤逊湖边、法泗斧山村金水河边、土地堂的新屋张梁子湖边均发现有烧制大青灰砖的馒头窑，并带有"官"字铭文，其窑址的年代均为明代，说明楚王墓群八代九王陵园的用砖，均由本地砖窑烧制。

庄王陵园虽未做过发掘，但武汉市文物考古研究所于 1997 年 3 月对陵园进行了测绘，同时对园内的杂树、杂草、杂物进行清理，也对基础建筑做了规整。到目前为止，该陵园各建筑基址已按原样得到全面修复，配立了陵园的简介牌、保护标志等。上世纪 80 年代修建的一条从陵园内通过的公路也在 2020 年园区改道工程中做了调整。新修的道路从陵园外通过，确保了陵园完整保存的现状。

图十一　庄园碑亭现状

图十二　庄园碑亭墙砖上的"官"字

三、宪园

宪园系楚藩第三代王朱季堄的陵园，其为庄王庶长子，宣德二年（1427 年）袭封王爵，正统八年（1443 年）卒，在位 16 年，享年 39 岁。宪园位于天马峰南坡向东延伸的山脚下，与西边的昭园东墙相距约 100 米，坐北朝南，北面高、南边低，依山势而修建，近南北走向。

陵园整体布局与昭园及其他几个陵园的结构大体相近，只是面积有大小之别，内、外两重城垣，平面呈"回"字形，外陵园南北长 154 米、东西宽 153 米，西北角外墙为弧形，可能与此地形现状有关，占地总面积约 2.3 万平方米。"文革"时期，在此地修水渠以及开荒种地，使得陵园遭到严重破坏，仅有东、西配殿的基址残存，配殿进深 9 米、宽 15 米。余下碑亭、门楼（外门）、神道、陵恩门（中门）、内垣、月台、陵恩殿（享殿）、墓冢（仅存墓坑）等结构均已遭毁，破坏十分严重。据当地村民讲：当年取墓室砖时有青花瓷器出土并流失损毁。同样，宪王坟冢西边的王妃傅氏墓（图十三），也难以幸免，遭到彻底破坏。

图十三　宪园封土堆现状

四、康园

康园系楚藩第三代第四位王朱季埱的陵园，其为庄王庶二子，宪王弟，正统九年（1444年）袭封王爵，天顺六年（1462年）卒，在位18年，享年38岁。陵园位于天马峰南边，与其对峙的龙帐峰东北坡山脚下，和位于北边天马峰南坡的昭园遥相呼应。整座陵园坐西南朝东北，依山势而修建，南高北低，近东西走向。

从调查情况得知，康园地面建筑布局与其它几座明楚王陵园的结构大体相同。调查发现，其占地面积较小，应是八代九王陵园中面积最小的一个。陵园东西长110米、南北宽78米，墙体宽0.5米，高度不明，占地面积0.85万平方米。陵园外城垣呈"口"字形，由于调查暂未发现内城垣，无法确定其具体形状。陵园东边因开荒种地，损毁严重，正门楼（外门）、碑亭、神道、陵恩门（中门）等建筑结构不明，仅发现四个柱础石墩。由东向西还依次发现月台、陵恩殿（享殿）残存的基址。月台进深9米、宽14.8米；陵恩殿（享殿）进深14米、宽17米。棂星门（内红门）、拜台均已毁。后面的康王冢尚存，封土堆长10米、宽8米、高达3.5米；在康王冢（图十四）的南边紧相邻有2个封土堆，依次渐小，分别长9.4米和8米、宽6米和5米、高均在2.5米。

另外，在此陵园的东坡下发现大量毁坏了的琉璃筒瓦片、瓦当（图十五）、青灰残砖，部分瓦当上饰有龙纹图案，十分精美。

五、靖园

靖园系楚藩第四代第五位王朱均鈋的陵园，其为宪王三弟朱季𡑍的长子，成化元年（1465年）袭封王爵，成化五年（1469年）卒，在位4年，享年64岁。陵园（图十六）位于玉屏峰西北坡山脚下，南边不远是端园，西边则是恭园，北边与愍园相近，陵园内、外杂树杂草灌木丛生。整座陵园坐东朝西，依山势而建，东高西低，方向北偏西42°。

靖园整体布局与其它几座陵园结构大体相同，面积不大，陵园平面呈"回"字形（图十七）。陵园南北宽78米、东西长164米，占地面积达1.3万平方米。从实地调查的情况看，地面建筑几乎完全损坏，仅存断续的各种建筑残基。下面由西向东沿陵园中轴线依次对保存下来的建筑遗迹逐一简述。先是正门楼（外门）为三孔门，其基础石尚存，系汉白玉大理石的材质。正门楼（外门）进深9.8米、宽17米，占地面积约166.6平方米。一条现代村公路由南向北从此穿过，并将

图十四　康园封土堆现状

图十五　康园中采集的建筑材料滴水

图十六　靖园现状

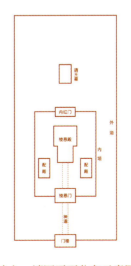

图十七　靖园平面分布示意图

正门楼（外门）与陵园内隔开，进门的内、外神道已毁；东进便是陵恩门（中门）残台基，进深 9.8 米、宽 15.3 米，建筑面积 149.9 平方米；陵恩门（中门）与陵恩殿（享殿）之间有一空间场地，相隔约 17 米，并在其两侧有左、右配殿，配殿进深 9 米、宽 15 米，建筑面积 135 平方米，台基尚存；再向东便进入月台至陵恩殿（享殿），月台、陵恩殿（享殿）墙基均用青条石砌建，地面用正方形青灰砖铺设，墙体均已毁掉。月台进深 12 米、宽 12.7 米，建筑总面积 152.4 平方米；陵恩殿（享殿）基址进深 14.9 米、宽 18 米，建筑总面积 268.2 平方米；过棂星门（内红门）到拜台，仅看到用砖砌的残痕，相关建筑大小不明；过拜台不远便是靖王墓冢与王妃周氏墓冢，两者占地面积达 300 平方米，其中靖王墓冢封土堆高约 7 米。封土堆的四周全用山上的不规则卵石垒砌，达到防止封土流失以及防盗的作用。

图十八　靖园中采集的建筑材料

从整个明楚藩八代九王陵园保存现状看，靖园现存的残基遗存是相对较好的，它仅次于昭园、愍园。先后于 1990 年 10 月及 2022 年对其作过清理规整，清理陵园内的杂树杂草，规整了建筑基址，也将一条贯穿陵园的村公路向西移出了陵园，保持了陵园的原状。同时，用植被勾勒出陵园的建筑平面，使其成为供游客参观的遗址公园。

另外，在调查中发现其西坡地带有大量被破坏掉的建筑材料，如大青砖残块、残断的青条石、饰有布纹的灰瓦片及饰绿琉璃的筒瓦、瓦当等（图十八），瓦当上饰有龙纹图案，相对规整。

六、端园

端园系楚藩第五代第六位王朱荣㳦的陵园，其为靖王长子，正德七年（1512 年）袭封王爵，嘉靖十三年（1534 年）卒，在位 22 年，享年 56 岁。陵园（图十九）位于玉屏峰与笔架峰相间的西山坡脚下，北与靖园相隔约 200 米，南与贺园相距约 100 米，与西边的康园遥对相望，间隔约 600 米。陵园坐东朝西，依山势而砌建，东高西低，近东西走向，方向为北偏西 84°。

端园建筑布局与其它几座明楚王墓陵园结构大体相同，因上世纪 70 年代在其北部建有村林场的宿舍民房，故陵园破坏十分严重，陵园内的建筑基址残痕依稀可辨，特别是外城垣围墙的基槽十分明晰。其陵园东面即外城垣后端呈圆弧形，与前面上述五座陵园的城垣后端呈方形不同，但与后面的愍王、恭王、贺王陵园的外城垣后端一致。由此看来，从此时期开始，修陵园者已发现高处城垣呈弧形有利于防止山体滑坡，减少山水冲击造成墙体的倒塌，也符合力学原理，所以后

图十九　端园现状

几座陵园是在前几座陵园的基础上得到经验的积累而做了改进。端园东西长 195 米、南北宽 120 米，占地面积达到 2.34 万平方米。从正门楼（外门）沿中轴线向东依次为正门楼（外门）的三孔门洞墙基残存，进深 9.8 米、宽 17.2 米；内、外神道被破坏。向东进发现有陵恩门（中门）基址残存，另有三个柱础石保存下来，陵恩门（中门）进深 11 米、宽 15 米，建筑面积达 165 平方米；陵恩门（中门）到陵恩殿（享殿）之间有一相隔约 16 米的空间场地，在其左、右两侧各有一配殿，均进深 9 米、宽 15.8 米，建筑面积达 142 平方米。再向东，便是残存的月台基址，其长、宽各 12 米，建筑面积 144 平方米；过月台就是陵恩殿（享殿），仅残存少许基址，进深 14.8 米、宽 17.5 米，总面积达 259 平方米；其内城垣及拜台均已被毁掉；再向东进便是端王墓冢与王妃姚氏墓冢，封土占地达 336 平方米（长 21 米、宽 16 米），高 4 米余。墓冢距外城垣后围墙 71 米。另外，陵园正门楼（外门）南侧不远处有一碑亭（图二十），赑屃、碑均保存完好，系用花岗岩青石料制成，但尺寸均较小，不如昭园、庄园碑亭规模大。现存碑亭的四墙及亭顶是 1993 年在原基础上修复而成，亭呈正方形，长、宽各 8.8 米，券门宽 3.3 米。

此外，在早期调查中，发现有大量的建筑残料堆积在陵园废墟上，如大灰砖残块、卵石、青条石、柱础石、绿色的琉璃瓦当、筒瓦片，个别瓦当饰有较清晰的龙纹。此陵园未作清理，仅 1992 年做过测绘工作。

七、愍园

愍园系楚藩第六代第七位王朱显榕的陵园，其为端王庶长子，嘉靖十五年（1536 年）袭封王爵，嘉靖二十四年（1545 年）被其子朱英耀所弒，在位 9 年，享年 32 岁。陵园（图二十一）位于玉屏峰北部的西坡下，北与庄园相距不到 50 米，西南部与恭园相距约 200 米，西北遥望天马峰下的昭园。陵园坐东南朝西北，依山势而建，东南高西北低，方向北偏西 60°。

愍园是楚藩八代九王陵园中规模仅次于昭王陵园的一座，其现存的陵园建筑基址也是保存较好的，仅次于昭园。陵园整体布局大体与昭园相似，分内、外两重城垣，只是外城垣后端即东南高处的城垣呈圆弧形，而非方形（图二十二）。其外城垣南北长 260 米、东西宽 138 米，后墙弧长 188 米，占地面积达 3.6 万平方米。陵园内建筑基址虽遭到不同程度的破坏，但仍清晰可辨。下面从正门楼（外门）沿陵园

图二十　端园碑亭现状

图二十一　愍园现状

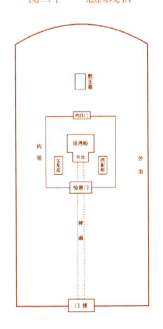

图二十二　愍园平面分布示意图

中轴线由西向东逐个简述。正门楼（外门）(图二十三) 为三孔门，门楼基座、门槛石以及四周的铺地石尚存。另外三孔门所对应的内、外神道台阶均在，以及相连接的南、北垣墙残基尚存，垣墙用大青灰砖（长约 47 厘米、宽 22 厘米、厚 16 厘米）垒砌。正门楼（外门）进深 11.7 米、宽 26 米，建筑总面积 304.2 平方米。从门楼到陵恩门（中门）之间的神道用砖铺垫，但局部已残损，神道长约 50 米。向东进便是陵恩门（中门），基址尚存，保存相对较好。在其四周有较多坍塌废弃的石构件、砖块、琉璃瓦片，四角的大龙头（螭吻）也倾倒在地上，

图二十三　愍园外门清理后的保存现状

基址上还有几个残存莲花纹的柱础石及正方形的大青灰色铺地砖。陵恩门（中门）进深 11.6 米、宽 23.1 米，建筑面积约 304.2 平方米。过陵恩门（中门）再东进便是一个空间活动场地，与后面的月台相距约 19 米；月台后面与陵恩殿（享殿）相邻，月台基址残存，四周的基墙全用大青条石砌筑，地面残留有正方形大青灰色的砖，月台西边前三个台阶残存，用青条石砌建，月台进深 9.4 米、宽 16.5 米，建筑总面积 155 平方米。陵恩殿（享殿）基址台地相对保存较完好，基址全用大青条石修建，四角的大龙头倾倒在地，东部的台基墙上还残存一个小龙头（螭吻），四周这样的小龙头大多已损坏掉；在陵恩门（中门）与陵恩殿（享殿）之间左右两边不远处建有配殿，仅存残墙基址，同样由长方形大青灰砖修建，墙基四周的台地全用青条石砌建，配殿内地面还残存有柱础石、灰陶铺地砖等遗物，左、右配殿进深 9 米、宽 18.7 米，建筑面积达 168.3 平方米。过棂星门（内红门）就是拜台，拜台基础尚存，用青条石砌建，错落有致。过拜台不远处是愍王墓冢与王妃吴氏墓冢，从现存情况来看，愍王墓冢早期已遭到破坏，其右边的王妃墓冢保存稍好，同样发现墓冢的封土中掺杂有大量不规则的砾石块，具有防止封土流失和防盗的作用。

陵园于 2010 年由市考古所负责对其基址进行清理规整；1997 年开展测绘工作；2022~2023 年对该园再次全面清理发掘，规范修复了整个陵园基址，并且对正门楼（外门）外西边相距约 70 米的荷花池进行了考古发掘工作。荷花池近半圆形，四壁用不规则砾石（就地取材的石块）修建，占地面积约 2000 平方米。荷花池至外门的神道已修复。该陵园也用植被勾勒出陵园的建筑平面，成为供游客参观的遗址公园。

八、恭园

恭园系楚藩第七代第九位王朱英𤐣的陵园，其为愍王庶二子，嘉靖三十年（1551 年）袭封王爵，隆庆六年（1572 年）卒，在位 21 年，享年 45 岁。陵园位于玉屏峰西北坡下，北边不远是愍园，南边则是靖园。陵园 (图二十四) 于上世纪 60 年代遭到损毁，地面建筑材料几乎全被取走，仅尚存少许基址，陵园内现杂草丛生。整座陵园坐东朝西，依山势而建，东南高西北低，方向北偏西 48°。

恭园整体布局与其它几座楚王陵园的结构大体相近，实地调查发现也是如此。陵园为内、外两重城垣，与愍园形制一样，外城垣后端即东南高处的城垣呈圆弧形。其外城垣南北长 90 米、东西宽 139 米，总面积达 1.25 万平方米。因"文革"时期"破四旧"，陵园破坏相当

图二十四　恭园现状

严重，仅残存建筑基址、墓冢坑及大量青灰砖残块、灰陶瓦片以及少量的琉璃瓦片、石构件等。下面从正门楼（外门）由西向东依次介绍，正门楼（外门）仅残存废弃建筑基址堆积，结构不明，进深约 10.5 米、宽 16.3 米，内、外神道已完全被破坏掉；后进到陵恩门（中门），基址犹存，墙基址可辨，砖及石块均已取走，仅在基址的东北边发现残留的几块墙基石，进深 9.3 米、宽 13 米；陵恩门（中门）左、右两侧的小班房基址还在，进深达 6.5 米、宽 4.6 米；另外左、右配殿基础可辨，进深约 8.3 米、宽 12 米。从陵恩门（中门）到后面的月台相距 8.5 米，月台同样也仅存残基，大量的废弃建筑材料堆积其上，地面还残留几大青灰色方块石板，月台进深约 6 米、宽 10.5 米。后进是陵恩殿（享殿），基址尚存，台基上残留大量的碎灰砖渣、瓦片及少许的残石块，未发现大、小龙头（螭兽）的雕刻物保留下来，此殿进深达 13 米、宽 17.1 米；陵恩殿（享殿）与内城垣的棂星门（内红门）相距约 5 米，门基址尚存，进深 5.5 米、宽 14 米；再向后便是恭王墓冢与王妃高氏墓冢，墓冢前方未发现拜台，有可能是完全被破坏掉。两墓的墓砖几乎完全被取走，仅存破坏时遗留下的碎砖渣。恭王墓冢封土堆长约 17 米、宽 15.6 米、高 3 米；王妃高氏墓冢封土堆长 14 米、宽 8.2 米、高 2.5 米。

恭园到目前为止，未做过清理发掘工作，仅 1997 年 3 月由武汉市文物考古研究所负责对此陵园做过测绘工作。龙泉山明楚王墓文物管理所下一步计划清理该陵园，将它与其它几座陵园同步打造成遗址公园。

九、贺（贞）园

贺园系楚藩第八代第九位王朱华奎的陵园，其为恭王长子，万历八年（1580 年）袭封王爵，崇祯十六年（1643 年）被害，终年 87 岁，在位 71 年，是楚藩八代九王中在位最久且岁数最长的一位楚王，也是明代楚藩最后一位王。1643 年，张献忠攻克武昌城，活捉贺王朱华奎，问其王府事宜，当时贺王年岁已高，闭目而搪之，激怒张献忠，令随从用竹兜将楚王投入江中，他是一位忠于朝廷、宁死不屈的楚王，所以明史记载他为"贞王"。

陵园位于玉屏峰偏南的笔架峰北坡下，坐南向北，依山势而建，呈南高北低状，方向为北偏西 10°。与其东面的端园相距约 100 米，是玉屏峰西南边的最外的一座王陵。

图二十五　贺园封土堆现状

贺园同样是内、外两重城垣，与端园、恭园、愍园形制一样，外城垣的后端墙呈圆弧形。外城垣南北长 132 米、东西宽 118.8 米，后围墙弧长 143 米，陵园占地面积 1.56 万平方米。因上世纪"文革"时期"破四旧"，破坏十分严重，地上的建筑几乎夷为平地，仅存残断的基址依稀可辨，废弃建筑材料如灰砖、陶瓦残片满地皆是。下面由北向南从正门楼（外门）残址开始进行介绍。正门楼（外门）仅存基址，进深约 5.7 米、宽 13.7 米，建筑面积 78 平方米，内、外神道均已损毁。步入陵恩门（中门），也是残台基址仅尚存沟槽，进深约 11 米、宽约 14 米，建筑面积 154 平方米；左、右配殿基址犹存，进深 13.2 米、宽 7.2 米，建筑面积 95 平方米；月台基址也尚存，进深 6 米、宽 12.9 米，建筑面积 77.4 平方米；过月台到陵恩殿（享殿），基址尚存，台基上也留存一些废弃建筑材料堆积如砖渣、瓦片等，进深 13 米、宽 17 米，建筑面积 221 平方米；从陵恩殿（享殿）过内城垣的棂星门（内红门），门基础尚存，进入后面的拜台，拜台仅可辨其台基址；再向后为两墓冢，即贺王墓冢与王妃墓冢（图二十五），两者左、右相对应，墓冢堆较小，直径均大约 10 米左右，封土堆高约 2.5~3 米。两墓虽未被损毁，但在各墓前都有一个盗洞，推测早年已被盗过。

贺园虽是明朝最后一座楚王陵园，但陵园结构布局也基本与其它八座楚王陵园结构布局相当，仅是贺王墓冢、王妃墓冢较小而已，这也从侧面反映出明朝晚期经济衰落、财力不足的困境，体现一个朝代的终结。贺王陵园现已打造为遗址公园，已面向公众开放。

通过以上对楚藩八代九王陵园的浅述概括，我们不难发现龙泉山明代楚王陵区，八代九王陵园从明初至明末，贯穿整个明代始终，形成一个完整的明代藩王葬制序列。我们从中既可看到明代丧葬祖制的特点，又可看到明中期以后皇陵对这里的影响，但更多的是看到了明楚王陵园自成一体的建筑风格和布局规整，也从侧面窥见当年修建陵园的规模，以及能工巧匠的技艺和明王朝财力集中的体现。我们或许也可从明楚王陵园来探寻和研究不复存在的武昌楚王府以及楚藩王历史，印证史籍以及弥补文献记载的不足。特别是 1990 年 12 月至 1991 年 1 月对明楚昭王朱桢（第一代楚王）墓的发掘，使我们得到了一手完整的真实材料，其墓葬结构、形制特征以及墓葬中出土的随葬品，对我们研究明代藩王的丧葬、政治、经济等制度都具有极其重要的价值。余下八王陵寝虽未发掘，大部分已遭不同时期的破坏，但各陵园现存建筑基址风格也大体相似，只是陵园占地面积大小不同罢了。整个陵区约 7.6 平方公里，规模庞大，是明楚王墓群的一大特点。作为目前保存完整的明代藩王陵区，楚王陵园也为我们研究明代的藩王体制、皇家丧葬制度以及明代武汉地区的政治、经济、文化、世俗等提供了翔实珍贵的实物资料。

明楚王墓群已正式纳入国家考古遗址公园的行列，已成为楚地极具历史特色文化遗址展示公园，保存相对完好的明楚藩王墓葬群及陵园建筑遗址是一处不可多得的历史文化信息宣传阵地。

绘图：胡艺

摄影：刘治云

明朝皇亲贵胄之"三王封郢"

周红梅　钟祥市博物馆

古郢中，春秋战国时为郊郢，称楚别邑，系楚国陪都。明朝初期，古郢中所在地为安陆府长寿县，洪武九年（1376年）改为安陆州，嘉靖十年（1531年）升安陆州为承天府，同时，以"钟聚祥瑞"之意而赐名"钟祥县"，沿用至今。因为县城紧靠汉水，地理位置十分重要，朱元璋在至正二十五年（1365年），命常遇春攻城略地，往取安陆、襄阳时就曾告之："安陆、襄阳横据上流，跨连巴蜀，控扼南北，自古所必争之地，今置不取，将贻后忧"。攻克安陆的当年年底就在此设立安陆卫，驻军达 5600 人。其地理环境优越，物产丰富，历史文化一脉相承，底蕴丰厚，为政治军事要地、水陆之冲，这样的战略要地，自然要受到明王朝的重视。

明王朝建立后，朱元璋对宗室采取了封藩制度。国初，分封的目的是"镇固边防，翼怀王室"。"靖难之役"后，由于分封制度与中央集权发生矛盾和冲突，诸藩实权逐渐被剥夺，藩禁严密，他们逐渐沦为明代社会的特权寄生阶层。一规定不能擅自出宫，彼此之间不得互相来往，于是他们只能吃喝享乐。二规定宗室子孙不得参加科举考试，不得经商贸易，只能靠禄米生存，成为"弃物"和恶势力的代表，对地方社会和国家造成了诸多不利的影响。但宗室中也有不甘平庸者，他们不愿"徒拥虚名，坐縻厚禄"，苦于"贤才不克自见，知勇无所设施"，在有限的空间和影响范围内，实现着他们自己的人生理想，或是在文化上有所建树，或是在科学事业上有所成就，或者在有限的范围内为地方人民办些实事。明代宗藩"贤""愚""恶"者皆有，可谓是集众生相。贤者可用"忠、孝、贤、才"四个字来概括，愚者即"守愚无过"，而恶者可用"暴、逆、淫、祸"来概括。因此，明朝的宗藩制度对当时的政治、经济、文化、军事以及整个地方社会生活都有重大影响。

明代先后分封三位皇子于郢中，均称得上是贤王，他们都以自己所处的独特的环境和特殊的气质、性格、禀赋等，对地方社会产生了一定的正面作用和积极影响。

一、郢靖王朱栋

郢王朱栋，生于明洪武二十一年（1388年）五月十七日，是太祖高皇帝朱元璋二十六个儿子中的第二十四子，母惠妃刘氏，洪武二十四年四月十三日被册封为郢王。为提高郢王的地位，并发挥其藩镇守土的作用，洪武二十五年九月七日，在已有安陆卫的情况下，又为郢王专设安陆中护卫，由郢王直接掌管。这支亲军护卫下设三个千户所，共有 3360人。永乐三年（1405年）十一月二日，借"靖难之役"夺取皇位的皇四子朱棣，为表达"亲亲之谊"，特将营国威襄公郭英之女册封为郢王妃，直到郢王年满 20 岁那年，即永乐六年六月，才让郢王到分封之国安陆州（今钟祥）就藩。值得说明的是：太祖皇七子齐王朱榑因图谋不轨，永乐四年被废为庶民，排除出皇子序列，所以才有郢靖王墓志铭所称"王讳栋，太祖高皇帝第二十三子也"的记载，明人郑晓的笔记著作《今言》仍将郢靖王列为高皇帝第二十四子，《明

史》也记载为第二十四子。

钟祥在明朝前期称为安陆州，州城紧靠汉水，地理位置十分重要，唐《刘丹记》中称其为"西浮江汉，东驰京岭"。宋朱昂在一篇序中也说"环城皆水，因河为壕。"石才儒在《郢州风土考古记》中更夸赞这里是"舟车往来，水陆之冲。"因而历代帝王都很重视这里的建置，朱元璋自己在至正二十五年（1365年），命常遇春攻城略地智取安陆、襄阳时就曾告之，说："安陆、襄阳横据上流，跨连巴蜀，控扼南北，自古所必争之地，今置不取，将贻后忧"。这样的战略要地，自然要受到明王朝的重视。明朝军队实行卫所制，卫所一般设在要害地方，攻下安陆州的当年年底就在此设立安陆卫，驻军达5600人。

郢王住在京师南京期间，仍行使对藩国的管理权，他命亲军护卫在封国垦荒开田，耕种戍守。郢王府建在安陆州城西北隅，洪武二十七年（1394年），由锦衣卫指挥刘贵、郎中曹贵等督工兴建，并开垦田地，既成郢王之国。据嘉靖四十三年（1564年）《明古郢徐夫人墓志铭》载："徐氏有始祖名回祥者，自洪武二十五年奉例选取南京锦衣卫校尉，于洪武二十七年前来安陆，下屯，开垦田地住种至永乐六年，复往南京迎接郢王，安陆之国即今承天也。至宣德四年（1429年），奉敕存留公等五十名守坟供祀。"史志也有"郢王栋就藩，令军校开垦田地"的记载。可见郢王在他的封国内十分重视开山辟田，发展生产，为后来的兴都繁荣打下了良好的基础。

郢王贤孝，尊亲厚友。据《兴都志》记载："郢王天性贤孝，常念母惠妃刘氏久违侍养，奏取母兄散骑舍人刘敬至府，给赐田地，暇日率长史以下亲诣其第，赐宴命儒臣赋诗，王自序其端"。从中可知，郢王经常感念母亲，由于皇妃是不可以出宫被其奉养的，因此他就将舅舅刘敬从南京接到了钟祥，并把自己的田地分出一部分给舅舅，又赐给他宅第。闲暇时，郢王把王府内的官员带到他家，请儒臣们吟诗作赋，收集后又亲自为这些诗赋作序。从这一点说，郢王也是一个雅王。

永乐九年（1411年）闰十二月二十七日，郢王应召赴南京拜见皇兄成祖朱棣，赐宴华盖殿。次年正月十三日，郢王还国，皇帝又表达亲亲之谊，赐给钞币。

永乐十二年（1414年）十一月一日，郢王去世，终年27岁，成祖皇帝念骨肉亲情，不胜痛悼，辍朝十有五日，诏有司治丧葬如礼，赐谥曰靖，又称郢靖王。永乐十三年四月初六日，郢王葬于封内宝鹤山（今九里乡三岔河村皇城湾），后郢王妃郭氏与之合葬。

《兴都志》记载："王薨之逾月，妃郭氏痛哭曰'贤王舍我以去，我寡而无子，尚谁恃邪？念自幼嫔贤王待如宾友，今安忍独生乎！'乃整妆对镜，自写其容，付谨密宫人掌之。云：'候诸女长成，识母之遗容也'。遂自尽。朝廷闻而贤之，恤典加厚"。这位能自画像的郢王妃郭氏也是家世显赫的大家闺秀，其祖父郭山甫是个相面师。当年朱元璋带兵路过其家，请郭山甫相面，当他看到朱元璋面相之后大惊说："公相贵不可言"，因此，就让自己的儿子郭兴、郭英跟随朱元璋打天下，还让自己的女儿随侍朱元璋南征北战，其家族为建立大明江山可谓立下了汗马功劳。后来郭山甫的女儿被封为宁妃，曾摄六宫之事。郭山甫累赠至营国公，郭兴、郭英皆以军功封侯，郭英就是郢王妃郭氏的父亲。郭英生有儿子12人，长子郭镇娶永嘉公主为妻；生有女儿9人，其中两个女儿均嫁与皇子，一为辽王妃，另一个就是郢王妃；郭英次子郭铭所生之女又为仁宗皇帝的贵妃。因此，郢王妃所属的郭氏家族可谓皇恩浩荡，满门荣耀。

郢王有四个女儿，除最小的女儿未婚而卒外，前三女皆成婚。据《宣宗实录》记载：宣德五年（1430年）八月十八日，命郢靖王长女光华郡主配安陆卫指挥王崇之叔雄，第二女谷城郡主配湖广都指挥佥事鲁曾之子信，第三女南漳郡主配京山县民周韵，命雄等皆为仪宾，赐之诰命。三个女儿中，有两个女儿所生儿子爱读书。从《英宗实录》和《宪宗实录》中可以发现，天顺二年（1458年）六月十八日，南漳郡主曾上奏说，她的儿子周境习读经书，粗知大义，希望能进入南京国子监读书以图补报，英宗皇帝表示同意；同年九月二十一日，谷城郡主的丈夫鲁信上奏，谷城郡主已经去世，留下了儿子鲁琬年方十六岁，自幼学习经书，希望能进入南京太学学习，英宗皇帝也批准了。天顺八年（1464年）九月十八日，南漳郡主又上奏说，希望能把她的儿子周冈录取进入国子监读书。皇帝指示说，南漳郡主是宗室至亲，她的儿子既然有读书的志向，应该让他进入国子监。

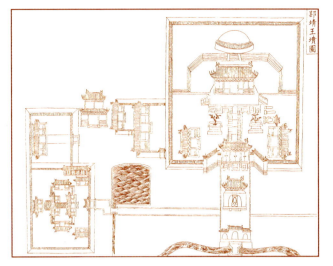

图一　郢靖王坟园

尽管郢王无子封除，但明代朝廷对他的死后事宜仍然相当重视，他的墓葬仍然安排由专人看守，对他的祭祀也没有中断。关于郢靖王墓的守墓与祭祀，宣宗皇帝明确指示，郢王虽然无子，但对他的祭祀之礼不可废。宣德四年（1429年）二月，郢王护卫及官属人等大部分改拨他任，只留下了内官使和奉祠各一人及校尉五十人在其封地负责岁时祭祀。这种管理一直持续到明朝灭亡。

后来，郢靖王墓留守人员大部分落籍钟祥，成为现在钟祥部分姓氏的先民始祖。如前面提到的徐氏在嘉靖时就成为钟祥名门望族。还有现居九里回族乡的答姓回民也一样。据地方志记载："明初，答失蛮从太祖征剿有功，赠昭勇将军，子孙颇繁衍"。清嘉庆五年（1800年）所修《答氏宗谱》也称："明祖起金陵，公在红罗山蒙知遇，授驾前指挥，后随郢王至安陆州，遂官于郢"。郢王墓园碑中有"副千户（从五品）臣答失蛮"等内容，可见是郢王带来了回民始祖，所以才有今天的九里回族乡，因而郢王墓成为九里回乡文化的重要历史见证。

郢靖王墓墓区东、西、北三面环山，茂林森森，呈"青龙、白虎、玄武"环抱，南（朱雀）地势开阔，溪水环绕。陵园方位呈南北（稍偏西）轴向，地势北高南低，次第延伸，总面积约3600平方米（图一）。墓葬的封土堆呈椭圆形，周长120米，地宫为砖室结构。其墓域建筑主要有享殿7间，东西厢10间，神厨5间，宰牲房3间，鼓楼1座，碑亭1座，棂星门3间，券门3间，红墙周围127丈，内官住宅1所，围墓田地11顷7亩4分5厘2毫。

到正德十一年（1516年），殿宇已经毁坏，兴献王命官员重新修葺过。

嘉靖三年（1524年），朱厚熜又命修寝阁、帷帐，郢靖王墓焕然一新。据明显陵《敕谕碑》记载，郢靖王墓存留奉祀副一员，礼生厨役祭丁五十五名，旗校五十名，守护园寝。

1937年，郢靖王墓遭到侵华日军破坏，地面建筑损毁殆尽。新中国建立后，各级政府加强了文物保护工作，1964年该墓被列为钟祥第一批文物保护单位，2002年被列为省级文物保护单位，省文物部门长年派人看守。但自1999年以来，郢靖王墓连续7次被炸盗未遂，盗洞最深达8米，地宫受损，墓室内文物保护环境遭到极大破坏。2005年11月，国家文物局批准对墓葬进行抢救性发掘，历时40余天。郢靖王墓虽然被多次盗挖，但都没有被得手。此次发掘出土文物3000余件（套），其中元青花"四爱图"梅瓶和云龙纹青花梅瓶，堪称无价之宝。

元青花是青花瓷中的精品，因为传世量少而显得弥足珍贵。郢靖王墓出土的元青花"四爱图"梅瓶，瓶身的肩部饰有凤穿牡丹图，腹部四个菱形开窗内描绘了四个故事，分别是：东晋书圣王羲之爱兰图、东晋杰出诗赋家陶渊明爱菊图、北宋著名隐逸诗人林和靖爱梅与鹤图、北宋著名的文学家周敦颐爱莲图。一般梅瓶都是作为魂瓶所使用的，具有安魂的作用，入土的时候会藏有酒，寓意清平长久。在古代，梅瓶最开始作为盛酒器所使用，结构大同小异：小口、短颈、丰肩、上腹部外鼓，下腹部内收，斜插一枝梅花能凸显其雅韵，故而被古代的文人墨客统称为梅瓶。足部绘一圈仰覆莲纹，以卷草纹和锦带纹隔三层纹饰，层次分明，繁而不乱。该器物整体制作精美，优雅精致，出土时位于王妃棺椁之前。

在郢靖王墓东西耳室中还发现了 6 位年轻女子的遗骸，见证了明代早期帝王丧葬礼仪的殉葬制度。

二、梁庄王朱瞻垍

梁庄王朱瞻垍，是太祖朱元璋的第四代孙，成祖文皇帝朱棣的孙子，洪熙皇帝朱高炽十子中的第九子，宣德皇帝朱瞻基的皇弟。生于永乐九年（1411 年）六月十七日，生母恭肃贵妃郭氏。郭氏为郭英次子郭铭之女，郭铭与郢王妃郭氏是亲兄妹，所以贵妃就是郢王妃的亲侄女。这样算来，梁王除了随父称郢王为皇叔爷外，还可以随母亲称郢王为姑爷爷。永乐二十二年十月十一日，十四岁的朱瞻垍被册封为梁王，封国定在湖广安陆州古郢中（今湖北钟祥）。郢王病故 15 年后，梁王是明朝封到钟祥古郢中的第二位藩王。

梁王就藩之前，住在北京十王府，即现在的北京王府井大街。十王府是朝廷安置已婚诸王等待就藩的临时住所。"皇嫡子正储位，众子封王爵，必十五岁选婚，出居京邸，至长始之国"。皇子选婚以前，无论封王早晚，都住在宫中，成婚以后才迁出宫外十王府，直至就藩。至于等待多久，要看封国所在地的王府建设及准备情况而定，再就是看与当朝皇帝、皇后的亲疏关系。

宣德四年（1429 年）八月初三日，在宣德皇帝朱瞻基的安排下，郑王朱瞻埈之国凤翔（今陕西宝鸡市），襄王朱瞻墡之国长沙，荆王朱瞻堈之国建昌（今江西抚州市），淮王朱瞻墺之国韶州（广东韶关），梁王朱瞻垍之国安陆（今湖北钟祥），五位藩王兄弟同时就藩，此时梁王年仅 18 岁。梁王及宫眷官属等人按照诸王出行计划登上了赴安陆州的黄船，自北京沿运河南下，又从长江入汉江，用了大约三个月时间，终于到达封国湖广安陆州郢中。梁王初到藩国住进的是工部遣官临时修治的梁王府，就是安陆卫机关驻地，即今钟祥二中附近。一年后，又奏请将位于城西的"郢王旧府略加修葺以为梁府"。

梁王生得仪表堂堂，但是性格却十分内向，胆小怕事，像个文弱书生，这与他当时生长的环境分不开。一是母亲为仁宗殉葬。洪熙元年（1425 年）五月十二日，只做了十个月皇帝的朱高炽，因病驾崩于北京皇城钦安殿，享年 47 岁。九月初六日，葬于北京天寿山献陵。为其殉葬的有五人，即恭肃贵妃郭氏、恭僖顺妃谭氏、贞惠淑妃王氏、惠安丽妃王氏、恭靖充妃黄氏。殉葬的恭肃贵妃郭氏就是梁王的母亲，当时郭氏已是三个皇子的母亲，除了梁王朱瞻垍，还有滕王朱瞻垲和卫王朱瞻埏，按照惯例郭氏"不当殉"，大概是为报答皇恩"自裁以从天上耶"。当时梁王只有 15 岁，母亲殉葬前的诀别，在他心灵上留下了很深的阴影，在为母亲超度亡灵的过程中，同母所生的兄长朱瞻垲又于洪熙元年闰七月去世，仅仅两个多月的时间就接连失去父母和兄弟，梁王有多伤心欲绝是可想而知的，从此他变得更加沉默寡言。二是王妃纪氏早逝。宣德二年九月十八日，刚满十六周岁的梁王就接受皇兄的指示完成婚姻大事。梁王妃为安庆卫指挥纪詹之女，宣德三年六月四日，成婚不到一年的梁王妃纪氏，又因小产，卒于北京梁王府。自此，梁王变得更加郁郁寡欢，很长时间不敢谈论婚姻。三是叔父造反被杀。皇叔朱高煦与他父亲朱棣一样，是一个有政治野心的皇子。朱棣即位后，封他为汉王，藩国云南。他却一直留居南京，不肯就藩，多次谋取太子之位，并居功自傲，多行不法之事。永乐十五年三月朱高煦被强令就藩山东乐安州，但仍不思悔改。洪熙元年，朱高炽病逝，太子朱瞻基从南京赶往北京奔丧，朱高煦打算在半路设伏截杀没有成功。宣德元年八月，朱高煦起兵造反，却在朱瞻基亲征后投降，被废为庶人，囚禁在北京西安门内的逍遥城。

梁王就藩后，对郢中新的环境还比较满意，但是在处理事务上还是比较稚嫩。到藩国之后，一般藩王要安排府中官员赴京呈"谢恩表"。梁王的"谢恩表"于宣德四年十二月五日送达北京后，礼部发现里面有两处问题：一是副本不当用宝。宝就是指梁王的印章，明朝亲王之宝俱用金，二品以上俱用银印，其他士人多以青田石作印，都是文房之玩。当

时梁王送达的公文一式两份，正本用宝，副本应该不用宝，结果一时疏忽，两份都用了宝；另一处是东宫千秋笺不当附赍。东宫千秋笺是对皇太子千秋之寿祝贺用的小纸张，这是朝廷颁发的专用纸，结果用在了"谢恩表"中。这是"违式不谨"之罪，礼部提请治长史等官罪。宣德皇帝说："王未谙典故，过在长史，但此小事亦不足罪，其移文俾知之"。于是，让礼部发文告知一下就算完事，可见宣德皇帝对这位比自己小 13 岁的皇弟特别宽容。

梁王为人忠厚老实，宣德皇帝非常清楚，因此当知道府中有人欺负梁王时，宣德皇帝就毫不客气地进行追究。梁王府有一个叫孔勤的承奉，非常傲慢，对梁王屡有不敬，不仅责骂侮辱梁王，而且斗起狠来常常踢桌子甩板凳，甚至把梁王追打得到处躲藏，逼得梁王产生过拔刀自杀的念头，好在左右救护，才让梁王得以不死。这件事情传到宫廷后，惹得宣德皇帝龙颜大怒，当即要派人来治这个承奉的罪，梁王善心大发，主动上奏请予免罪。宣德皇帝根本不听，一定要将这个恶人绳之以法，宣德六年正月二十二日，再次命梁王将承奉孔勤架械送京，并对巡行兵部大臣说："梁王朕亲弟，为下人侮辱，理应罪之，而王反为救解，此必同类小人迫胁王为此奏"。于是派遣使者，持皇帝手谕告诫梁王，勿听群小之言，称朝廷自有处置，最终让这个承奉得到了应有的惩罚。

不仅如此，朱瞻基对梁王的从优照顾还在继续。宣德五年正月初七日，梁王朱瞻垍奏求郢府故庄宅田园，及安陆护卫官军所遗房屋田地，宣德皇帝"命行在都察院差御史覆视，如皆郢府故物不关于民，悉与之"。当年郢王在这里留下的遗产，悉数被新封的梁王所继承。

梁王的婚姻大事也一直牵挂着朱瞻基的心，宣德八年六月二十一日，礼部郎中冯敏受命持节赴安陆州，册襄阳县民魏亨之女为梁王妃，这是梁王原配去世整整五年后的再婚，册文落款时间是七月初三日，并任命魏亨为南城兵马指挥。兵马指挥隶属于兵部，指挥为正六品。按明朝制度规定：亲王妃父，原无官者授兵马指挥职衔，郡王妃父授兵马副指挥职衔，俱不任事。显然这是对皇族姻亲的一种特殊照顾。

梁王朱瞻垍崇尚佛教文化，经常参与佛事活动，就藩郢中后便遍访封地内的佛教古迹。在郢中东郊有一处古庵遗址，相传为唐代大洪山开山祖师慈忍灵尊者庵居处，故称灵济庵。正统初年，梁王在此遗址上兴建寺庙一座，并请英宗皇帝赐额为"吉祥寺"，正统八年（1443 年）建成。虽然梁王没有见到寺庙佛像开光的盛况，但皇帝亲赐匾额及选取庆寿寺高僧觉才来此住持，是梁王的行为，因此让寺庙声名大振。此寺在明朝经过多次维修，沿袭至今仍然香火不绝。

吉祥寺为梁王投资兴建的三大寺庙之首，内有古松、银杏，因为有英宗皇帝御赐匾额，所以备受文人墨客的青睐。明成化年间，文武奇才王越因受太监汪直获罪的牵连被谪郢中期间，多次到访吉祥寺，写下许多赞美的诗篇，其中《小憩吉祥寺》诗云："四顾山光接水光，天开图画送壶觞。人生能得几时健，世事可怜终日忙。雨过树头云气湿，风来花底鸟声香。一春好景须行乐，回首武陵空夕阳"。

其次，就是兴建普门寺。普门寺位于钟祥城北六十里长寿镇西南普门村，明正统年间兴建，景泰年间建成。梁王同样没有看到佛像开光的那一刻。普门寺是一处难得的风水宝地，寺庙坐北朝南，背靠一座主山，四周众山形成拱卫之势，大有百山朝宗的意味。普门为"普度众生之门"而得名，因为受到梁王府的重视，所以备受历代名人的关注。明松江人郁文博，成化间曾任湖广提刑按察司金事、副使，游览普门寺时写下《游普门寺二首》。其一为"偶从山寺过，寺在白云深。佛殿临前涧，禅堂倚后岑。客来宵借榻，僧出晓穿林。入社非无意，难忘报国心"；其二为"重到山中寺，凭栏感慨增。可怜前度客，不见旧时僧。自悦阳春曲，谁传午后灯。明朝江汉路，回首白云层"。

再次，就是兴建白鹿寺。白鹿寺位于钟祥城东六十里聊屈山，也是正统年间梁王出资兴建的寺庙，前有嵩寺后有云台，诸山环绕，势若星拱。白鹿寺因此地有鹿湖池而得名，宋祝穆《方舆胜览》卷三十三记载："鹿湖池在长寿县聊屈山之麓，旧传有白鹿入水，祷雨即应"。清顾栋高《春秋大事表》卷六下记载："府治钟祥县东六十里有鹿湖，池深不可测，为楚之沈鹿地，桓八年楚子合诸侯于沈鹿即此"。由此，也说明了当年楚武王"沈鹿会盟"之事，便为此地了。

梁王的皇兄襄王朱瞻墡，宣德四年就藩长沙。正统元年，襄王以长沙地卑湿，请徙封襄阳，得到宣德皇帝批准。当迁封船队路过安陆州时，梁王亲自出城迎接，场面十分感人。《承天府志》卷二记载说："梁王郊迎，见于舟次，叙亲亲礼，时襄国文武官朝见梁王，王宴赏有加。明日，襄王入城与王会，梁国文武官各朝见，礼亦如之。两王会宴毕，襄王发舟，王送至城北十里，襄王曰：兄弟兹会不复更相见矣！涕泣而别"。《明史》在叙述这件事时也称梁王流连不忍离去，"悲恸不自胜，左右皆泣下"。

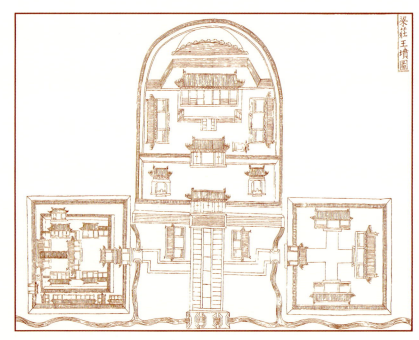

图二　梁庄王坟园

梁王以慈悲为怀，不仅修行了自己，也教化了藩国民众。在梁王礼佛的感召下，郢中士民遵纪守法、互助友爱，蔚然成风，正统六年五月三十日，对安陆州民郝从仁等八人各出谷千石赈济灾民的义举，英宗皇帝进行了褒奖。

然而，天有不测风云，人有旦夕祸福。正统六年（1441年）正月十二日，郁郁寡欢的梁王朱瞻垍病逝于郢中梁王府邸，年仅30岁。正月二十四日，消息传到北京，正统皇帝朱祁镇按照规定辍朝三日，以示哀悼，并派遣礼部官员来郢中致祭奠礼。朝廷给梁王的评价是："资度英伟，好学不倦"，谥曰庄，有履正志和之意，因之称为梁庄王。享国12年，无子除封。当年八月二十六日葬于城南四十五里瑜灵山之原，即今钟祥市长滩镇大洪村，十年以后梁王妃魏氏与之合葬，夫人张氏附葬。其墓域建筑主要有享殿五间，东西厢十有二间，神厨五间，碑亭二座，直宿房六间，宰牲房三间，棂星门三间，券门三间，红墙周回一百三十丈，内官住宅一所，围墓田地三十八顷三十六亩四分六厘（图二）。

梁庄王生有二女，皆宫人张氏所出。王妃魏氏没有生育，在梁庄王去世的时候，魏氏欲随王逝，王府官属拿不定主意，于是王府承奉司奏请正统皇帝旨意，朱祁镇遂降旨存留，让她继续抚养梁庄王的两个幼女，并主持王宫之事。景泰二年（1451年）三月十七日魏氏以疾薨，享年38岁，无子。侧室张氏生二女，被册封为夫人，代宗景帝赐敕掌管王府之事，抚养二女。长女封为新宁郡主，配仪宾陈宾。次女封宁远郡主，配仪宾张镒。成化十六年（1480年）张夫人去世。所有的庄田由襄王府奏请代管。直到兴王朱祐杬肇封到安陆时，重建了兴王府，才把二府废掉，其所有田地则属兴王府邸管辖，并供二王祭祀。

2001年，由于梁庄王墓先后多次遭炸盗未遂，盗洞深及墓室券顶，为了保护文物安全，经国家文物局批准，对梁庄王墓进行了抢救性发掘。当墓道封门墙被打开时，发现前室的西扇石门和顶门柱神秘失踪，考古人员曾以为墓已被盗，其实这是王妃魏氏合葬时破门而入留下的痕迹。魏氏病逝时，距离梁庄王下葬已有10年，合葬时由于自来石将墓门顶得很紧，只得撞破西扇石门，安葬完毕后重新配置的木门又朽坏不存，所以才留下一个缺少半边石门的谜团。

更让人感到惊奇的是，梁庄王墓的规模并不大，但墓内随葬的珍贵文物多达5000多件，其中有铭文出自宫廷银作局的金壶、金盆、金盂、金爵等各种金容器，见证了父皇与皇兄对他的特殊关爱；有一金锭铭文"永乐十七年四月囗日西洋等处买到八成色金壹锭伍拾两重"，永乐十七年（1419年），正是郑和第五次下西洋归来之时，表明此金锭的金料是郑和船队第五次下西洋时在"西洋等处"购得。依照明朝礼制规定，亲王的定亲礼物中有"金五十两"，这件刻有"西

藩屏天下：湖北明代宗藩文物特展

洋"铭文的金锭，有可能是皇帝赏赐给梁庄王的定亲礼物。还有产自东南亚、南亚和东非等地数量多达4000余粒的红宝石、蓝宝石、祖母绿、绿宝石等，见证了郑和下西洋的航海壮举。此外，出土的"大黑天"金佛像、"大鹏鸟"金佛像，还有带龛的小佛等多种宗教文物，为明朝亲王墓中所首见，这是梁庄王信奉佛教的重要实物见证。

三、献皇帝朱祐杬

朱祐杬（图三）是明宪宗朱见深的第二子，明孝宗朱祐樘的异母弟，明武宗朱厚照的叔父，嘉靖皇帝的亲生父亲，生于成化十二年（1476年）七月初二日，生母为朱见深的宸妃邵氏。成化二十三年（1487年）七月十一日，宪宗封皇次子朱祐杬为兴王，国号"兴"。到弘治七年（1494年）九月十八日，18岁的兴王就藩湖广安陆州（今钟祥市）。

兴王自幼天资奇伟，气禀清纯，宪宗皇帝对他恩宠有加，亲抚教诲曰："惟究经史，可以进学；惟修仁义，可以成身；惟行孝悌，可以厚天伦；惟尚节俭，可以立风教……永保于悠久"。兴王12岁时，从西馆肄学，皇兄孝宗皇帝命大学士刘吉传授《论》《孟》诸书、诗词和书法。兴王非常勤奋好学，很少参与同辈的消遣活动，而纵情于经史、文学、艺术之中。弘治三年（1490年）十月，兴王出居诸王馆，孝宗命承奉李稷、长史张景明等内外数十人辅导随侍。

图三　献皇帝朱祐杬画像

弘治四年（1491年）九月二十九日，孝宗皇帝谕敕命建兴王藩府于卫辉（今河南汲县）。兴王以卫辉"土瘠而民贫，且河水为患"和"郧、梁二王有故邸田地在湖广安陆州"为由，奏请改封国都于湖广安陆州。郧靖王为太祖朱元璋第24子，梁庄王为仁宗朱高炽第9子。郧、梁二王，先后封藩钟祥，均无子除封。

弘治四年（1491年）十二月，孝宗皇帝为年仅15岁的兴王册立王妃，王妃蒋氏为锦衣卫中兵马指挥蒋敩之女。

弘治七年（1494年）八月十六日，兴王拜辞大峪山先祖诸陵。回京后，上书皇兄恳请让母妃邵氏一同前往藩国就养，孝宗皇帝以兴王年少，且祖宗无此先例加以劝止。九月十八日，兴王携王妃到奉天门拜谢皇兄，带着御封金册、玉宝，别离皇宫，启程前往安陆州，孝宗皇帝及朝中文武百官送至午门外。从行官属有承奉李稷、金敪，典宝杨琇等10人，内伴读张佐等42人，长史张景明、袁宗皋，审理刘徽、纪善孙寿等24人，仪卫李翔、张英等9人，群牧所千户骆胜、陈政等14人，共计百余人。兴王一行由大运河南下，沿长江而上，从武昌溯汉水至封地安陆州。

弘治八年（1495年）二月十六日，兴王入住兴王府。兴王就藩后，谨慎而严明，勤于政务；增修城池，赈灾救民；推行教化，潜心诗书；累受皇兄嘉奖，可谓隆治一国。兴献王有乐善好古之心，对天时人事、古今变故，考究极深，颇有造诣，其文学功底亦十分深厚，初到封国就率侍臣登临城西阳春台，作《北望赋》，后又作《阳春台赋》《汉江赋》二赋以自徵，著有《恩纪诗集》《含春堂诗集》及杂著序记等共计三百余篇，"体裁之工，词藻之富，虽儒生文士所不能及"。在兴王的诗词里，能读到思维的高度、心灵的深度、视野的广度和创作者的态度。

《明史》记载，朱祐杬"嗜诗书，绝珍玩，不畜女乐，非节日不设公宴"，是个比较好学和不甚奢侈的亲王。相传，他到湖广就藩时，行舟至龙江，有慈乌数万绕舟，到了黄州又出现这一现象，似为吉祥之象。他到封国后，发现当地有迷信巫师而轻视医药的习俗，就"造布良方，设药饵，以济病者"。长史张景明将自己写的《六益》一书献给兴王，他赐张以金帛，并说"吾以此悬宫门矣"。

兴王朱祐杬有二男四女，但大都在襁褓和年少时夭折。长子朱厚熙，生于弘治十三年（1500年）六月十二日，母王妃蒋氏，出生五日，即薨，按成人之礼，葬于城东双桥清平山。明嘉靖三年（1524年），朱厚熜命以香木等代黄金追册为"岳王"，谥曰"怀"。长女常宁公主，生于弘治十四年（1501年）十月十六日，母王妃蒋氏，弘治十七年（1504年）四月二日以疾薨，时年4岁，按成人之礼葬于城东双桥。次女善化公主，生于弘治十六年（1503年）六月二十八日，母淑妃王氏，正德八年（1513年）五月初一日病逝，年甫10岁，葬于城东丘公垱。世子朱厚熜，生于正德二年（1507年）八月初十日，母王妃蒋氏。相传，"世子降生，宫中赤光烛天，卿云见于翼轸，天空紫色祥云密布，黄河水清三日"，预示真命天子的出世。第三女永福公主，生于正德元年（1506年）四月二十八日，母王妃蒋氏。第四女永淳公主，生于正德六年（1511年）九月十一日，母王妃蒋氏。后均随母妃进京。

正德十四年（1519年）六月十七日，兴王朱祐杬病逝于兴王府后寝宫，享国26年，享年44岁。武宗皇帝闻皇叔病逝，辍视朝三日。同年十月，赐谥册、圹志文，遣武安侯郑刚等人至安陆监祭安葬。慈寿皇太后遣承奉张佐赐祭，孝惠皇太后遣承奉黄英赐祭。十一月，六部都察院、五府等衙门、太傅定国公徐光祚等致祭。正德十五年春，按明礼制谥号曰"献"，是为兴献王，葬于州城东北的松林山。

图四　明显陵全景图

正德十六年（1521年）三月十四日，武宗朱厚照无嗣驾崩，根据太祖朱元璋"兄终弟及"的遗训，选定兴王世子朱厚熜入继大统，年号嘉靖。朱厚熜登基之后，追尊其父朱祐杬为"献皇帝"，大规模升级扩建其父亲的陵园，并钦定陵号为"显陵"（图四）。嘉靖十年（1531年），将松林山敕封为纯德山。

兴献王中年辞世，其一生恪守祖训，报效朝廷，"忠谨而臣事两朝（弘治、正德）"，屡受朝廷的褒奖。当然，他也深受地方官员和境内民众的爱戴，在钟祥发展史上所占的地位极为重要和独特，对钟祥政治形态、经济发展、城市建设、文化传承、民俗风情等有着极其重大而深远的影响。太监杨保在进呈朱厚熜的奏折中将兴献王一生事迹总结为32条，曰："请迎养、宗正道、禁异端、躬节俭、杜淫巧、敬神明、笃孝敬、去奢侈、却进献、溥恩泽、正圣心、优老臣、慎刑罚、舒民困、崇圣学、礼大臣、赈荒旱、救水灾、轻禄利、广仁恩、感祈祷、济不给、助边患、固城池、优乡宦、资忧制、惠去官、恤民隐、谨礼度、悯故官、育人才、远倡优"。

四、献皇后蒋氏

献皇后蒋氏（图五），北京大兴县人，是嘉靖皇帝朱厚熜的生母。生于成化十三年（1477年）二月初三日。弘治四年（1491年）十二月，册立为兴王朱祐杬王妃。弘治七年（1494年）九月十八日，与兴王就潘安陆。朱厚熜入继大统后迎进皇宫，初称兴国太后，嘉靖三年（1524年）上尊号为本生章圣皇太后。同年，引用张璁等言，又尊称蒋氏为圣母章圣皇太后。嘉靖七年（1528年）上尊号"慈仁"。嘉靖十五年（1536年）复上尊号"康静贞寿"。嘉靖十七年（1538年）十二月病逝，尊谥全称为"慈孝贞顺仁敬诚一安天诞圣献皇后"，享年62岁。

图五 献皇后蒋氏画像

其父蒋敩，为汉代蒋子文的后裔，直隶徐州人。根据文献记载，蒋氏世家徐州菇山，唐、宋多文武奇士。进入明朝以后，其高祖蒋旺因功迁京营，为都指挥佥事。曾祖蒋彦、祖蒋明善、父蒋兴均世袭其官。其兄蒋斌以功迁都指挥同知，之后宗族都居住在京师。蒋敩以女为贵被封为中兵马指挥。献皇帝与王妃蒋氏到藩国安陆时，蒋敩与妻子吴氏也随从一起到了安陆。正德四年（1509年），蒋敩病逝，时年72岁，被追赠为玉田伯，葬于郢中城东双桥尚家畈。当天，献皇帝听说岳父去世的消息很是震惊，表示哀悼，便停止朝议三日，委派官员操办丧事，在藩国内选择一块吉地，就在今天的双桥尚家畈，为他建设一座比较奢华的坟墓，并亲自为岳父撰写了墓碑的碑文。蒋敩无子嗣，献皇帝命将他的兄长之子蒋轮过继于蒋敩为儿子。

朱厚熜登基之后，将蒋轮由七品散官封为玉田伯，嘉靖五年（1526年）蒋轮病故，其子蒋荣袭封为玉田伯。嘉靖二年（1523年）显陵初设祠祭署，以蒋荣为奉祀，蒋荣袭封为玉田伯之后，其弟蒋华代为祠祭署，奉祀显陵，嘉靖十八年升中军都督府都督佥事，领敕及关防，掌署事。蒋山，蒋敩之侄孙，从扈嘉靖入京师，授锦衣卫指挥使。蒋寿，蒋敩之侄孙，从扈嘉靖入京师，升锦衣卫指挥佥事。蒋氏家族因嘉靖之母蒋氏而光耀门楣。

蒋氏，是一位通情达理、知文弄墨、日咏诗书、有主见的贤淑之人，早在兴王府就著有《女训》之"闺训""修德""受命""夫妇""孝舅姑""敬夫""爱妾""慈幼""妊子""教子""慎静""节俭"等十二篇。嘉靖九年（1530年），其子朱厚熜将《女训》刊行，首冠嘉靖亲撰《御制女训序》，同时附有正德三年纯一道人（献皇帝朱祐杬自号）为《女训》撰写的序和献皇后蒋氏的自序。现代藏书家、妇女文献学家胡文楷题跋云："是书为明嘉靖九年内府刊本，前有'钦文之玺''章圣慈仁皇太后宝'，后有'中宫之宝'"，是不可多得之佳书。

正德十四年（1519年）六月，献皇帝（兴王）病逝之后，由13岁的世子朱厚熜监理王府之事，蒋氏扶持幼子，把兴王府管理得井然有序。正德十六年（1521年）四月，朱厚熜恩承帝位，第三日就遣官迎母进京奉养。然而，七月，兴献王妃蒋氏从安陆旧邸登舟北上，十月四日抵达北京通州城，当她听说自己被当作王妃而不是以皇太后的身份迎接，自己的儿子将被迫称她为叔母时，她说："安得以吾子为他人子！"蒋氏拒绝进入京城，并要即刻返回安陆。朱厚熜闻讯后，流着眼泪入启皇太后张氏，愿避天子之位，和他的母亲一道返回安陆。朝廷和皇室既已拥立新帝，又不能废黜，也不想接受朱厚熜的退位，于是礼部尚书毛澄提出了妥协立场，与张太后商议，由太后懿旨尊兴献王和兴王妃蒋氏为兴献帝、兴国后，朝廷还接受了朱厚熜为迎接他的母亲而提出的从大明门进入的最高礼仪。这时，蒋氏才同意进入京城，朱厚熜在午门内候迎。嘉靖初年的政治稳定，与蒋氏是分不开的，蒋氏不仅是他的精神支柱，而且也是他政治上的谋僚。

献皇后蒋氏，生有二男三女，次子朱厚熜后继承皇位，是为世宗。第三女永福公主和第四女永淳公主均随皇兄、母妃进京生活。

嘉靖十七年（1538年）十二月初四日，献皇后蒋氏经过三年的疮毒折磨，不治而崩，弥留之际，蒋氏遗诰内外文武群臣说："予以菲德配睿宗皇帝，奉藩二十九年，不幸先皇帝弃我，实茕茕在疚。赖今皇帝入嗣祖宗大位，享皇后厚养十有七年。于兹比患疮疡，屡濒危殆，重赖皇帝至孝，躬调药膳，虔祷神祇，备极诚敬，卒起三岁。今疾已弥留，度不可起，得从祀先帝左右，又复何憾念。惟皇帝负荷祖宗鸿业，艰难重大，尚资宗室诸王及中外文武群臣，协心匡辅，共致太平，以垂万世无疆之休。予殁之后，丧礼宜遵先朝旧典，哭临三日，即止服制，以日易月，二十七日而除，君臣同之。皇帝毋过哀戚，以妨万几，毋废郊社宗庙百神常祀，毋禁中外臣民音乐嫁娶。天下诸王不必赴丧，但遣人进香，在外大小文武衙门并免进香。特兹诰谕，其遵行之"。

如何安葬母亲蒋氏成了国家大事，而蒋氏在遗诏中有三点意思是很明确的：其一，死后陪葬献皇帝左右；其二，让诸王室及文武百官要竭力辅佐皇帝，不必赴丧；其三，治丧从俭。实现圣母的遗愿，就是对圣母最大的孝敬，朱厚熜考虑再三，最终将圣母与其父合葬于湖广安陆州（今湖北钟祥）的显陵。

五、嘉靖初年"大礼议"之争

"大礼议"是明朝嘉靖初年轰动朝野的政治事件。

中国历代的皇帝也好，明朝的皇帝也罢，除了开国皇帝之外，其他皇帝一般都是父亲死了儿子继位，哥哥死了弟弟继位，这就叫"父死子承""兄终弟及"，但是明朝有两位皇帝的即位不是这样，一位是明朝第三位皇帝永乐皇帝朱棣，他是从北京打到南京，从侄子手中把皇位夺过来的。另外一位就是嘉靖皇帝朱厚熜，他是承继堂兄武宗朱厚照的帝位，从外藩湖广安陆（也就是今天的钟祥市）到北京继承皇位，按照礼制这也是"兄终弟及"，当然和亲兄弟的"兄终弟及"是有一定区别的。所以无论是明成祖夺取皇位，还是嘉靖皇帝继承皇位，他们都要为自己树立权威，把皇权树立起来，才能坐稳江山。明成祖永乐皇帝是通过"靖难"战争夺位，因为他的军事力量非常厉害，他的势力也非常强大。而嘉靖皇帝不一样，虽然他是应诏进京，但他即位的时候还是一个15岁的孩子，带着百来个随从千里迢迢从安陆来到北京。北京什么样子他都不知道，皇宫什么样子他也不知道，该怎样做皇帝他更不太懂。这样一来，他就要面对许多的困难。

既然面临着许许多多的困难，他就要通过自己的努力把自己的权威树立起来，所以在明朝嘉靖初年，就出现了重大的政治事件——大礼议。

什么叫"大礼议"？简单地说是关于嘉靖皇帝亲生父亲的尊号、祭祀礼仪的问题，实则是有关嘉靖皇帝"继统不继嗣"的问题，当然更重要的是体现了嘉靖皇帝尊崇"孝道"的一种方式，而引发了君臣之间、臣僚之间，以及这位少年天子与皇室宗族之间的博弈，成为一场旷日持久的拉锯战。要弄清楚"大礼议"的故事，还是要从嘉靖皇帝登基开始。

正德十六年（1521 年）三月，明王朝发生了一场震动朝野的风波，这场风波改变了明朝中后期的皇室统治，那就是由大宗变为小宗这一支脉，或者说让小宗变为大宗。当时，年仅 31 岁的明武宗朱厚照驾崩，他既没有儿子，也没有亲生兄弟继承皇位。于是朝廷暗流涌动，首辅大臣杨廷和与武宗母亲慈寿皇太后张氏唯恐手握重兵的江彬趁机作乱，决定秘不发丧，并商议由湖广世袭兴王不久的朱厚熜继承皇位。"秘不发丧"在中国帝制社会的王朝更替中多有发生，大都是政局不稳、权力移交未定的情势下的不得已之举。

但是，朱厚熜从安陆到达北京之后，住在郊外的良乡，却停步不走了。起因在于礼部拟定的继位礼仪注，是让朱厚熜由东华门进入紫禁城，先到文华殿追认皇太子的身份，然后再继承皇位。而门钉少了一行的东华门，在等级上低于午门。在紫禁城的设计中，这座大门邻近太子的宫殿文华殿，是太子出入紫禁城的通道，皇帝一般不走东华门。聪慧的朱厚熜拒绝了礼部的要求。这位皇位继承人坚持遗诏"以吾嗣皇帝位，非皇子也"。也就是说：遗诏里是让我继承皇帝位，而不是让我来做皇太子的，怎么能以皇太子的身份入宫呢？在双方僵持不下的时候，慈寿皇太后妥协了，以皇位不可久虚，让百官即日呈上表牋，举行"劝进"仪式。实际上，这第一次的让步，为以后的"议大礼"埋下了伏笔，使朱厚熜更加坚定了唯我的信念。

最后在万民的拥戴下，于四月二十二日正午，朱厚熜如愿由大明门，也就是午门进入皇宫，登上宝座，改年号嘉靖。从1522 年算起为嘉靖元年，也就是嘉靖在位 45 年 8 个月零 8 天，但是这 8 个月零 8 天转加到武宗皇帝的纪年上了。

朱厚熜登极后，于四月二十五日（第三天），便派使臣前往湖广安陆兴王府（今天的钟祥市）迎接母亲蒋氏进京。四月二十七日（第五天），下达诏书，命令朝廷大臣商议拟定他父亲兴献王的尊号问题。

礼部尚书毛澄，就以此事为题，去请教内阁大学士杨廷和，杨廷和就引用汉朝的定陶王（汉哀帝刘欣）、宋朝濮王（宋英宗赵曙）的事例，作为依据，主张朱厚熜过继给孝宗做儿子，尊孝宗朱祐樘为皇父，叫自己的父亲兴献王朱祐杬为皇叔父、母亲为皇叔母，这种改变很不符合朱厚熜的心意。当时，朱厚熜即皇帝位仅仅 6 天，于是"大礼议"的序幕拉开了。

到七月初三，新科进士张璁（为避朱厚熜名字，后来改名张孚敬）迎合 14 岁小皇帝的心理，乘机先上了一道奏书《辨礼疏》："皇上以兴献王世子入继武宗皇帝统，非继孝宗嗣也。奈何舍献王而考孝宗，使献王有子而无子，皇上有父而无父哉！"张璁的这一席话，自然使朱厚熜感到格外亲切，这些正是朱厚熜想说而没有说出来的话。可是，以杨廷和为首的朝臣难以同意张璁之说，杨廷和送还奏疏，并加上评论"一介书生，晓得什么大体？"

到七月十五日，朱厚熜拿着自己批示礼部拟定"皇考"称号的奏文，特地在文华殿召见杨廷和、蒋冕、毛澄等大臣说："至亲莫若父母，其善体朕意！"杨廷和等当时没有回答，告退后就上了一道奏书说"礼，为人后者为之子，不得顾其私……此国家典礼，关系至重，臣等因此而不能阿谀顺旨"。杨廷和的奏疏送达朱厚熜面前，予以"留中"，不给回答。此后，朱厚熜继续施压让大学士们接受自己的想法，这时朝中官员便出现了松动，支持张璁的人越来越多。

到九月二十八日，朱厚熜再次命内阁大臣商议其父的称号问题，然而首辅大臣杨廷和仍然要坚持原议，继统与继嗣要一致。这时，朱厚熜又说："朕受祖宗鸿业，为天下之君。其父兴献王独生朕一人，既不得承绪，又不得徽称。朕于

罔极之恩，如何能过得心安。始终劳卿等委曲折中，为朕申其孝情，务加追尊美号，于安陆立祠，以为永久奉养"。其实，朱厚熜的这个要求，并不算过分，不就是给父亲一个尊号吗？既无损于国计民生，也适合儒家思想注重孝道的传统，大臣们是可以"委曲折中"的，可是杨廷和等人不是善于权衡的政治家，而是一批固执不化的儒生，仍然坚持原议如初，以至君臣之间的矛盾日益尖锐。

到十月初，朝中又发生了一件使大臣甚感为难的事。朱厚熜的母亲蒋氏从安陆登舟北上，抵达北京通州城，当她听说自己是以兴王妃身份，而不是当作皇太后被迎接时，自己的儿子还将被迫要称她为叔母时，她说："安得以吾子为他人子！"蒋氏便拒绝进入京城，并要即刻返回安陆。朱厚熜听说后，哭着去见慈寿皇太后，表示愿逊天子之位，和他的母亲一道返回安陆。在这种情况下，皇太后及杨廷和等大臣才不得不屈从这位少年天子，同意他追尊父亲兴献王为"兴献帝"、母亲蒋氏为"兴国后"，朝廷还接受了朱厚熜为迎接他的母亲而提出的从大明门进入皇宫的最高礼仪。这时，蒋妃才同意进入京城，嘉靖帝在午门内候迎。

此后，围绕"皇考"问题，朝中已经形成了两派意见：一派是旧贵族势力与大学士杨廷和、礼部尚书毛澄为代表的对立派，主张朱厚熜过继给孝宗做儿子，尊孝宗朱祐樘为皇考，尊兴献王朱祐杬为皇叔考；而另一派则是张璁为代表的支持派，提出"继统不继嗣"，应尊兴献王为皇考，尊孝宗为皇伯考。双方引经据典，展开了激烈的争论。

这个争论一直到嘉靖三年（1524 年）正月二十一日，南京刑部主事桂萼又上了一道奏疏说："兴献帝弗祀三年矣，而臣子乃肆然自以为是，岂一体之义乎？臣愿皇上速发明诏，循名考实，称孝宗曰皇伯考，武宗曰皇兄，兴献帝曰皇考，而别立庙于大内，兴国太后曰圣母，则天下之为父子君臣者定"。朱厚熜得到桂萼的奏书，再一次命令廷臣会议，杨廷和等仍然不赞同。由桂萼等重新挑起的这场争论，使皇帝与阁臣间的矛盾，越发尖锐起来。最后，支持派最终占据优势，反对派杨廷和等失去皇帝信任而被迫去职，但是朝中舆论更加凶猛沸腾。

到三月初一，主事桂萼、都御史席书又上了一道奏疏说：兴献帝、兴国太后称号于礼不合，请求俱加"皇"字以全尊称。于是，朱厚熜追兴献帝为"本生皇考恭穆献皇帝"，尊兴国太后为"本生圣母章圣皇太后"。但这道诏令，立即遭到对立的翰林学士、在京的御史、朝廷郎官们的抗议。丁是大集群臣及六部官员等 200 多人，相继跪在左顺门，自早晨到中午。朱厚熜数次命司礼监传其手谕，让群臣等退去，但群臣"伏地如故"进行抗议。朱厚熜大怒，差锦衣卫将 180 名大臣逮捕，并杖死其中 17 人，580 余人受到入狱、夺俸、贬官、戍边等处罚。朱厚熜最终用武力平息了这场长达三年之久的"皇考"之争，史称"大礼议"。之后，干脆将"本生"也去掉，尊号为"恭穆献皇帝"。与此同时，不断地扩建父亲的陵园，并亲定陵名为"显陵"。实则，显陵就是"大礼议"之争的产物。

"大礼议"事件，让朱厚熜变得日益成熟，也让他身心疲惫。我们可以想一想，一个不到 14 岁的孩子承受了这么大的压力，怎么能不让他的性格变得执拗，刚愎自用。这些给他后来的宫廷生活和执政带来不少负面影响。本来即位之初，君臣曾有过非常和谐、共谋治国的志向，但很快就陷入继位继统、大宗小宗之类的帝国家事当中，纠缠不休。彼此你来我往，既伤颜面，更伤感情，严重影响了朝廷的政治走向，影响了整个官僚系统的运作和官员心态。

因此，笔者认为"大礼议"是嘉靖时期的政治文化，是君与臣之间、官僚与官僚之间的政权较量，是政治史与文化史的交融互用，是理清"礼秩"而衍生的政治效应，进而反映了嘉靖时期的政治生态及其权力的运作方式。

"大礼议"，实际上就是名分、礼秩和皇权的重塑。

李时珍与荆王府医事、医案考略

王宏彬　骆彬铭　周健　蕲春县博物馆

李时珍于明正德十三年（1518 年）出生于湖广布政使司黄州府蕲州城（今属蕲春县蕲州镇东门居委会）东门外瓦屑坝，卒于万历二十一年（1593 年）。

在文献中目前查到明朝封藩蕲州荆王府的医事、医案记载主要是李时珍编撰的《本草纲目》，明末清初文学家顾景星撰写的《李时珍传》，《蕲州志》收录的《李时珍传》。本文尝试对相关的文献记录进行考辨，以还原李时珍与荆王府之间的关系。

一、荆和王妃刘氏医案

《本草纲目》"藜芦"条（图一）记载："我朝荆和王妃刘氏，年七十，病中风，不省人事，牙关紧闭。群医束手。先考太医吏目月池翁诊视，药不能入，自午至子。不获已，打去一齿，浓煎藜芦汤灌之。少顷，噫气一声，遂吐痰而苏，调理而安"[1]。

关于医治时间，首先需要查的是荆和王朱祐橺的生年"弘治十七年薨，寿三十四"[2]。弘治十七年为 1504 年，以此推算，朱祐橺生于 1471 年，属兔。古人嫁娶讲究生肖配对，兔三合属相为猪、羊，六合属相为狗，刘氏作为原配，有可能出生于 1475

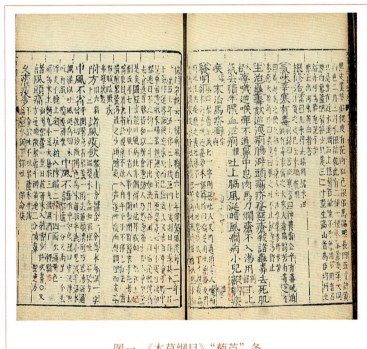

图一　《本草纲目》"藜芦"条

1.（明）李时珍：《本草纲目（金陵版）》卷十七《草部》，日本东京图书馆藏。

2.（明）王世贞：《弇山堂别集》卷三百三十一《荆王》，学生书局，1965 年。

年（属羊）或1478年（属狗）。因其长子朱厚烒出生于1493年，按照古代女子大多数生孩子在15岁之后来算，刘氏1475年出生、19岁生下长子的可能性较大。以此推算，医案说时刘妃年70，当为1545年。此时李时珍28岁，处于"致力经史医药农圃实用之学，读书十年，未出远门"[3]的阶段，正在蕲州随父亲李言闻学医。李时珍随李言闻入荆王府是完全有可能的。

自嘉靖十六年（1537年）至嘉靖二十九年（1550年），荆王府的实际管理者是永定王朱载壄，所以此时应该是朱载壄第一次与李时珍父子有接触。

二、荆端王火病

《本草纲目》"黄连"条（图二）记载："我明荆端王素多火病，医令服金花丸，乃芩、连、卮、蘗四味，饵至数年，其火愈炽，遂至内障丧明。观此，则寒苦之药，不但使人不能长生，久则气增偏胜，速夭之由矣"[4]。

荆端王朱厚烒，为荆王府第五任荆王。"（弘治九年七月）甲子，赐荆王祐长子名曰厚烒……"[5]，"正德二年袭封，嘉靖三十二年薨"[6]，"寿六十一"[7]。据此推出朱厚烒生于弘治六年（1493年），卒于1553年。

"素多火病……饵至数年，其火愈炽，遂至内障丧明"。可知朱厚烒为火病困扰。《蕲州志》记载其三次辞爵、辞禄，印证了李时珍这段文字的真实性："谦和温粹，耽情经史，尤工篆隶。礼贤下士，恤困赈灾。忠君爱亲，出于天性。以内巢地为田，岁

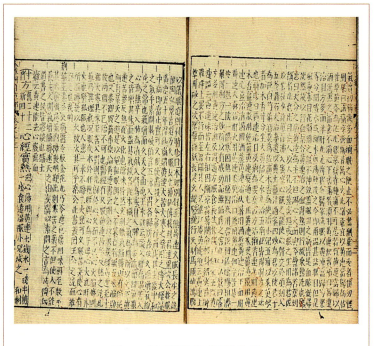

图二 《本草纲目》"黄连"条

耘植以观旱涝。旱则躬自斋，为民祈祷。因号东庄，颜其斋曰'白云深处'。常力辞常禄，以纾民急，咸被温旨。其题咏诗见《艺文》。正德十年王以疾辞爵，不允。令富顺王暂代行礼仪。俟病瘥，仍旧。嘉靖二年，王复具疏辞禄，敕曰：谕荆王：尔者因旧疾未瘥，要将本等禄米住支请给食米养膳，该部奏请王高洁之行、谨恭之心，足以表率宗室，朕念王既旧疾未瘥，宜善加调理，不必辞，一应礼仪，仍着富顺王代行。嘉靖十四年王又辞禄，敕曰：谕荆王：先年奏称因患晕

3. 钱远铭：《李时珍史实考》，广东科技出版社，1988年，第3~4页。

4. （明）李时珍：《本草纲目（金陵版）》卷十三《草部》，日本东京图书馆藏。

5.《明孝宗实录》卷一百一十五，台北"中央研究院"历史语言研究所，1962年。

6.《明史》卷一百零三《诸王世表四》，中华书局，1974年。

7. （明）王世贞：《弇山堂别集》卷三百三十一《荆王》，学生书局，1965年。

眩，不能亲躬行礼仪，要将禄米住支，已有敕旨不允。尔复得奏旧疾，年久调理未痊，再辞常禄，具见王志存谦抑，行笃清修，良可嘉尚。但宗藩常禄，日用所需，况疾病未痊，宜资医药，不必辞。兹特差官赍敕谕，王宜安心调摄，以光藩辅。其一应礼仪仍着富顺王代。后以疾病表明。寻薨。谥端王"[8]。

朱厚烇火病第一次严重影响到其管理荆王府正常工作为正德十年（1515 年），他因之奏请辞爵，时年 23 岁。第一次辞禄为嘉靖二年（1523 年），第二次辞禄则为嘉靖十四年（1535 年）。

李时珍是什么时候知道其火病严重？李时珍出生于 1518 年，1535 年还在科举之途，尚未从医。据《李时珍史实考》考证认为，在嘉靖二十年（1541 年）至嘉靖三十年（1551 年）间，"李时珍三次乡试未中取，遂弃举子业，致力经史医药农圃实用之学，读书十年，未出远门……不久医术造诣精深，远近求医者甚众，成为蕲州之名医"[9]。

从文字记载来看，李时珍并未给朱厚烇看病，其所知道朱厚烇的火病及其原因也许是现场有看到过，也许是听了别人的传闻。据上文考推，1445 年李时珍随父亲李言闻赴荆王府为荆和王妃刘氏治病，也许当时朱载壊让李言闻也看过朱厚烇的火病，也许是因为荆王朱厚烇信奉王府良医所开的药方，所以李言闻不便多说。李时珍第一次见到过朱厚烇，只是有印象，至于朱厚烇的火病及其原因，可能是当场听到、看到，虽是学徒，但印象深刻，多年之后回忆起来分析得出结论。

另一种可能是李时珍于 1553 年十月后至 1555 年五月之间为"荆穆王妃胡氏"治病[10] 之时，从王府良医所得知朱厚烇生前的火病情况而记录下来。

三、荆穆王妃胡氏医案

《本草纲目》"延胡索"条（图三）记载："荆穆王妃胡氏，因食荞麦面着怒，遂病胃脘当心痛，不可忍。医用吐下行气化滞诸药，皆入口即吐，不能奏功。大便三日不通。因思《雷公炮炙论》云：心痛欲死，速觅延胡。乃以玄胡索末三钱，温酒调下，即纳入，少顷大便行而痛遂止"[11]。

荆穆王妃胡氏是谁？查亲王谥号，无此人。《荆王府史话》在《李时珍家族与荆王府》一文中推断"荆穆王妃胡氏当为荆恭王妃胡氏"[12]，值得商榷。如果认为王妃的姓没错，那么"荆穆王"应该就是"荆恭王"，错写了谥号。既然行文有谥号，说明李时珍当时过去医治王妃时，王爷已经离世。"（隆庆四年二月己亥朔）荆王翊钜薨。上辍朝三日，治丧葬如例"[13]。再者，荆恭王妃胡氏"薨于嘉靖甲子年五月初五日"[14]，早于朱翊钜离世，此时医案也不能直接将其写成"荆恭王"，而应写"荆王妃胡氏"。

8.[康熙]《蕲州志》卷五《封建志》，蕲春县地方志办公室，2009 年。

9. 钱远铭：《李时珍史实考》，广东科技出版社，1988 年，第 3~4 页。

10. 详见下文考略。

11.（明）李时珍：《本草纲目（金陵版）》卷十三《草部》，日本东京图书馆藏。

12. 陈仕猛：《荆王府史话》，华夏文艺出版社，2020 年，第 179 页。

13.《明穆宗实录》卷四十二，台北"中央研究院"历史语言研究所，1962 年。

14. 蕲春县文物局、蕲春县博物馆：《湖北蕲春荆王府》，湖北科学技术出版社，2014 年，第 68 页。

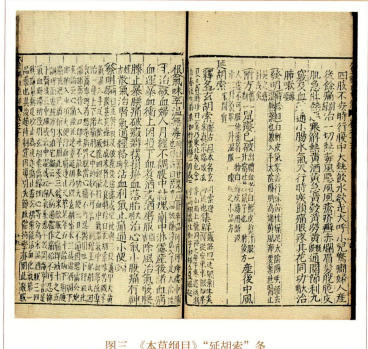

图三 《本草纲目》"延胡索"条

隆庆四年为 1570 年，李时珍的《本草纲目》于 1578 年完成，且此医案为李时珍到楚王府之前的记录。《清朝续文献通考》记载："时以医举者，惠帝时戴思恭，成祖时盛寅、吴讷，孝宗时吴杰，世宗时许绅，庆历间李时珍"[15]。《李时珍任楚府奉祠时间考》一文考证认为："李时珍于隆庆二年（1568 年）左右赴任楚王府奉祠正，隆庆六年（1572 年）离任"[16]，所以说李时珍医治过荆恭王妃胡氏需更多的证据，而非简单地认为医案提及的"胡氏"信息无误，进而认为"荆穆王"就应该是"荆恭王"。

从常规习惯和情势来看，荆王府应该是派差役请李时珍到王府为王妃治病。如果差役告诉李时珍，应该是说王爷是谁，一般来说直接告诉医生王妃是谁的可能性不大。李时珍到了现场是应该要对王爷行礼的，王爷是谁应该不会弄错。至于女眷是谁，也许是医治完过后，王府良医所的官员送李时珍出来，有可能与李时珍有交流，而此时良医所的官员完全有可能故意说错。作为王妃的病情，应当被视作王府的秘密，如果被民间人人得知，不合适。

那么荆穆王是谁？在荆王府内，谥号带有"穆"字的只有永定王朱载墱。"（嘉靖二十九年正月丙戌）荆府永定王载墱薨。赐祭葬如例，谥端穆"[17]、"寿卅四"[18]，据此推算朱载墱生于 1517 年。

"荆庄王朱载墱，朱厚烇庶一子，追封。初封永定王，嘉靖二十九年薨。以子翊钜袭荆封，追封王，谥曰庄"[19]。"（嘉靖三十八年二月）丁丑，进封荆王翊钜嫡祖母孟氏为太妃，庶祖母刘氏为次妃，从王请也"[20]。

其生母刘氏墓（蕲春黄土岭刘娘井明墓）于 1956 年被湖北省文管会派专业人员清理，其圹志上刻"弘治九年九月初七日午时生，嘉靖三十八年四月十一日奉敕封为荆端王次妃，嘉靖三十九年八月二十五日以疾薨，生子一人载墱册封荆庄王"[21]。刘妃离世时间为 1560 年。

朱载墱被追封谥号为"庄"的时间应该是在嘉靖三十四年（1555 年），该年四月其子朱翊钜被封荆王之后向朝廷请

15. 刘锦藻：《清朝续文献通考》卷四二《选举考·方伎》，商务印书馆，1936 年。

16. 陈仕猛、段涛涛、王宏彬：《李时珍任楚府奉祠时间考》，载明楚王墓国家考古遗址公园申报创建领导小组：《"明楚王墓与明代藩王文化"学术研讨会论文集》，科学出版社，2024 年，第 30 页。

17.《明世宗实录》卷三百五十六，台北"中央研究院"历史语言研究所，1962 年。

18. 朱载墱被称为"永定端穆王"，详见（明）王世贞：《弇山堂别集》卷三六《郡王仁宗以下郡王宗系》"荆府"条，学生书局，1965 年。

19.《明史》卷一百零三《诸王世表四》，中华书局，1974 年。

20.《明世宗实录》卷四百七十，台北"中央研究院"历史语言研究所，1962 年。

21. 小屯：《刘娘井明墓的清理》，《文物参考资料》1958 年第 1 期。

封父亲谥号，正常情况下朝廷回文也不会很长，从蕲州到北京一个来回应该不到两个月。在此之前，朱载墭谥号仍然是"端穆"。李时珍为王妃治病时间确定在1550年至1555年五月之间比较合适。此时大家只知道朱载墭的谥号是"端穆"，尚未被追封为"荆庄王"。

"荆穆王"是否有可能就是指永定端穆王朱载墭？笔者觉得有可能。"（嘉靖十六年正月）癸巳，从荆王厚烃请，命其庶长子永定王载墭代行礼仪。先是，正德中王病，其母妃刘奏以王弟富顺王厚焜代行，至是墭年已长成，具册封为永定王，故更命之"[22]。自嘉靖十六年（1537年）至嘉靖二十九年（1550年）长达14年的过程中，朱载墭是荆王府的最高管理者，因为荆王朱厚烃火病严重，眼疾严重几至失明，一直处于休养的状态。朱载墭是名副其实的"荆王"。李时珍治病的时间如果是在朱厚烃于1553年十月辞世之后，那么世孙朱翊钜有可能已经在和王府长史司讨论为祖父朱厚烃拟文向朝廷请封谥号，为父亲朱载墭请求追封"荆王"的谥号。当时王府内认为既然朱载墭已有谥号为"端穆"，为皇帝敕封，不好改字，向朝廷请封朱厚烃谥号为"端"、追封朱载墭谥号为"穆"的可能性很大。因在议中，已经广为人知，所以李时珍当时记忆中为"荆穆王"。

那王妃又是谁？"（嘉靖十四年十二月）壬寅，遣隆平侯张玮等为正使持节，翰林院检讨李本为副使捧册，封……监生马廷玉女马氏为荆府永定王妃"[23]。

"（嘉靖三十九年十月）乙卯，荆王翊钜请封继母寿氏为荆庄王继妃。不许，令申亲王元妃有子者不得立继妃，即继配复有子止封夫人，无进封继母为妃例故也"[24]。

从上文得知，马妃早于朱载墭离世，因为朱载墭生前又娶了继室寿氏。因为郡王只有一个妻子可以册封为妃，其他为妾。明代郡王的妻子称郡王妃，有冠服，入册。妾不超过4人，均无冠服，不入册（尊称为夫人）。寿氏作为继室，应该也是颇受荆恭王朱翊钜的敬重。据此，可以基本推出"荆穆王妃胡氏"实为"永定端穆王朱载墭"的继室"寿氏"，其医治的时间为1553年十月后至1555年五月之前。

李时珍去为王妃治病时荆王府是谁在做主？"（嘉靖三十二年十月）改封荆府故永定王载墭长子翊钜为世孙，赐敕管理府事"[25]。请李时珍入王府的决定人应该就是朱翊钜。"（嘉靖三十四年四月）戊子，命保定侯梁继璠等为正使持节，吏科右给事中李遇元等为副使捧册，封荆王厚烃世孙翊钜为荆王，夫人胡氏为荆王妃"[26]，受封荆王后，朱翊钜命长史司向朝廷请求追封永定端穆王朱载墭为荆王的谥号。

如果是嘉靖三十二年（1553年）十月之后至嘉靖三十四年（1555年）五月，李时珍入荆王府为王妃治病的可能性很大。此时王府主事人是朱载墭之子朱翊钜，朱厚烃已经离世。时朱载墭继室寿氏应该还在，因为吃荞麦而得病了。听说李时珍医术精湛，遂派人去请。

1555年五月之后，李时珍应该是比较长的时间不在蕲州，没有王府的医案记载了，所以并不知道朱载墭被追封为"荆庄王"，以至于出版之前也没有修改过来。

22.《明世宗实录》卷一百九十六，台北"中央研究院"历史语言研究所，1962年。

23.《明世宗实录》卷一百八十二，台北"中央研究院"历史语言研究所，1962年。

24.《明世宗实录》卷四百八十九，台北"中央研究院"历史语言研究所，1962年。

25.《明世宗实录》卷四百零三，台北"中央研究院"历史语言研究所，1962年。

26.《明世宗实录》卷四百二十一，台北"中央研究院"历史语言研究所，1962年。

四、都昌王医事

《本草纲目》"附子"条（图四）记载："荆府都昌王体瘦而冷，无他病，日以附子煎汤饮兼嚼硫黄，如此数岁"[27]。

这里的都昌王是谁？据王世贞《弇山堂别集》记载"朱厚熙嘉靖八年薨……朱载塎嘉靖中袭封，薨，佯狂多过，寿五十二"[28]，可确认医案记载的是都昌王朱载塎。其长子早于他先离世，无子国除。

为什么王世贞记载其"佯狂多过"，恐怕与一件案件有关——"（嘉靖三十一年十月丁丑）荆府辅国将军厚熼与都昌王载塎有隙，夜率家人吴俸等入载塎府挥缚载塎，劫千余金以出。载塎发狂，乃纵火自焚其宫，投一子于井溺死。抚按以闻，诏下法司拟罪，俸等处斩，余党恶皆谪戍，厚熼夺禄一年"[29]。

朱厚熼是朱载塎的叔字辈，两人之间有什么过

图四　《本草纲目》"附子"条

节不得而知。但载塎"纵火自焚其宫，投一子于井溺死"可见其脾气暴躁，遇事尤其不沉着冷静。医案记载他"体瘦而冷"，说明他体虚，"附子煎汤饮兼嚼硫黄"主要是补火助阳的功效。瘦人体冷，一般性格乖僻，遇事脾气暴躁、容易有过激行为。嘉靖三十一年为1552年，荆王府内负责王府事务的永定王朱载墭已于1550年离世，荆王朱厚烇火病重而弱，世孙朱翊钜1553年才接手王府事务，此时荆王府管理处于比较弱的时期。此事件发生后，李时珍也许被请去都昌王府为朱载塎看过病。

结合上述事件，李时珍也许是在1551年十月后至1553年间被请至都昌王府为朱载塎查看病情，还有一种可能是荆王府良医所的医生与李时珍交流过此医案。

27.（明）李时珍：《本草纲目（金陵版）》卷八《草部》，日本东京图书馆藏。

28.（明）王世贞：《弇山堂别集》卷三百六十一《荆王》，学生书局，1965年。

29.《明世宗实录》卷三百九十，台北"中央研究院"历史语言研究所，1962年。

五、富顺王孙医案

《本草纲目》"灯花"条（图五）记载："明宗室富顺王一孙，嗜灯花，但闻其气即哭索不已。时珍诊之日：此癖也，以杀虫治癖之药丸服，一料而愈"[30]。

富顺王是谁？时富顺王应该是朱厚焜，在位时间为1514~1576年。"一孙"首先可以确定不是长孙，如果是长孙就十分明了，李时珍也会直接写上去。据武穴市博物馆藏《富顺王东蕲翁墓志铭》："孙七，长曰翊锟，受封长孙，配夫人易氏；翊鏌，王氏；翊鋼，周氏；翊铰，侯氏；翊铼，戴氏；翊锴，未配。俱封辅国将军。孙二□，其年尚幼，待恩命者也"[31]。年幼的两孙还在襁褓之中待皇帝赐名，所以医案中所说的富顺王孙应该就是翊鏌、翊鋼、翊铰、翊铼、翊锴这五个人中的一人。

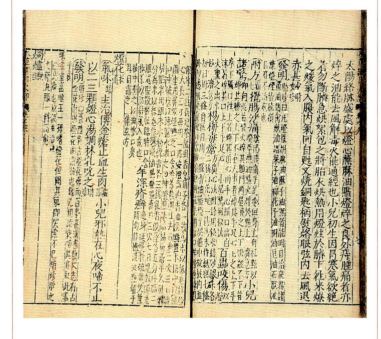

图五 《本草纲目》"灯花"条

1441年至1551年，这十年李时珍一直在博览群书，致力学医，所以富顺王孙的医案也应该是发生在1551年之后。有可能是富顺王朱厚焜比较欣赏李时珍的医术，因与兄荆王朱厚烇相处融洽，讲述了朱厚烇火病的情况，李时珍1552年开始编撰《本草纲目》，才有了"荆端王"医事的记载。

六、宗室夫人医案

《本草纲目》"牵牛子"条（图六）记载："一宗室夫人，年几六十。平生苦肠结病，旬日一行，甚于生产。服养血润燥药则泥膈不快，服硝黄通利药则若罔知，如此三十余年矣。时珍诊其人体肥膏粱而多忧郁，日吐酸痰碗许乃宽，又多火病。此乃三焦之气壅滞，有升无降，津液皆化为痰饮，不能下滋肠腑，非血燥比也。润剂留滞，硝黄徒入血分，不能通气，俱为痰阻，故无效也。乃用牵牛末皂荚膏丸与服，即便通利，但是自觉肠结一服就顺，亦不□妨食，且复精爽"[32]。

宗室，即同一祖宗的贵族，亦指国君或皇帝的宗族，他们在中国古代又称皇族、帝宗、天潢。

夫人：按照明制，明朝藩王府邸各宗室女眷的称呼各不相同，能够被称为"夫人"的有郡王之妾称"夫人"、郡王世孙之妻封世孙夫人、长子之妻封长子夫人、长孙之妻封长孙夫人、镇国将军之妻封镇国将军夫人、辅国将军之妻封辅

30.（明）李时珍：《本草纲目（金陵版）》卷六《火部》，日本东京图书馆藏。

31. 蕲春县文物局、蕲春县博物馆：《湖北蕲春荆王府》，湖北科学技术出版社，2014年，第17页。

32.（明）李时珍：《本草纲目（金陵版）》卷十八《草部》，日本东京图书馆藏。

国将军夫人。

李时珍曾经为蕲州荆王府王室成员治过病，在楚王府任过职。《本草纲目》记载荆王府医案比较多，而楚王府无一医案记载。此为在荆藩的医案可能性比较大。

如果是郡王，按照《本草纲目》医案的记载，应该直接写某某郡王，所以这位宗室夫人是镇国将军或辅国将军的夫人可能性较大。

七、附子和气汤

顾景星《李时珍传》记载："富顺王嬖庶孽，欲废适子，会适子疾，时珍进药，曰附子和气汤。王感悟，立适"[33]。这里有两点存疑：一是如此重要的"附子和气汤"为什么没有被记录入《本草纲目》之

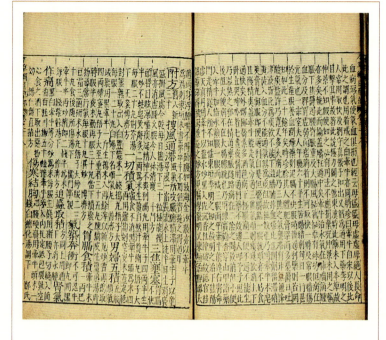

图六　《本草纲目》"牵牛子"条

中？二是《荆藩家乘》记载朱载坱为"富顺王厚焜庶一子。万历十年袭封富顺王，十二年薨。葬白龙潭左竹林咀"，并非"适子"（嫡子），记载有误。

《明史》不载，其他无考。写附子和气汤"医案"，顾景星为第一人，此后的《蕲州志》多采用这个说法，可信度存疑。顾氏文中还有"顾景星曰：余儿时闻先生轶事，孝友，饶隐德"[34]似乎能够寻找到答案，这个应该属于"轶事"，是他在儿时听到的"李时珍传说"。

顾氏文中涉及到的中药附子在都昌王的医事里面有记载，内容出入过大。怀疑是都昌王的案件过于超出人们对于王府内部人员关系的理解和认知，后来口耳相传，以讹传讹，然后才有了顾景星附子和气汤的故事。

李时珍与荆王府的关系在《本草纲目》的医案中有具体的体现。其关系的建立源于父亲李言闻为已故荆和王妃刘氏治病之后，李家医术受到荆王府的认可。

在《本草纲目》荆藩医案中，记载"荆和王妃刘氏""荆端王""荆穆王妃胡氏"时都使用了谥号，而在"富顺王孙""都昌王"的医案中都没有谥号。其原因应该是有谥号者李时珍下笔记载或去诊治的时候就已经不在了，没有谥号者李时珍行医或记录的时候仍然在世。

李时珍实际担任的官职为"楚府奉祠"，在《明史》《进本草纲目疏》《白茅堂文集》《蕲州志》中都有记载。李时珍为什么能到楚王府任职？很可能是他为"荆穆王妃"治病之后，名声大起，楚王府听闻，从而聘请了李时珍，而不是顾景星所说的"附子和气汤"之后的事情。

33.［康熙］《蕲州志》卷十《李时珍传》，蕲春县地方志办公室，2009 年。此事迹，亦可参阅（清）顾景星：《白茅堂文集》卷三十八。

34.［康熙］《蕲州志》卷十《李时珍传》，蕲春县地方志办公室，2009 年。

明朝藩王府良医所的医官，按照规定，是太医院下派的，太医院选医官有一套严格的程序。顾景星《李时珍传》中写道："楚王闻之，聘为奉祠，掌良医所事。世子暴厥，立活之。荐入朝，授太医院判"[35]。可知，荆王府此时良医所职位应该是没有空缺。再者，李时珍没能够担任楚王府的"良医正"，是制度原因，时楚王府良医所可能有职位空缺，正在向朝廷申请之中，所以李时珍"掌良医所事"只是临时的。后来北京太医院派来医官，才有楚王府将李时珍荐入太医院之事。

　　注：本文《本草纲目》照片由李康宁提供。

35. [康熙]《蕲州志》卷十《李时珍传》，蕲春县地方志办公室，2009年。